LebensGut
Verlag

Ich schreite dahin in Schönheit.
Vor mir ist Schönheit.
Hinter mir ist Schönheit.
Über mir ist Schönheit.
Ringsum ist Schönheit.
Meine Worte werden voll Schönheit sein.
Ich werde ewig leben in Schönheit.
Der Schönheit des Alls.

Indianische Weisheit, Zeremonialgesang der Navajo

lebensgut_verlag

LebensGut Verlag

LebensgutVerlag

Newsletter:
www.lebensgut-verlag.de/kontakt/

1. Auflage 2022

Lektorat: Isabelle Romann
Gestaltung und Satz: Miriam Hase
Bildnachweis:
Adobe Stock: #264116735 Tatiana, #281114224 Cienpies Design, #44235341 stockshoppe, #280601875 Oleksandra, #360591924 kusumai, #61176793 Buriy, #257870650 val_iva, #94545844 lineartestpilot, #260152056 Ricochet64, #69677962 nikiteev, #370755335 vgorbash, #464816698_ROSA
Shutterstock: #766248334 Eroshka, #1742303018 Gorbash Varvara, #776942572 Barashkova Natalia, #1221951463 Mastak A., #1303567750 Barashkova Natalia
Can Stock Photo: #27153273 Krisdog

ISBN 978-3-948885-13-7

www.lebensgut-verlag.de

Jutta Westphalen

Die weibliche Kraft kehrt zurück

Die Magie des Kreises

Vorwort der Verlegerin

Das Wort Magie verbinden viele Menschen mit Harry Potter, dem großen Zauberer Merlin oder mit Einhörnern. Für den modernen Menschen ist alles magisch, was sich (noch) nicht logisch erklären lässt. Doch Glanz, Schimmer, Funkeln und Manifestieren kann jede (in diesem Buch sind Männer immer mitgemeint ☺) selbst in ihrem Leben erzeugen.

Was wäre, wenn jede mehr magische Momente in ihrem Leben selbst kreieren könnte? Wenn jede die Fähigkeit hätte, ihr Leben so zu gestalten, wie sie es sich wünscht? Was würden Sie dann sofort verändern?

Sie fragen sich nun, wie es gelingen kann? Der erste Schritt dabei ist, dass Sie Ihrer Intuition ab sofort viel mehr Raum in Ihrem Leben geben und ihr Gehör schenken.

Der menschliche Verstand kann etwa 40 Informationen pro Sekunde aufnehmen und verarbeiten. Das Unterbewusstsein hingegen nimmt 20.000.000 Informationen pro Sekunde auf, ist also 500.000-mal schneller als der Verstand. Und dennoch beruht das gesamte westliche Schul-, Wissens- und Wirtschaftssystem auf dem Verstand, der Ratio. Das Unterbewusste wird abgewertet und wenig wertgeschätzt.

Alle Erfahrungen und Erlebnisse sowie jede einzelne Erinnerung aus Ihrem Leben sind in Ihrem Unterbewusstsein gespeichert. 95 Prozent des Verhaltens und der Gefühle stammen daraus und nur die restlichen 5 Prozent aus dem Wachbewusstsein. Das bedeutet, dass das „normale“ Bewusstsein nur 5 Prozent zu Ihren tatsächlichen Verhaltensweisen beiträgt. Das Unterbewusstsein verarbeitet schlichtweg alles, was als Information wahrgenommen wird – es ist unfähig, zwischen Realität und bloßer Vorstellung zu unterscheiden. Und hier wird es spannend.

Unser Unterbewusstsein hat eine Filterfunktion, die dafür sorgt, dass wir nur das wahrnehmen, was wir bereits kennen. Dieser Filter ist bei jeder Frau anders und definiert sich durch ihre vergangenen Erfahrungen und die damit verbundenen Gefühle. Anders gesagt bedeutet das, dass Ihr Unterbewusstsein darüber entscheidet, WAS Sie von der Welt wahrnehmen und WIE Sie sie wahrnehmen. Das, womit Sie sich beschäftigen, manifestieren Sie also in Ihr Leben.

Wollen Sie also weiterhin Informationen in Ihr Leben lassen, in denen Frauen abgehängt, finanziell ausgebeutet, überfordert und passiv sind? Oder wählen Sie als stärkende, kraftvolle Vorbilder bewusste und schöpferische Frauen und bieten damit Ihrem Bauchgefühl neue, starke Informationen und Erinnerungen an? Wenn Sie sich für das Zweite entscheiden, sind Sie hier goldrichtig.

Impulse aus unserem Unterbewussten erreichen uns als Bild, als Gefühl, als Erkenntnis oder tiefes inneres Wissen. Es ist wichtig, sich klarzumachen, dass es viele unterschiedliche Rollen als Frau zu leben gibt und dass manche einem näherliegen und leichter fallen als andere.

Jutta Westphalen bietet in diesem zweiten Teil ihres Werkes „Die weibliche Kraft kehrt zurück“ eine große Auswahl an Rollenmodellen an. Diese Modelle haben sich in der Vergangenheit über viele Jahrhunderte oder Jahrtausende bewährt und können uns heute wieder wunderbar als Inspiration dienen.

Das Unterbewusste kann mit den Bildern, die hier benutzt werden, sehr viel anfangen. Die weibliche Kraft ist eng verbunden mit der ungezähmten Natur und ihren Zyklen, den Mondphasen und Jahreszeiten. Der Kreis symbolisiert diese weibliche Kraft und ist zutiefst magisch. Der Kreis steht für einen geschützten Raum, einen heiligen Raum. Er repräsentiert das gleichwertige Kräfteteilen, denn Menschen, die sich in Kreisen versammeln, begegnen sich als gleichwertig. Keine Person steht über einer anderen.

Tauchen Sie erneut ein in uralte Frauenkulturen und öffnen Sie die Augen für weibliche Kulturbeiträge, unsere uralte Muttersprache, weibliche Spiritualität – und die Magie des Kreises, mit der wir auch heute noch tief verbunden sind.

Lassen Sie sich inspirieren und begeben Sie sich auf eine Ahninnenreise, um Kraft für Ihr eigenes Leben zu schöpfen.

Wenn es Ihnen gelingt, Ihre Perspektive zu ändern, wird sich Ihr Leben automatisch ändern. Wagen Sie den Perspektivenwechsel. Bringen Sie Ihr Denken, Fühlen und Handeln wieder mehr in den Einklang. Dann wird auch Ihr Leben „magischer"!

Lassen Sie die Autorin und mich gerne wissen, wie es Ihnen damit geht. Wir freuen uns auf den Austausch.

Ihre Walentina Sommer
Verlegerin

Inhaltsverzeichnis

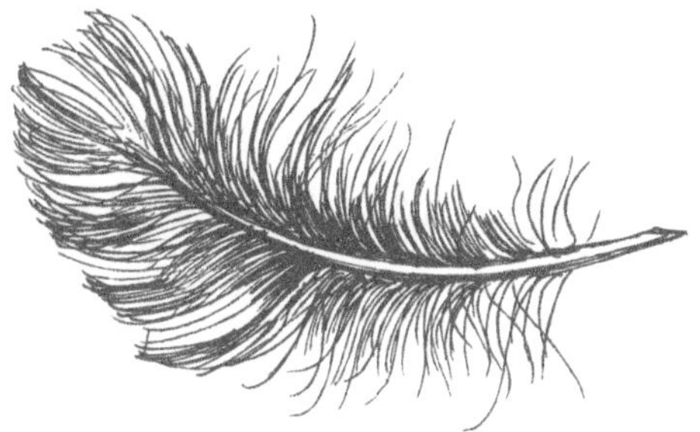

Teil 1

Einleitung

Wie altes Wissen neue Wege weist

Aktuell fordern uns stürmische Zeiten heraus. Die Pandemie bringt uns sowohl persönlich als auch global dazu, umzudenken und neue Wege zu erproben. Es scheint ein kosmischer Sturm durch unser aller Leben zu fegen, und es wird immer klarer, dass wir uns verändern und andere Schwerpunkte setzen müssen als bisher. Diese Herausforderung bewegt uns alle gleichermaßen, Frauen wie Männer. Es geht um die vorhergesagte Zeitenwende, die genau jetzt stattfindet.

Die Gesellschaft wandelt sich. Doch vieles sieht so aus, als ob es sich in die falsche Richtung bewegt, so als ob es in Schienen feststeckt und unserem freien Leben widerspricht. Unzählige Menschen befinden sich in äußerst schwierigen Lebenssituationen und sind voller Angst. Anderen geht es sehr gut. Sie begrüßen sogar die Veränderungen voller Freude, so als hätten sie schon lange darauf gewartet. Sie sagen, dass wir viel zu lange in alten Systemen gelebt hätten, die uns vom Fluss des Lebens abgeschnitten hätten. Tatsache ist, dass wir in Täuschungen gelebt haben, die in uns tiefe Wunden geschlagen und unsere Gefühle verletzt haben. Der Verstand hat immer gute Erklärungen gefunden, warum alles voneinander getrennt sein muss. Doch lebensfeindliche Regeln machen uns das Leben schwer. Gerade heute habe ich in einer Mehrwertstation Dinge entsorgt, die nicht mehr gebraucht werden. Ich stand vor einem Container mit Porzellan. Ganz obenauf lag ein kleiner Teller. Er hatte ein verschlungenes Muster aus königsblauen und weißen Linien und einen goldenen Rand. Ich fand ihn wunderschön, nahm ihn in die Hand und wollte ihn mitnehmen. Sofort kam ein Mitarbeiter und ermahnte mich sehr bestimmt und laut, den Teller sofort zurückzulegen. Das sei Diebstahl. Er befolge nur die Regeln. Ich argumentierte, dies sei hier doch ein Wertstoffhof, und dieser kleine Teller sei ein Wert für mich.

Ich würde niemandem schaden, wenn ich ihn mitnehmen würde. Doch die Augen des Mannes blieben hart. Ich wollte keinen Kampf und legte den Teller zurück. Sofort wurde er mit einem Waschbecken zertrümmert. Wie sinnlos, unverständlich und enttäuschend, wenn das Leben nur nach starren Regeln verläuft ...

In dieser wichtigen Zeit erleben wir alle viele Ent-Täuschungen. Das bedeutet, viele Täuschungen und grundlegende Muster entlarven ihre lebensfeindliche Wahrheit. Das macht uns allen zu schaffen, in kleinen Situationen und in großen. Doch jede Täuschung kann sich auch als Segen erweisen, denn sie überbringt ein Geschenk. Wenn wir es auspacken, erinnert es uns daran, wer wir wirklich sind, was uns wichtig ist und warum wir hier sind. Jetzt ist die Zeit, in der wir wieder in unsere Kraft kommen und uns an unsere Intuition erinnern, an unsere Schöpferkraft und Kreativität. Wir entdecken unsere Gefühle und vertrauen wieder unserem Bauchgefühl. Das ist die ursprüngliche weibliche Kraft, das alte zyklische Wissen der Frauen. In dieser herausfordernden Zeit können wir uns an unser uraltes Erbe erinnern und kostbare Wegweiser für die neue Zeit entdecken. Denn archäologische Funde belegen, dass es über viele Jahrtausende friedliche Hochkulturen auf der Erde gab. Diese Menschen verehrten neben einem strahlenden Gottvater eine ebenso machtvolle Schöpfungsgöttin.

In einer Welt, in der das Urweibliche wirkt, beruht die Macht auf der weiblichen Verwandtschaft. Alle, die von einer Mutter abstammen, bilden einen Clan. Diese Gesellschaftsform ist kein umgedrehtes Patriarchat, in dem Frauen „herrschen“ und für Kampf und Konkurrenz sorgen. Das Urweibliche ist mütterlich und ganzheitlich ausgerichtet. Es erkennt das Männliche als gleichwertig an. Niemand wird ausgeschlossen, jeder bekommt einen Platz am Feuer oder Tisch, einen Schlafplatz und Essen. Die archaischen Symbole unserer Ahninnen sind voller Magie und ursprünglicher Energie wie die Spirale oder der Kreis.

Dies entspricht unserem Lebensweg, der oft auch nicht gerade wie eine Autobahn verläuft, sondern etwas Organisches hat. Wir wachsen über Hindernisse hinweg in unsere Aufgaben hinein, in unsere Berufung und erfüllen unser Schicksal – ähnlich wie Pflanzen, die der Sonne entgegenwachsen.

Ganz besonders, wenn wir durch Prüfungen, Krisen, schwere Krankheiten, Verluste und seelische Einweihungen gehen, wenden wir uns der unsichtbaren Welt zu. Das war schon immer so. Darum gibt es uraltes Wissen darüber. Diese Weisheit schlägt eine Brücke aus der Vergangenheit über die Gegenwart in die Zukunft. Sie ging niemals ganz verloren, und sogar heute noch können wir Spuren von diesem Wissen in Märchen, Mythen und Symbolen entdecken, denn unsere Ahninnen und indigene Völker haben Botschaften für uns hinterlassen. Zahlreiche spirituelle Lehrer leiten uns in dieser herausfordernden Wendezeit dazu an, diese alten Zeichen zu entschlüsseln und neu zu beleben. So können wir die Kraft, die alles miteinander verbindet, erfahren und unsere persönliche Freiheit wieder in Anspruch nehmen. Uraltes, schamanisches Wissen weist ganz neue Wege aus der derzeitigen Krise. Wir können die Sicherheit, die wir brauchen, nicht draußen in der Welt finden, sondern nur in uns selbst, und da hilft das alte Wissen. Wir können diese Techniken anwenden und brauchen dafür keine besondere Gabe oder Talente.

Das Leben unserer Urmütter und ihre Geschichten zeigen, wie sie neue Kräfte in sich selbst gefunden haben. Sie lehren uns, wie unsere Intuition funktioniert und wie wir neue Einstellungen, uralte Symbole, Gebete und Rituale nutzen können, um uns selbst und die Erde wieder in Balance zu bringen. Sie erinnern uns daran, dass wir alle Kräfte, die wir brauchen, bereits in uns tragen. Es geht um gelebte weibliche Weisheit. Wilde, kreative Frauen inspirieren uns dazu, jetzt neue Pfade einzuschlagen, die sich gut und richtig anfühlen, weil sie unserem Inneren entsprechen.

Unsere Lebensumstände haben viele dazu gebracht, ihre Herzensqualitäten zu verlieren und auch die Ehrfurcht vor dem Leben. So wurde die Erde ausgebeutet, und das göttliche Reich der Großen Mutter entschwand unserem Blick. Doch wir wurden alle von einer Mutter geboren. Es gibt Methoden, die seit Jahrtausenden in der Geschichte der Weisen entwickelt wurden, um die Verbindung zwischen Menschen und Mutter Natur zu spüren und zu intensivieren. Dieses Urwissen existiert noch in jedem von uns. Das weibliche Wissen ist jedoch nicht das lineare, rationale und leistungsorientierte Denken und Handeln, in dem wir gut ausgebildet wurden. Die Heilige Frau feiert die Liebe, die Kunst und die Intuition. Sie belebt unsere Träume und inneren Reisen. Sie ist das intuitive Wissen unseres Herzens. Im Alltag erfahren wir sie als Güte, Barmherzigkeit, Wärme, Geben, Freude, Frieden, Ohne-Urteil-Sein, Verbundenheit und Nähe. Es ist die Liebe, die jedem Menschen innere Kraft gibt. Sie verleiht dem Leben Glanz und Schimmer und Sinn.

In vergangenen Zeiten wurde umfangreiches Wissen über diese menschlichen Werte von den Ältesten des Stammes durch die eigene innere Weisheit gehütet. Heute werden Informationen in Computern gespeichert und sind jedem zugänglich. Dieses Wissen füllt den Kopf, doch es nährt nicht das Herz oder den Bauch. Wenn du nicht nur Kopfwissen möchtest, sondern Sehnsucht hast nach Weisheit, besteht deine erste Lektion darin, nach innen zu lauschen und dir selbst zu vertrauen. Mit der Zeit kommt die Erkenntnis, dass wir mit allem verbunden sind, was uns umgibt. Unsere DNA besteht aus der gleichen DNA wie der Baum. Der Baum atmet ein, was wir ausatmen. Wir brauchen den Sauerstoff, den der Baum ausatmet. Unser Schicksal ist also eng verbunden mit dem des Baumes. Darum ist der Lebensbaum als Symbol so alt wie die Menschheit. Unser Körper besteht zu 95 Prozent aus Wasser. Um gesund zu bleiben, müssen wir gesundes Wasser trinken und saubere Luft einatmen. Wir sind mit Bäumen, dem Wasser und der Luft eng verbunden. Vom Feuer haben wir unsere Wärme, die Luft ist unser Atem, unser Blut, und alle Körperflüssigkeiten bestehen aus Wasser, von der Erde haben wir unseren Körper. Wir sind eng verbunden mit den Elementen und allem, was uns umgibt. Alles kann zu uns sprechen: Bäume, Steine, Pflanzen, Wolken, Tiere ... Wir können mehr wahrnehmen, als wir denken. Dies geschieht, sobald wir unsere Sinne geschärft haben und bewusst auf unsere Intuition hören.

Es geht um Kommunikation und unbewusste Informationen. Diese gilt es, zu hören, zu sehen, zu fühlen, zu verstehen und zu vermitteln. Es ist also an der Zeit, ganz aufmerksam durch die Welt zu gehen. Ohne etwas zu bewerten oder kritisch zu beurteilen. Sondern einfach den Dingen zu erlauben, da zu sein. Sie nicht gleich in Schubladen stecken, auf denen steht: richtig oder falsch, ja oder nein, gut oder schlecht. Dann können wir bemerken, dass das Leben und die Natur uns ununterbrochen Botschaften senden. Diese ursprüngliche Sprache haben wir verlernt. Doch unsere Ahninnen kannten sich gut aus mit der uralten „Muttersprache". Denn sie lebten Tag und Nacht in der Natur, zusammen mit den Bäumen, Pflanzen, Tieren, dem Wetter und den Jahreszeiten. Sie können uns Stadtmenschen vieles beibringen.

Mit deiner Achtsamkeit kannst du Werte unterstützen, die dir wichtig sind. Mit deiner Energie kannst du Dinge entkräften oder verstärken. Ein Weg, wie Frauen lernen, ist es, Geschichten von anderen zu hören. Wenn ich verzweifelt und ratlos bin, hilft es mir, von einer anderen Frau zu hören, wie sie eine ähnliche Situation gemeistert hat. Das inspiriert mich und bringt mich dazu, wieder auf meine eigene innere Stimme zu hören. Das wussten alle früheren Geschichtenerzählerinnen. Darum halten die alten Lehren viele Kostbarkeiten für uns bereit: die Fähigkeit, emotional zu wachsen, wieder bewusst zu werden, Dinge wahrzunehmen, die andere übersehen, und wirklich erwachsen zu werden. Auf Zeichen zu achten, ist auch ein uralter Weg, um tiefe Weisheit zu erlangen. So erhalten wir wieder Zugang zu uns selbst und der Natur. Wir beginnen, wieder nach natürlichen Rhythmen zu leben, und nehmen eigene Lebenszyklen bewusst wahr. Das bedeutet ganz praktisch, dass wir z. B. einen Garten anlegen und das Gemüse und Obst genießen, das in unserer Region heimisch ist. Wir nehmen nur so viel von der Natur, wie wir brauchen, und teilen mit denen, die weniger haben. Wir machen uns vertraut mit den Sternen, den Bäumen, kennen die Pflanzen und unsichtbare Wesen, können Wolken lesen und dem Wind zuhören. Wir erkennen Tiere als gleichberechtigt an, als Teil von Mutter Erde, auf der es eine Vielfalt von Lebewesen gibt.

Über innere Einkehr, Dankbarkeit, Gebet und die Verbindung mit der Erde offenbaren sich die wahren Schätze des Lebens.

Sie liegen oft in den einfachen Dingen. Es gibt sie kostenlos, und sie sind für alle verfügbar. Ich möchte alle Frauen dazu ermutigen, diese Möglichkeiten zu nutzen und ihre unglaubliche schöpferische Energie dafür einzusetzen, die Erde zu einem besseren Ort zu machen. Unterstützen wir uns gegenseitig, bilden wir Frauenkreise. Wir wollen eine positive Balance herstellen und eine heilsame Harmonie schaffen zwischen männlichen und weiblichen Kräften, die in jedem von uns sind. Ganz bewusst möchte ich nicht nur Frauen, sondern auch Männer ansprechen. Natürlich besitzen auch sie ein liebevolles Herz und die Sehnsucht, ihre große Kraft zum Wohle aller einzusetzen.

Es findet gerade ein großer Wandel statt von der Informations- und Wissenskultur zur energetischen und spirituellen Kultur. Es zeigt sich, dass viele Informationen ohne praktischen Lebensbezug zwar rationales Wissen bringen, jedoch keine Weisheit. Eine große Anzahl von Fakten lässt uns zwar wissen, dass Wasser H_2O ist. Wir kennen seine Eigenschaften, und jeder weiß, dass es eine grundlegende Lebensnotwendigkeit bedeutet. Dass wir ohne Wasser nur einige Tage überleben können. Und doch lassen wir es zu, dass mächtige Konzerne Dörfern das Grundwasser abpumpen, sodass Ernten verdorren und Wüsten wachsen. Obwohl wir viel und sehr umfangreiches Wissen über Wasser besitzen, handeln wir nicht weise. Denn unzähligen Menschen ist der Zugang zu sauberem Wasser verweigert.

Ein weiser Mensch hat nicht nur Wissen, er weiß auch, wie der Kosmos funktioniert. Er weiß, wie man es regnen lässt, wie man die Meere reinigt und wie man die Natur und die Menschen heilt. Dieses heilige Wissen bringt grundlegende Heilung. Darum brauchen wir es jetzt unbedingt! Das bedeutet, wir müssen neu und kreativ denken, um die Grundlagen für Gesundheit zu erschaffen.

Dir ist es sehr vertraut, wie schnell sich Energie verwandeln lässt. Wir praktizieren es täglich. Du nimmst dein weinendes Kind in den Arm, wiegst es, singst ein kleines Lied und pustest den Schmerz weg. Schon lacht es wieder. In der Küche veränderst du die Energie, indem du Gemüse kochst und eine schmackhafte Mahlzeit zauberst. Wir machen Musik, tanzen, singen, lächeln, und schon hat sich die Energie unter den Menschen verändert. Wir streichen Wände, bauen Möbel, hängen Bilder auf, zünden Kerzen an, stellen Blumen in die Vase, und schon hat sich die Atmosphäre in der Wohnung verändert. Das Haus ist nicht länger nur eine Bleibe, sondern zu einem Zuhause geworden. Auf diese Weise ändern wir Energien und Strukturen.

Wir können auch unsere Beziehungen und unsere Familie heilen.

Die Basis dafür ist, dass wir wertschätzend über uns selbst denken und das tun, was sich gut anfühlt und wichtig ist. So funktioniert Energiemedizin. In Zukunft werden wir unsere Selbstheilungskräfte aktivieren, unser Immunsystem stärken und auch all die Gifte, denen wir ständig ausgesetzt sind, aus dem Körper schwemmen. Dies alles geschieht, sobald wir unseren Sinn im Leben erkannt haben. Dann erheben wir unsere Stimme und nehmen eine nach der anderen den Raum ein, der uns gehört. So ändert sich die Strategie des Miteinanders grundlegend.

All dies wird gelingen, denn Frauen verfügen über großes Durchhaltevermögen und unglaubliche Disziplin. Diese Fähigkeiten haben wir durch Geburten und die Rolle als Mutter gelernt oder uns im Beruf angeeignet. Obwohl wir im Moment vielleicht immer noch hoffen, dass sich die Dinge irgendwie von selbst regeln und besser werden, wird es immer offensichtlicher, dass sie schneller schlechter werden, als wir es uns vorstellen können. Wir müssen nur auf die Notlage der Natur, der Tiere, unserer Beziehungen und der Ökologie unserer modernen Welt schauen. All dies kann uns in Verzweiflung stürzen. Doch es kann uns auch dazu inspirieren, auf eine neue Weise und sehr schnell zu lernen. Wenn wir erzählen, dass diese Zeit ein Weckruf ist, der uns dazu bringt, zu handeln, freundlich zu sein und uns umeinander zu kümmern. Unser Bewusstsein erinnert uns an die Träume, die Tapferkeit, Geschicklichkeit und das Mitgefühl unserer Ahnen. Wir wissen, dass wir nicht allein sind. Denn wir besitzen tiefe Wurzeln.

Die Anbindung an diejenigen, die vor uns gelebt haben, rüstet uns dafür aus, die Kraft und Schönheit hervorzubringen, die unsere Welt jetzt braucht.

Das alte Wissen ist jetzt viel leichter zugänglich als noch vor 50 Jahren. Damals konntest du als Vegetarierin nicht essen gehen. Du wurdest komisch angesehen, wenn du Yoga gemacht oder meditiert hast. Niemand kam an spirituelle Bücher, und das Internet gab es noch nicht. Und doch trägst du alles Wissen in dir, das deine Ahninnen hatten. Wenn du es ablehnst, zerreißt die Ahninnenkette. Darum fassen sich jetzt alle an und bilden Kreise. Um gemeinsam in die Balance zu gelangen und die Liebe in der Welt neu zu verwurzeln. Jetzt ist es wichtig, dass wir unsere Begabungen in den Alltag bringen, mit der schmerzhaften Vergangenheit abschließen und neu und anders darüber denken lernen. Für die neue Zeit brauchen wir eine offene innere Haltung.

Wir inspirieren uns gegenseitig im Kreis der Schwestern und stärken das weibliche Kraftfeld. Durch Reisen in die Archive des Wissens unserer Ahninnen wächst unser Selbstbewusstsein. Unser Erinnern, Lernen und sich Verantwortlichfühlen ist eine heilsame Medizin für die Menschheit.

Es ist normal, dass wir uns in unsicheren Zeiten nach äußerer grundlegender Veränderung sehnen. Doch unsere eigene innere Sicherheit ist dafür die Voraussetzung. Darum wollen wir jetzt unseren eigenen weiblichen Weg finden. Wir erkunden, was uns wirklich, wirklich wichtig ist.

Wir reisen zu unseren ganz tiefen Wurzeln: zum Herzen von Mutter Erde und zu geheimen Orten unserer Vorfahren. Du wirst sehen: Dort kannst du dich entspannen! Du fühlst dich wieder geborgen, warm und sicher. Es ist so, als ob du nach langer Zeit nach Hause kommst. Bei der Großen Mutter kannst du endlich wieder dein Herz öffnen. Fast unmerklich wachsen deiner Seele zarte, starke Flügel. Wie die antiken Figuren der geflügelten Frauen und die uralten Vogelgöttinnen aller Kulturen können wir uns gemeinsam in die Lüfte erheben. Wir tanzen zwischen den Ebenen der mythologischen und der realen Welt hin und her und erforschen, wer wir sind, und entdecken, wer das eigentlich bestimmt.

Ab jetzt suchst du nicht länger nach dem Sinn deines Lebens, sondern beginnst, selbst jedem einzelnen Moment einen Sinn zu geben. Denn wahrscheinlich folgst du schon länger deiner Intuition, der Stimme deiner Seele. In all den Jahren hast du gelernt, ihr zu vertrauen, und weißt, dass sie dich leitet und klare Signale gibt, sobald du still wirst.

Das Leben überrascht uns gerade, wenn wir erkennen, was alles möglich ist! Darum spannt dieses Buch weite Bögen, in denen sich Kreise schließen. Wir bewegen uns auf uralten Spiralwegen. Lasse dich inspirieren und stelle deine Denkgewohnheiten ein bisschen infrage durch mythologische Geschichten, Erfahrungen an geheimen, heiligen Orten und durch überraschende Erlebnisse. Frauengeflüster und weibliches Urwissen sind so alt wie die Menschheit und bahnen sich gerade ihren Weg zurück in unser Bewusstsein. Vertraue deiner emotionalen Intelligenz und der Empfindsamkeit deines Herzens, anstatt dich rationalen Beurteilungen zu beugen. Ich möchte dich dazu ermutigen, deiner eigenen inneren Musik zu lauschen und deinen persönlichen Tanz zu finden.

Natürlich bin auch ich diesen Weg nicht allein gegangen. Ich danke meinen spirituellen Lehrern und Mentorinnen, meinen Kindern, meinem Liebsten, meinen Herzensfreundinnen und Schwestern und der ewigen Schwesternschaft aller weiblichen Wesen. Ich lege dieses Buch mit meinen Segenswünschen in die Hände all derjenigen, die mich als Leserin und Leser begleiten. Es ist für all die Frauen und Männer, mit denen ich mein Innerstes teile, damit wir uns gemeinsam an eine Weisheit erinnern, die in unserem Unbewussten ruht und nun wie ein Wunder in unser Leben tritt. Sie bringt uns bei, wieder zu fühlen und zu erkennen, dass wir alle miteinander verbunden sind – jetzt und über lange Zeiträume und große Entfernungen. Gleichzeitig ist uns etwas nah, das außerhalb von uns existiert und größer ist als jeder Einzelne. Jede Frau und jeder Mann sind einzigartig. Jeder hat seine

Wahrheit und eigene kreative Kraft. Ihr zu folgen und sie in die Welt zu bringen, ist enorm wichtig, damit die Liebe in unser Leben zurückkehrt und mit ihr die Vielfalt, persönliche Stärke und Magie.

Jetzt ist die Zeit, für deine Wahrheit und Visionen einzustehen. Denn das Leben will dich wieder ganz. Mit all deinen Empfindungen, Intuitionen, Instinkten, Bedürfnissen und Gefühlen, mit deiner Offenheit und Ehrlichkeit. Darum begegnest du in der Pandemie all deinen Gefühlen: deiner Angst und Wut, deinen Wunden und deiner Liebe, Leidenschaft, Freude und Dankbarkeit. Du wärst nicht so, wie du bist, wenn dir bestimmte Erfahrungen fehlen würden. Alles, was du erlebt hast, hat dich zu der gemacht, die du bist. Und ein Geheimnis ist, dass deine dunkle Seite gleichzeitig die Seite deiner Kraft ist. In deiner tiefsten Wunde findest du deine größte Stärke. All dies zeigt sich in dieser Zeit, in der alles in der Schwebe zu sein scheint.

Ich freue mich, dass ich deine Reiseleiterin in die inneren und äußeren Seelenräume sein darf.

Du entscheidest intuitiv und aus dem Bauch heraus, was dir gerade entspricht und dich innerlich berühren darf. Auf jeden Fall wirst du Interessantes und Unbekanntes entdecken und ganz persönliche Erfahrungen machen.

Wenn wir der weiblichen Kraft folgen, bewegen wir uns auf uralten Seelenwegen und machen uns wieder vertraut mit Mutter Erde. Wir betreten verborgene Räume der Harmonie, lauschen der Sprache der Mythen und erkunden fast vergessene Geheimnisse. Es gibt heilige Lehren, die über Tausende von Generationen im Geheimen an die Enkelkinder weitergegeben wurden. Wir beschäftigen uns nicht damit, um in der Vergangenheit gefangen zu bleiben wie ein Insekt im Bernstein, sondern weil uns das alte Wissen der Seele heute hilft, die Herausforderungen zu meistern. Wir bereisen magische Orte, die das Wissen der weisen Frauen für die neue Zeit bergen. Seelenreisen machen dich mit deiner inneren Weisheit vertraut. Du hörst alte Prophezeiungen, erfährst Heilungsübungen und Meditationen. Du lernst das kraftvolle Vorbild der Frauen kennen, die vor uns gelebt haben, und reist durch das weite Land der Göttin. Gemeinsam enträtseln wir starke Frauensymbole und Rituale, die meistens im Kreis stattfanden, und lauschen Gebeten, um dem Ruf unserer Seele zu folgen.

Wir greifen nach den Sternen, um unseren Träumen zu folgen. Ab und zu nutzen wir die Psychotonne, um Fremdes von Eigenem zu trennen und Platz für Neues zu schaffen. In diesem Buch erhältst du zahlreiche Inspirationen, wie du deine weibliche Kraft entdecken kannst.

Die ältesten Geschichten, die wir uns am Feuer erzählen, sind Märchen und Mythen. Viele Sagen sind sehr alt und reichen in der Menschheitsgeschichte weit vor der Schrift als Überlieferungsform zurück. Über ungezählte Jahrtausende wurden sie von Generation zu Generation mündlich weitergegeben. Die Märchenerzählerinnen wussten: Wenn sie das Wissen nicht weitergaben, war es für den Clan verloren. Sie trugen eine große Verantwortung. Die Märchen und Legenden haben bis heute ihre Kraft nicht verloren. Wer die magischen Welten betritt, wird von ihrer Schönheit, Weisheit und ihrem Zauber berührt. Mythen und Sagen sind ein wichtiger Teil unserer Kultur, Identität und unseres Unbewussten. Sie verbinden uns mit unseren Ahninnen, unseren Wurzeln und können uns wichtige Antworten auf die Fragen des Lebens geben. Sie sind eine unerschöpfliche Kraftquelle.

Auffällig ist, dass besonders viele Frauenschicksale und weibliche Beziehungen in Märchen und Sagen im Mittelpunkt stehen. Da gibt es Königinnen, Bäuerinnen, Prinzessinnen, Bettelmädchen, Hexen, Feen, Wasserfrauen, Stiefmütter, Töchter und Schwestern. Männer spielen in Märchen meistens nicht so eine entscheidende Rolle. Wohl aber mächtige, zauberkundige Frauen, die Stroh zu Gold verspinnen, Tiere rufen, ihre Gestalt verändern und den Regen herbeisingen. In Märchen befindet sich häufig ein junges Mädchen in einer ausweglosen Situation. Es fühlt sich klein und machtlos, trägt aber die Sehnsucht nach Liebe, Glück und Fülle im Herzen. Sie verlässt ihr gewohntes Zuhause, erlebt viele Abenteuer, gerät in Not und trifft irgendwann eine wissende, ältere Magierin, die ihr den Weg in ihre weibliche Kraft und ein neues Leben zeigt, das ihr wohlgesonnen ist. Manchmal helfen auch Tiere oder Träume, mystische Wesen wie Riesen, Zauberer oder das kleine Volk der Zwerge. Märchen entführen uns in eine magische Welt voller verzauberter Menschen und fliegender Drachen. Sie zeigen, dass alles miteinander verbunden ist.

Ein Märchen ist die Erzählung einer Seelenreise, die uns deshalb so ergreift, weil sie von der Berg- und Talfahrt deines und meines Lebens erzählt. Es ist häufig die Kurzform einer Heldinnenreise, auf die wir noch ausführlich zu sprechen kommen. Das bedeutet, dass wir in Märchen viel verborgene Frauenweisheit entdecken können. Sie bestärkt uns darin, unsere starke weibliche Energie jetzt in alle Bereiche unseres Lebens zu lenken. Dann können wir die notwendigen Veränderungen auf die Erde bringen und unseren Töchtern und Enkelinnen doch noch eine bunte, vielfältige Erde hinterlassen.

Die weibliche Kraft kehrt zurück und macht sich in uns als Sehnsucht bemerkbar. Unsere Seele hat Verlangen nach Frieden, Schönheit, liebevollen Beziehungen, Klarheit, ehrlichen Werten und einem anderen Leben, als wir es im Moment haben. Die unzähligen schlimmen Nachrichten von verhungernden Kindern, Pandemie, Kriegen und korrupten Politikern erschöpfen uns zunehmend. Wir spüren, dass wir nicht länger die Augen vor dem verschließen können, was in der Welt geschieht. Ein innerer Kompass zeigt an, dass wir neue Entscheidungen treffen müssen, um unsere Selbstachtung zu bewahren und inneren Frieden zu finden. Es wird immer klarer, dass wir sonst uns selbst, unseren Kindern und Enkeln und allen nachfolgenden Generationen jede Lebensgrundlage nehmen. Wir haben nun lange genug nach dem Motto gelebt: „Nach mir die Sintflut!" Darum folgen immer mehr Menschen der Sehnsucht ihrer Seele. Besonders empfindsam reagieren Frauen. Wir beobachten und verändern unsere Einstellung, indem wir uns zurückziehen, in uns hineinspüren und immer klarer werden, was im Leben zählt und wirklich wichtig ist. Wir übernehmen Verantwortung für uns selbst und unsere Kinder, unsere Familie, Eltern und andere Menschen.

Die weibliche Kraft kehrt zurück, denn wir beginnen, uns zu erinnern an altes zerstreutes Wissen und frühere Gemeinschaften wie die Schwesternschaft. Doch es gibt immer noch die große Angst, uns zu zeigen und herausragend sichtbar zu sein mit unserem Wissen, mit unserer Unabhängigkeit und

Magie. Doch wir sind viele. Wir tragen unzählige Puzzleteile zusammen und verbinden uns miteinander. Wir verknüpfen Fäden, die zerrissen sind, und weben eine neue Wirklichkeit. Viel zu lange wurden Frauen übersehen. Doch jetzt sind wir diejenigen, die Veränderungen bringen – längst notwendige Veränderungen. Schon vor Jahrmillionen verfügten Frauen über wunderbare Fähigkeiten. Das ist durch archäologische Funde belegt und zeigt, dass wir mit Kräften umgehen können, die oft Angst machen, weil sie nicht zu erklären sind. Diese machtvollen Kräfte sind eine Kombination aus guter Beobachtungsgabe und großer Kreativität, verbunden mit Autorität und Weisheit, Empathie, Kompetenz und Verantwortung, Anerkennung und Wissen aus Erfahrung. Es gab immer Hebammen und Pflanzenkundige, Hexen und Heilerinnen, Visionärinnen, Geschichtenerzählerinnen und Zauberinnen, Ärztinnen, weise Frauen und geschickte Wortweberinnen. Magie war schon immer Frauensache, denn wir sind eng mit unserer zyklischen Kraft, unseren Gefühlen, Intuitionen und Instinkten verbunden.

Wir beobachteten den Mond und erfuhren, dass unser Leben im Zusammenhang steht mit unserer Blutung. Die Frau blutet tagelang, ohne daran zu sterben. Jeden Monat über viele Jahre. Sie erkannte, dass darin ein Wunder verborgen ist. Denn wenn sie nicht blutete, konnte sie neues Leben entstehen lassen. Sie erkannte: Sie selbst ist die Quelle der Magie.

Die Frau formte Laute für den Mond, ihre Blutung und das Kind, das in ihrem Bauch wuchs. Das Kind lernte diese Laute von der Mutter, und so kam die Sprache in die Welt. Von dieser Muttersprache ging Magie aus, denn das Benannte entsteht in der Vorstellung, ohne selbst anwesend sein zu müssen. *Ma* ist wahrscheinlich das älteste Wort der Welt. Es bedeutet Mutter, Schöpferin, Göttin. Es bedeutet auch Geburt, Leben und Tod und wurde verwendet für Nahrung, Weisheit, Blut, Wasser, Milch und Nahrung. Mit diesem Wort konnten Energie und Kraft benannt, aber auch beschworen und angerufen, verehrt und gefeiert werden. Die große Vielfalt der Bedeutungen drückt aus, was unsichtbar in den Dingen verborgen liegt. Einfach als Energie.

Alles kommt und geht. Alles, was geht, geht jedoch nicht verloren. Es kehrt verwandelt zurück. Das zeigt uns die Natur. Die Schöpfung vollzieht sich in Spiralform vom Ein- und Ausatmen, Ebbe und Flut, Sterben und Tod, Abwesenheit und neuem Leben, von Kommen zum Gehen und Wiederkehr. So entstand aus natürlichen Zyklen des Lebens die Religion. Die Frau wurde zur Priesterin der Großen Göttin in ihren unzähligen Aspekten. Die Priesterin erfuhr die Mysterien am eigenen Leib und wusste, dass nichts verschwindet, wohl aber abwesend und nicht sichtbar sein kann. Dieses Wissen beruht auf Erfahrung und ist so mächtig, dass es nicht verloren gehen kann. Der menschliche Körper kann etwa 45 Schmerzeinheiten aushalten. Doch bei einer Geburt hält eine Frau bis zu 57 Schmerzeinheiten aus. Das entspricht etwa 20 Knochenbrüchen gleichzeitig.

Darum sag einer Frau niemals, dass sie etwas nicht kann! Nur eine Frau kann mit zwei Herzen tanzen, mit vier Lungenflügeln atmen und das Gewicht von zwei Lebenswelten in ihrem Bauch tragen. Eine Frau kann neues Leben zur Welt bringen und ist zu allem fähig.

Dass es Kräfte gibt, die nicht sichtbar sind, ist eine wichtige Erkenntnis. Sie wird zurzeit als neue Erkenntnis gefeiert und ist doch so alt wie die Menschheit.

Die Idee, der Traum oder die Vision ist sozusagen der Samen, aus dem der Baum entsteht. Das bedeutet, dass im Unsichtbaren Energien zusammenkommen, die sich verdichten und irgendwann eine sichtbare Form annehmen. Darum sagen indigene Völker, dass uns unsere Großmütter in die Welt geträumt und gesungen haben.

Jeder kann Kontakt aufnehmen mit anderen Menschen, mit Tieren, Bäumen und Pflanzen. Nur wissen wir das nicht mehr. Wir beobachten die Welt und merken nicht, dass auch wir beobachtet werden. Die Wildtiere besuchen uns in den Städten: Füchse, Rehe und Adler. Ein kleiner Fuchs saß vor einigen Tagen auf der Terrasse einer Freundin und guckte ins Wohnzimmer. Die Meisen, die auf meinem Balkon nisten, fliegen ganz schnell in ihr Häuschen, wenn ich wegsehe. Suche ich Blickkontakt, fliegen sie einfach auf den nächsten Baum und verständigen sich. Die Tiere beobachten uns; das Universum will sich mit uns verständigen.

Das ist magisch und wunderbar. Magie geht von der Annahme aus, dass alles eine Seele hat, bewusst ist und Intelligenz besitzt. Denn alles hat eine Ausstrahlung und eine spezielle Energie. Du weißt, dass wir wortlos kommunizieren können, indem wir etwas oder jemanden anfassen. So „begreifen" wir die Welt und erhalten noch auf anderen Wegen Antwort. Informationen über die unsichtbaren Kräfte wohnen in sichtbaren Dingen. Wir können sie hervorlocken und lenken. Genau das ist das Wesen von Magie: Energie lenken.

Uralte Symbole bündeln viel Information und auch Magie in sich. Es handelt sich um lebendiges weibliches Wissen, das keinen Konzepten folgt. Eine Frau blutet, ohne verletzt zu sein. Das kennen Männer nicht. Wenn sie bluten, sind sie verletzt. Im Symbol des menstrualen Blutes ist die geballte

Energie der weiblichen Schoßraumkraft vereint. Es bündelt diese fließende Kraft so wie ein Laserstrahl das Licht des Regenbogens. Menstruales Blut enthält die ganz persönliche Energie der Frau – und darüber hinausgehende Informationen wie das Wort „Nein", Klarheit, Konzentration, Macht, Wachstum und Loslassen. In der Farbe Rot sind diese Kräfte auch vorhanden. Wenn Frauen mit ihrem Monatsblut ein Zeichen malen oder ein Ritual ausführen, verstärken sich diese Kräfte enorm.

Das mag befremdlich in deinen Ohren klingen, denn die monatliche Blutung ist in unserer Kultur mit einem großen Tabu belegt. Doch dieses Blut ist das Heiligste von dir, denn in dieser Zeit bist du offen für die Visionen deiner Seele. Die Blutung gibt dir die Möglichkeit, deine Urkraft als Frau zu erleben. Das wird uns in Frauenkreisen aktuell wieder bewusst. Auch bei uns gibt es Relikte dieser alten Frauenmagie: Wir lackieren uns die Fingernägel weiß, rot oder schwarz. Das sind die uralten Farben der Göttin. Darum fühlst du dich besonders weiblich, wenn du rote Unterwäsche trägst. Ganz sicher erregst du Aufmerksamkeit, wenn du im roten Kleid erscheinst. Damit signalisierst du unterbewusst: Schau mich an! Ich bin in meiner Kraft. Ich bin frei und wild und nicht schwanger. Ich kann tun, was ich will.

Wenn du dein Menstruationsblut nicht auffängst, läuft es deine Beine hinunter und sammelt sich in den Schuhen. Darum geben dir rote Schuhe ein unglaublich weibliches und kraftvolles Gefühl. Im Orient bemalen sich Frauen die Handinnenflächen oder Fußsohlen kunstvoll mit rotem oder schwarzem Henna. Vielleicht trägst du die Hand Fatimas als Kette: Fatimas Hand wehrt Böses von dir ab und ist ein uraltes Schutzzeichen für Frauen. An all diese Dinge erinnern wir uns jetzt, und sie machen uns bewusst, wie viele Kräfte in unserem weiblichen Körper miteinander verschmelzen und die Quelle unserer Lebenserfahrung und inneren Weisheit sind.

Die fließende weibliche Energie zeigt sich auch in der Muttermilch, auch sie ist eine magische Flüssigkeit. Unsere Urmütter nährten damit nicht nur ihre Kinder, sondern tauften sie, wenn sie ihnen ihren Namen gaben. Milch ist ein hochenergetischer Stoff. Babys, die Muttermilch erhalten, bleiben am Leben und entwickeln Immunstoffe, die sie schützen. Das Land, in dem Milch und Honig fließen, ist das gelobte Land, das Land der Frau, Mutter und Göttin. In Kanaan wurde die Göttin Artemis verehrt und mit vielen Brüsten dargestellt.

Auch unser Speichel ist eine mächtige Flüssigkeit. Der Instinkt von Prostituierten funktioniert, wenn sie ihre Kunden nicht auf den Mund küssen. Denn ursprünglich kaute die Mutter ihrem Kind die Nahrung vor und gab sie von Mund zu Mund weiter. Jeder Kuss nimmt Energie von der Frau. In alten Büchern und Filmen ist manchmal die Rede davon, dass „ein Mann der Frau einen Kuss stiehlt". Der Kuss transportiert die Energie des Speichels und der Lebenskraft von der Frau zum Mann und umgekehrt. Natürlich kann Speichel auch Grenzen setzen. Spuck jemandem vor die Füße, und er weiß, dass hier deine Grenze ist. Spuck ums Auto und Haus, vor deine Haustür – und es ist klar, wessen Revier hier ist. Wenn Abmachungen nicht schriftlich festgehalten werden können, aber unbedingte Gültigkeit besitzen, spucken sich beide Parteien in die Hand und geben sie sich. Die persönlichen Energien sind nun miteinander verbunden, und die Abmachung gilt.

Um in unsere Kraft zu kommen, müssen wir wissen, was wir wollen. Diese Klarheit ist schon die halbe Magie. Doch dann müssen wir handeln!

Als Menschheit sind wir jetzt dazu aufgefordert, Verantwortung zu übernehmen für das, was wir entscheiden und tun. Das bedeutet, dass wir in das Zentrum unserer Macht zurückkehren müssen. Wir Frauen waren lange genug unsichtbar und gezähmt. In unserer Welt wird den wilden Kräften, dem Regenwald und der großen Vielfalt der Pflanzen, Heilpflanzen und Tierarten kein Lebensraum mehr gelassen. Stattdessen nehmen Gewalt, Umweltzerstörung, Krieg, Kriminalität und Sucht überhand. Dies sind Kampfgeschehen gegen das Leben, gegen die Vitalität der Frauen und ihre Kinder und auch gegen Männer. Diese Lebensweise richtet sich gegen die Natur und unseren Planeten Erde.

Lebendigkeit bedeutet Wandel durch weiche, fließende Energie. Frauen sind auf diesem Gebiet Expertinnen. Sie können Energie verändern und verwandeln. Intuitiv bilden wir Energiekreise, indem wir uns mit anderen Frauen treffen und austauschen. Diese Kreise entstehen einfach, indem wir beieinanderstehen und eine große Sensibilität für Energie entwickeln. Vielleicht nimmst du sie als Hitze wahr oder wie Strom, der durch deine Adern fließt. Eine hat ein bestimmtes Gefühl im Bauch oder Arm. Deine Nachbarin hört einen Summton. Deine Schwester nimmt Bilder wahr. Fast jede spürt den Wunsch, hier zugehörig zu sein und im Kreis zu bleiben. Sieben Schwestern sind stärker als drei. Dreizehn haben ungeahnte Kräfte und erzeugen wirbelnde Schwingungen. Denn die Zahl Dreizehn ist eine magische Zahl der Frauen. Ganz einfach, weil es im Jahr dreizehn Vollmonde gibt und Frauen ihren monatlichen Zyklus haben. Sie bluten dreizehn Mal, wenn sie nicht schwanger sind. Je größer der Kreis der Schwestern, umso machtvoller ist die gesammelte Energie.

Jetzt verbringen wir wieder einen gemeinsamen Tag miteinander, um die magische Kraft des Kreises zu rufen. Ich freue mich, dass du den Weg zu uns gefunden hast! Nach uralter Frauentradition haben wir uns das letzte Mal am Tag vor dem Vollmond getroffen und einen wundervollen, inspirierenden Tag miteinander verbracht. Wie schön, dass du auch heute gekommen bist! Ich begrüße dich herzlich. Du wirst hier viele Freundinnen und Nachbarinnen treffen, aber auch unbekannte Frauen, die ganz anders leben als wir. Jede hat etwas Besonderes und Kostbares mitgebracht. Denn wir wollen uraltes Wissen miteinander teilen, an das sich unsere Großmütter und Urgroßmütter noch erinnern. Ihre Weisheit war jetzt lange genug unter den staubigen Decken der Geschichte verborgen.

Vielleicht spürst auch du eine ziehende Sehnsucht nach etwas Geheimnisvollem, Tiefem, Verborgenem, das lange in Vergessenheit geraten ist. Heute tragen wir die uralten Erinnerungen zusammen. Wir teilen unsere Lebenserfahrung, unser Wissen und Essen. Wir sammeln Beeren, entfachen Feuer und kochen Tee aus wilden Kräutern.

Schließlich sitzen wir im Kreis ums Feuer.

Eine Frau beginnt, die Trommel zu schlagen. Sie trägt ein buntes Tuch um den Kopf und ein langes dunkelgrünes Kleid. Ihr jüngstes Kind hat sie sich auf den Rücken gebunden. Mit großen, glänzenden Augen verfolgt es das Geschehen. Die Trommel der Frau ist wunderschön. Ich kann vier Frauen mit hocherhobenen Armen erkennen, die im

Kreis tanzen. Der Frühling ist hellgrün gemalt, der Sommer in kräftigem Rot, der Herbst in Orange und der Winter in Blauweiß. Dazwischen befinden sich Sonne, Erde, Mond und Sterne.

Die Frau schlägt die Trommel und beginnt zu summen. Dann singt sie in einer uralten, fremden Sprache. Die Gespräche verstummen. Du schließt die Augen, um dem Klang der Stimme nachzuspüren. Die Töne berühren dich in der Tiefe deines Wesens, und langsam breitet sich ein Lächeln auf deinem Gesicht aus. Du entspannst dich, denn das Lied umhüllt dich mit wohltuenden, heilsamen Seelenklängen, die dir seltsam vertraut erscheinen. Es fühlt sich so an, als riefen sie dich nach Hause in eine unsichtbare und doch völlig reale Welt voller Harmonie und unermesslicher Schönheit. Die mystischen Töne strömen in dein Herz und breiten sich in dir aus. Schließlich erfüllen sie die Atmosphäre der gesamten Umgebung.

Die Trommlerin erhebt sich und wendet sich nacheinander an alle vier Himmelsrichtungen. Sie beginnt ihre Anrufung im Osten. Ihr gesprochener Gesang erfüllt dein Herz mit Dankbarkeit für das Licht, die Wärme und das Leben. Die fremde Sprache malt harmonische und heilsame Bilder in deinen Kopf. Im Süden besingt sie die unermessliche Fülle und Schönheit der Schöpfung und wie alles auf wunderbare Weise miteinander verbunden ist. Als sie sich zum Westen wendet, sehe ich grünes, rotes und orange gefärbtes Herbstlaub vor mir. Im Norden kommt eine Eisbärmutter auf mich zugetrottet, die einfach durch mich hindurchgeht und ihre Weisheit in mir zurücklässt. Die singende Trommlerin wendet sich nun an die Wolken, den Himmel, an das Reich der Ideen und Visionen. Sie bittet darum, dass jede viel Inspiration erhält. Sie soll auf uns herabregnen wie ein erfrischender Sommerregen. Dann wird ihre Stimme ganz weich und zärtlich, und sie beginnt zu tanzen. So leicht, als hätte sie Vogelknochen und besäße ein Federkleid. Es scheint, als ob ihre Füße die Erde liebkosten und zarte Lichtspuren malen. Die Töne ihres Liedes fallen auf die Erde wie einzelne Perlen einer kostbaren Kette.

Nun erhebt sich eine Frau nach der anderen, denn wir können nicht mehr stillsitzen. Der Rhythmus der Erde ist kraftvoll und bewegt unseren Körper. Wie in Trance tanzen wir. Wir werden freier, ungezwungener, offener. Füreinander und miteinander. Die Verspannungen, die sich angesammelt haben, verfliegen. Alle genießen die Bewegung, die Luft, das Zusammensein und das Gefühl von Freiheit. Wir sind losgelöst vom Alltag, von Raum und Zeit und bewegen uns voller Lebensfreude.

Wie lange, kann ich nicht sagen. Doch ich weiß, wie kostbar diese Zeit für mich ist. Ich bewege mich so, als gäbe es kein Morgen. Nur jetzt, nur heute, nur das Zusammensein, die Geborgenheit, die Kraft und das Feuer sind real. Keine möchte den Kreis verlassen. Doch jetzt werden die Bewegungen ruhiger, langsamer. Eine hebt den Kopf und sucht den Blick der Trommlerin. Sie lässt den Rhythmus leiser werden. Ihr Gesang wird ruhiger und mütterlicher. Ihr kleines Kind ist erschöpft, ihm fallen die Augen zu. Dankbar lässt sich eine nach der anderen wieder auf der Erde nieder. Dabei spürt sie, dass sie sich verändert hat. Keine ist mehr dieselbe wie vorher. Es ist schwer in Worte zu fassen, aber wir sind verwandelt und mit uns die Atmosphäre, die uns umgibt. Jede spürt: Gemeinsam haben wir einen heiligen Raum geschaffen. Er ist groß und weit – so wie unsere Herzen.

Eine wunderschöne Großmutter mit einem Gesicht, so alt wie eine liebliche Landschaft, beginnt, ein sorgfältig verschnürtes, uraltes Päckchen behutsam zu öffnen. Es ist in dünnes Leder oder feine Baumrinde verpackt und offensichtlich sehr alt und wertvoll. Alle Augen sind auf Großmutter gerichtet, denn jede ist sicher, dass sie etwas Geheimnisvolles mitgebracht hat. Schließlich hält Großmutter ein Rundholz in der Hand, das schon durch viele Hände gegangen ist. Das ist daran zu erkennen, dass es glänzt und wie frisch poliert erscheint. Der Stab ist mit bunten Bändern umwickelt, mit kleinen Türkisen und Federn geschmückt, und sein Griff ist mit Schnitzereien verziert. Großmutter hält das Holz hoch und erklärt:

„Dies ist ein Redestab. Wer ihn in der Hand hält, möchte etwas sagen und hat das Wort. Die Regel besagt, dass mich niemand unterbricht, bis meine Worte verstummen und nur noch der Gesang der Vögel und das Flüstern des Windes zu vernehmen sind.

Dann reiche ich diesen heiligen Stab unseres Clans weiter. Er reist im Kreis herum. So hat jede Frau eine Stimme, die von allen gehört wird.

Ich freue mich, meine lieben Schwestern, Töchter und Enkelinnen, dass wir wie in alten Zeiten wieder zusammenkommen! Das bunte, symbolreiche Gewebe der Frauen wurde zerrissen. Doch in dieser besonderen Zeit tragen wir – wie schon bei unserem letzten Treffen – wieder einzelne Fäden zusammen und verweben sie neu. Das geschieht, indem wir uns im Herzen miteinander verbinden. Ganz genauso wie es unsere Urgroßmütter und deren Mütter getan haben. Heute bringen wir eine alte weibliche Tradition zurück in unsere gefährliche Zeit, um uns an die uralte weibliche Weisheit zu erinnern und unsere Macht wiederzuentdecken. Denn es ist überlebenswichtig, dass wir jetzt unsere Gaben in die Welt bringen, um das Leben zu schützen und zu erhalten.

Unsere Schwesternschaft wird dir wichtige Erfahrungen schenken. Denn wenn du dich mit Menschen umgibst, die deine Liebe erwidern, wirst du wissen, wie wertvoll du bist. Ich weiß: Das Kostbarste, das du in deinem Leben hast, ist deine Zeit und deine Liebe. Denn deine Zeit auf der Erde ist begrenzt und die Energie, die du besitzt, auch. Wenn du viel Zeit mit Menschen verbringst, die nicht zu dir passen, wenn du an Orten oder in Situationen bist, die sich nicht gut anfühlen, wird dir Energie gestohlen. Darum schütze deine wunderbare kreative Energie und dein Leben! Entscheide dich für echte Freundschaft und wahre Liebe mit wunderbaren Menschen. Verbinde dich mit deinen Schwestern, die deinem Herzen nah sind. In ihrem Kreis kannst du uralte Weisheit finden. Sie führt dich zu deiner Mitte, zu dem Ort der Macht in deinem Inneren, den du hören und ausdrücken musst.

Ich frage dich: Wenn du mit einer einzigen machtvollen Tat dein Leben oder das von anderen ändern könntest, was würdest du tun? Was wäre deine Tat der Kraft und Schönheit? Was ist dein allergrößter Traum?

Wir alle stammen von der Urmutter ab, der Großen Mutter, der Göttin. Heute sind wir gezähmte Frauen und haben vieles vergessen. Aber in unserem tiefen Wesen sind wir immer noch wilde Frauen und finden in der dreifachen Gestalt der Göttin das gesamte Frausein wieder. Sie ist das uralte und ewige Vorbild für Mädchen und Frauen. Denn alle unterschiedlichen Archetypen sind ein Teil unseres Wesens. Darum ist jede von uns unglaublich wandlungsfähig.

Niemand wird oder kann dir deine Macht geben. Aber du kannst dich im Kreis der Frauen an sie erinnern, sie entdecken und an dich nehmen. Du kannst dich von Einschränkungen und Problemen befreien und die Schönheit, Gesundheit, Kraft und Weisheit in deinem Leben fördern. Gemeinsam schaffen Frauen eine neue Welt, in der es nicht darum geht, wer von allem am meisten nimmt, für sich behält und dadurch Macht und Anerkennung erlangt. In der weiblich orientierten Welt und der der Naturvölker erhält derjenige Anerkennung und Macht, der anderen Menschen am meisten zu geben hat. Dieser Mensch stellt einen wichtigen Wert für die Gemeinschaft dar. Durch Wissen oder Vermögen, Lebenserfahrung oder Kreativität, Jagdglück, Verhandlungsgeschick oder Talente. Auf diese neue und gleichzeitig uralte Weise kann jede einzelne Frau Harmonie und Segen in der Welt manifestieren. Viel von diesem wertvollen Frauenwissen findest du nirgendwo, nur in dir.

In der Schwesternschaft entdecken wir Frieden in uns selbst und lassen Konkurrenz und Eifersucht hinter uns. Im Kreis erkennen wir, dass alles gleichwertig ist. Jede hat besondere Fähigkeiten, und wir freuen uns an der großen Vielfalt. Wir können unglaublich hilfreich füreinander sein und viele Ideen in der Gemeinschaft umsetzen, die sonst nie in die Welt kämen. Das stärkt unser Selbstbewusstsein, und wir erkennen, wie wichtig Frauenarbeit für jede Gemeinschaft ist. Durch diese neuen Erfahrungen lassen wir uns nicht länger manipulieren und werden unabhängiger. Denn wir fühlen uns gehalten im Kreis der Frauen. Wir haben endlich Freude am Frausein und entwickeln gemeinsam eigene Werte. Alleinerziehende Mütter und einsame Großmütter können sich gegenseitig unterstützen. Auf vielen anderen Gebieten können wir wertvolle Netzwerke entstehen lassen, die das in unsere Welt bringen, was wir uns wünschen. Wir haben unendlich viel zu geben, wenn wir Frieden in uns finden und Visionen haben. Diese wunderbare Gabe hatten unserer Ahninnen. Denn sie schrieben den ersten Satz in menschlicher Sprache. Und davon werde ich euch jetzt erzählen."

Impulse:

Am Ende eines Kapitels oder Abschnitts findest du häufig die Überschrift: Impulse. Dies sind erprobte und kraftvolle Wege für deine eigenen Erfahrungen. Natürlich kennen wir all die Dinge, die uns daran hindern, unsere Träume umzusetzen und zu leben. Und du fragst: Welche Stolpersteine können mir auf meinem Weg begegnen und wie kann ich sie umgehen? Ein Impuls kann eine Meditation sein, eine Handlungsanleitung, ein Gebet, eine Inspiration oder ein Gedicht. Manchmal ist es eine Übung, ein Mindset Change oder ein Ritual zu dem vorherigen Thema. Impulse wollen dich darin unterstützen, in einen Zustand zu gelangen, in dem du eigene Erkenntnisse hast und handelst, um innerlich zu wachsen. Es sind praktische Anregungen, die dir helfen, deine aktuelle Situation zu verbessern oder eine neue Sichtweise kennenzulernen.

Botschaften der Vogelgöttin

Dem Impuls folgt häufig ein Zitat. Das sind Botschaften und Impressionen, die ich von der Vogelgöttin empfangen habe. Du wirst merken, dass die Göttin eine weiche, aber kraftvolle weibliche Energie transportiert, die sich von unserer Alltagssprache unterscheidet. Hier betreten wir ungewohntes Gebiet. Der Vogelgöttin geht es nicht um belegbare Fakten, sondern ums Fühlen und um intuitives Wissen. Sie führt uns dahin, dass wir erahnen, was uns die Ahnen zuflüstern, und transportiert etwas, was zwischen den Zeilen schwingt, ähnlich wie Musik, Tanz oder Bilder. So bringen die Botschaften der Göttin etwas zum Ausdruck, das in unserer Erziehung fast vollständig vernachlässigt wurde und das wir uns jetzt wiederholen müssen. In der Zeit des Wandels ist es wichtig, dass wir Neues gebären. Darum zeigt uns die Große Göttin ungewohnte Perspektiven und verbindet vieles miteinander, was zusammengehört. Das ist manchmal ungewohnt.

Sie erinnert dich daran, dass es jetzt darum geht, dir selbst treu zu sein. Dann bist du ein lichtvolles, wunderschönes Wesen, das sich in Liebe und Klarheit für das Leben einsetzt, seine wahre Größe entfaltet und in Glanz und Würde erstrahlt – wie eine Göttin. Es geht um uraltes weibliches Wissen, das wir in uns tragen. Es war lange Zeit vergessen. Jetzt beleben wir es wieder für die neue Zeit.

Teil 2

Der Kreis als Zentrum der weiblichen Energie

Der Kreis als Ursprung und weiblicher Weg

Der erste Satz in menschlicher Sprache handelt von der machtvollen Frau und der wunderbaren Göttin.

Der Weg führt uns auf eine mythologische Reise in eine versunkene Welt, die sich im Einklang mit der Natur und ihren Wesen befand und auch mit dem Leben gebenden weiblichen Prinzip. Der älteste Satz ist eine wertvolle Erinnerung an unsere Ahninnen. Er wurde im Balkan auf einer 7000 Jahre alten Tonscherbe entdeckt. Der Balkan war eine Wiege der Zivilisation, noch vor Mesopotamien. Die Zeichenfolge hat der Linguist Toby Griffen, Professor für Fremdsprachen an der Southern Illinois University Edwardsville, entschlüsselt. Sie lautet: „Bärgöttin - Vogelgöttin - Bärgöttin-Göttin". Er hat diesen Satz in der alteuropäischen Vinca-Schrift entziffert: „Bärgöttin und Vogelgöttin sind wirklich die Bärgöttin." Man könnte auch sagen: „Die Bärgöttin und die Vogelgöttin sind eine Göttin." Dieser Satz wurde auf tönernen Spinnwirteln geschrieben. Das sind Schwunggewichte einer

Handspindel, die bei Ausgrabungen in der Nähe von Belgrad entdeckt wurden. Die Worte sind im Kreis herum geschrieben, vorwärts und rückwärts lesbar. Auf anderen Tontafeln sind Bären und Vögel dargestellt oder aber Menschen mit Bären- oder Vogelmaske. Das Wort Göttin ist wichtig und in einigen Fundstücken eingerahmt. Sie wird durch eine Vulva dargestellt mithilfe zweier paralleler Striche, als Symbol der Fruchtbarkeit.

Häufig haben Texte auf Spindeln eine religiöse Bedeutung. Dies zeigen zahlreiche Sagen des Altertums und Märchen neuerer Zeit. Da ist vom Spinnen des Schicksalsfadens die Rede oder davon, aus Stroh Gold zu spinnen. Diese Kunst beherrscht fast jede Frau. Wir können aus nichts etwas Schönes, Wertvolles oder Einzigartiges kreieren. Eine kann aus Brachland einen Kräuter- oder Blumengarten zaubern, aus Muscheln und Treibholz Windspiele kreieren, aus Zweigen Körbe flechten oder Schmerzen wegpusten. Wo Frauen sind, wird getanzt und gesungen. Da gibt es gutes Essen, es werden Geschichten erzählt und Spiele erfunden. Frauen öffnen die Türen zu neuen Gedanken und Gefühlen und malen bunte glückliche Bilder in die Köpfe. Dann nähen sie sich aus alten Gardinen ein Spitzenkleid, flechten sich eine Blütenkrone, sind verführerisch und wunderschön.

Der kaum verständliche Satz „Die Bärgöttin und die Vogelgöttin sind wirklich die Bärgöttin“ bekommt dann einen Sinn, wenn wir einen Blick in die griechische Mythologie werfen.

Artemis ist eine der vielschichtigen Göttinnen, die bei den Griechen auf die Jagd, die Geburt, den Mond und die Jungfräulichkeit reduziert wurde. Doch eigentlich ist die Göttin Artemis das Weibliche in all seinen unterschiedlichen

Aspekten. Sie war die Jägerin, die die Tiere beschützte, und die junge Frau, die sich selbst treu blieb. Sie empfing in den Wäldern ihre Liebhaber. Als kleines Mädchen wollte Vater Zeus ihr ein Geschenk machen, und sie äußerte folgenden Wunsch: „Ich möchte für immer frei sein und ausgelassen mit meinen Hunden durch die Wälder ziehen, und ich will ganz bestimmt niemals heiraten." Die Göttin Artemis steht für die Selbstbestimmung der Frau, die sich ganz klar auf sich selbst konzentriert und dafür sorgt, sich genügend Raum für ihre eigenen Bedürfnisse zu nehmen. Sie sagt: „Ich bin, die ich bin. Und ich weiß, wer ich bin!"

Artemis geht zurück auf ältere Bär- und Vogelgöttinnen. Ihr Bärwesen steht im Vordergrund, und ihr Vogelwesen tritt in den Hintergrund. Sie spielte eine Rolle bei Initiationsriten für junge Frauen, die dann als Bärinnen auftraten. Der uralte Satz zeigt uns den Ursprung des Artemiskults, als die Bärgöttin und die Vogelgöttin zu einer einzigen Göttin, der Bärgöttin, verschmolzen. Artemis trägt den Bären mit dem Wortstamm „Art" in ihrem Namen. „Arcturus" bezeichnet den hellsten Stern im Sternbild „Bärenhüter", und „Artio" ist die Bärgöttin der Kelten.

Die Bärin ist eine aufopferungsvolle Mutter, die sich im Winter zurückzieht in ihre Höhle, um dort Winterschlaf zu halten. Sie sorgt in ihrem Leben für eine gesunde Balance von Ruhe und Aktivität. Das ist ein sehr wichtiger Aspekt in jedem Frauenleben, damit wir in unserer Kraft bleiben. Alle Mädchen werden mit einer Ge-Bär-mutter geboren, mit der wir neues Leben erschaffen können wie die Bärgöttin. Sie zieht ihre Kraft aus der Ge-Bärmutter und ist die Gebärende des stärker werdenden Lichts, wenn im Winter alles unter Schnee und Eis erstarrt ist. In den Raunächten, in der Nacht der Wunder vom 5. auf den 6. Januar gibt es das

Ritual der Percht, einer uralten Bärmutter. Frauen treffen sich, entzünden ein Feuer, um die Wünsche, die sie in den Raunächten erträumt haben, zu feiern. Sie springen über das Feuer und holen sich die Kraft der Percht zur Verwirklichung ihrer Wünsche. Wenn das Feuer heruntergebrannt ist, stellen sie sich über die Glut, um ihre Gebärmutter mit lebendiger Energie zu versorgen und zu befeuern. Frauen, die keine Gebärmutter mehr haben, können sich so mit der universellen Gebärmutter der Göttin verbinden und ihre Kraftquelle auffüllen.

Die Vogelgöttin wird in diesem Zusammenhang als Ergänzung zur Bärgöttin gesehen. Hier ist sie die todbringende Göttin, die Seelenvögel der Verstorbenen einsammelt, schützend ihre Schwingen ausbreitet und sie in ihre Sternenheimat mitnimmt.

Damit ist der große Kreislauf geschlossen. „Die Bärgöttin und die Vogel Göttin sind wirklich die Bärgöttin." Das bedeutet: Das Leben kehrt jedes Frühjahr zurück und siegt immer.

Der rote Faden im Kreis ist die Tradition der uralten schamanischen Zivilisationen. Hier gehörten die politische und spirituelle Dimension zusammen. Ein Kreis verbindet die Menschen, er konzentriert die Kräfte und hält die Gruppe zusammen. Gleichzeitig ist er ins Universum geöffnet und erhält seine Kraft von den himmlischen Kräften. Der Kreis wird sozusagen „von oben" inspiriert. Diese Energien fließen dann als kreative Kraft von einer zur anderen. Der Kreis ist auch nach unten geöffnet und verbindet uns mit Mutter Erde. Das bewirkt die „Erdung" der Inspirationen und schenkt uns praktische Arbeitsergebnisse. Oft verlassen wir den Kreis mit einer Erkenntnis, Botschaft, Vision oder Entscheidung. Darum ist es selbstverständlich, dass wir im Kreis sitzen, wenn wir uns treffen.

Der Weg der Frauen, der zur Weisheit führt, hat nicht das Ziel, dass einige wenige auserwählt werden. Im Kreis erleben wir die ursprüngliche Zugehörigkeit zu unserer Gruppe und lernen, Verantwortung zu übernehmen für das Ganze. Der Kreis ist hierbei ein kraftvoller Ort mit einer starken Mitte. Treffen wir uns in der Natur, brennt ein Feuer, um das die Gruppe sitzt. Im Haus hat unser Kreis immer ein Zentrum, eine kraftvolle und inspirierende Mitte. Dort sind die Dinge, die uns gerade jetzt wichtig sind: Blumen und Geschenke der Natur, Kerzen, ein Freundeskreis aus Ton, Engel- oder Göttinnenkarten, Symbole der Göttin oder eine wunderschöne Ritualdecke. Jedes Mal ist die Mitte anders gestaltet. Im Zentrum sammeln sich auch unsere Erfahrungen, Visionen und Wünsche. Jede bringt ihre Energie in diesen Raum, ihren Kummer, ihre Fähigkeiten und Talente, ihre Geschichten, Gefühle, Gedanken und Taten, und so entsteht in jedem Kreis etwas Einmaliges und Neues. Gemeinsam erforschen wir, welchen Faden jede Frau verwebt in dem riesigen Gewebe der Welt. Der Kreis bildet einen Schutzraum, in dem wir uns so zeigen, wie wir sind: mit unserer Verletzlichkeit und Unfertigkeit, unserer Kraft und unserem Unvermögen, mit all unserer Liebe und mit unserer Angst. Dies alles füllt den Kreis mit Lebendigkeit. Darin sind auch Trauer und Zorn zu finden. Trauer über all das, was wir Menschen der Erde und ihren Geschöpfen angetan haben, und die Wut, die uns laut protestieren lässt gegen Gewalt, Ausbeutung, Profitgier und Zerstörung.

Wir können den Kreis als Lehrerin sehen, denn seit Anbeginn der Zeit haben sich Frauen im Rund versammelt. Sie saßen ums Feuer, trafen sich am Brunnen oder auf dem Markt, um sich auszutauschen. Immer haben sie auch das Heilige geehrt, indem sie dankbar waren für das, was sie hatten, und vieles miteinander teilten. Denn jede hat etwas zu geben. Sie haben die Früchte ihrer Arbeit und Praxis zusammengebracht, so wie wir es gerade jetzt tun. Jede von uns erscheint an ihrem Platz und ist präsent. Jede gibt etwas in die Mitte und nimmt etwas aus der Mitte heraus. So erschaffen wir gemeinsam ein zeitloses Netz der Heilung und des Erwachens für uns selbst und andere. Wir tragen die uralte weibliche Weisheit und unser modernes Wissen durch Zeit und Raum und legen ein Lichtnetz um unsere Erde. Jedes Mal, wenn wir uns hier im Kreis treffen, schöpfen wir aus der Quelle der Weisheit und speisen gleichzeitig den Brunnen. Denn im Kreis bekommt jede ein Gefühl für sich selbst. Dieses Gefühl kann unglaublich tief und unermesslich sein. Das ist für jede Frau sehr kostbar. Denn in unserer Zeit fühlen sich viele isoliert und entwurzelt. Viele haben den Schmerz erfahren, ihre Macht abzugeben oder ihre Einzigartigkeit für den Preis der Zugehörigkeit einzutauschen. Denn jeder Mensch möchte dazugehören, gesehen und gehört werden. Das ist im Kreis leicht möglich, weil jeder jedem in die Augen sehen kann.

Der Kreis ist unsere Lehrerin. Sie hat mir gezeigt, dass es sieben grundlegende Perspektiven gibt, um auf ein Thema zu schauen. Zuallererst steht die Entscheidung an, sich für eine ganzheitliche, „runde“ Sichtweise zu öffnen. Das bedeutet, in den Kreis zu treten und daran teilzunehmen. Dies ist die grundlegende Bereitschaft, das Alte zu verlassen und sich für Neues zu öffnen. Häufig wird diese Entscheidung von einer Krise ausgelöst. Die neue Sichtweise ist jedoch ganz anders als die lineare, intellektuelle Perspektive, die uns Sicherheit und Kontrolle versprochen hat. Die logische Denkart sind wir gewohnt, wir lernen sie in der Schule. Doch jetzt bringt sie uns nicht weiter, und wir begeben uns auf die Suche nach neuen Wegen. Wir beginnen, mehr unserem eigenen Gefühl und der Intuition zu vertrauen. So betreten wir den Kreis und öffnen uns für unsere innere Weisheit. Die vier offensichtlichen Blickwinkel im Kreis entsprechen den vier Himmelsrichtungen: Osten, Süden, Westen und Norden. Im Lebenslauf einer Frau entsprechen sie der unschuldigen Tochter, der nährenden Mutter, der starken Amazone und der weisen alten Großmutter. Die sechste Perspektive im Kreis ist der Blick nach oben. Damit meine ich die Öffnung für die Inspiration und Magie, die im Kreis entsteht. Der Kreis besitzt mehr Energie als alle Teilnehmerinnen zusammen. Das Ganze ist mehr als die Summe der Teile. Es entsteht etwas Neues, das vorher noch nicht da war. Dies kann der Verstand nicht fassen, erklären oder kopieren. Er kann nichts Lebendiges aus sich heraus schaffen. Denn genau das ist die weibliche, ursprüngliche schöpferische Energie der Gebärmutter. Die siebte Perspektive ist der Blick auf die Füße, die Erde, die Ahnen, unsere Wurzeln. Damit meine ich die Herausforderung, dem Neuen eine Form, einen Ausdruck und eine Gestalt zu geben. Wenn wir Himmel und Erde miteinander verbinden, stehen wir aufrecht in der Mitte des Kreises. Wir sind präsent und offen, spüren die eigene Kraft, stehen im Auge des Sturms, kennen die Dynamik und Bewegung des Rades und haben viele Entwicklungsschritte durchlaufen. Wir fühlen den Atem, der den Körper bewegt. In der Mitte des Kreises zu stehen bedeutet, all dies zu spüren, zu lächeln und sich zu entspannen, bereit zu sein, immer mehr und größere Verantwortung zu übernehmen, ganz bei sich zu sein, sich zu Hause zu fühlen im Herzen und in der eigenen Mitte. Dann weißt du, dass alle Kraft, die du brauchst, bereits in dir ruht. Dein Herz und deine Seele kennen den Weg. Du kannst nun einen neuen Schritt wagen, aus der Mitte heraustreten und eine neue Umrundung des Kreises beginnen – in dem Bewusstsein, dass du immer wieder in die Mitte zurückkehren kannst und dass die Welt in deinem Inneren stattfindet.

Wir erleben gerade viel Aufwühlendes und Verstörendes. Um nicht in Angst zu verfallen, brauchen wir jetzt heilsame Kreise und kreative Gemeinschaften. Denn im Kreis ist eine unglaubliche Dynamik und Kraft, die Neues bringt. Jede wird dort abgeholt, wo sie gerade steht, und an die in ihr schlafenden Gaben und Qualitäten erinnert. Im Kreis wird sie genährt durch Mitgefühl und Achtsamkeit. Der Kreis schenkt uns einen Raum für Heilung und Wunder. Die Schwesternschaft rüttelt dich auf, setzt Impulse und macht Mut. Alle begegnen sich auf Augenhöhe, kitzeln dich mit einem Lächeln, zaubern ein wenig Magie in dein Leben und segnen deinen Weg.

In der kommenden Zeit werden wir noch damit experimentieren, um wache, wohlwollende und gesunde Frauenweisheitskreise aufzubauen. Die Ränder der Kreise bilden eine klare Absicht, warum wir zusammenkommen, und grundlegende Vereinbarungen darüber, wie wir miteinander kommunizieren. Diese klaren Ränder schaffen einen sicheren und weiten Raum, in dem sich jede Frau frei fühlen kann und in ihrer Einzigartigkeit geehrt und gefeiert wird. Wir wollen uns im Kreis treffen, um uns zu feiern und zu ermächtigen. Uns ist bewusst, dass es viele belanglose Dramen unter Frauen gibt und verletzende Verhaltensweisen. Doch all dies soll nicht im Mittelpunkt stehen. Du weißt inzwischen, dass das, worauf wir unsere Aufmerksamkeit lenken, wächst und das, was wir nicht mit Energie „füttern“, verhungert und wieder im Alltag verschwindet. Wir halten den Fokus auf unser Ziel. Spirituelles Erwachen geht Hand in Hand mit sozialer Gerechtigkeit, der Fürsorge für Mutter Erde und all ihre Wesen. Dafür setzen wir uns ein. Im Kreis können wir uns gegenseitig halten und spiegeln, um miteinander in unsere Kraft zu wachsen. Wir stehen zusammen und erinnern uns daran, dass es gut so ist, wie wir fühlen, und dass keine alles allein tun muss! Im Kreis ist die Göttin mitten unter uns. Wenn wir den Raum schaffen, in dem unsere weibliche Natur fühlbar, spürbar und erfahrbar wird, dann wissen wir nicht, was kommt. Wir brauchen einen weiten Raum, in dem große Herzen Platz haben, die keine Verurteilungen erlauben, und wir brauchen ganz viel Vertrauen, dass jede Frau irgendwann dem inneren Ruf folgt und sich erinnert. Die tiefe Weisheit, die durch jede Frau spricht, ist berührend, wenn sie all das Schwere, Traurige und Belastende ausgedrückt hat. Dann zeigt sich ihr Strahlen, Lachen und ihre einzigartige Schönheit. So ist jeder Kreis neu und einzigartig. Jedes Mädchen und jede Frau sollte die Möglichkeit haben, in einem Kreis der Frauen und Großmütter gehalten und genährt zu werden. Es braucht viele Orte für all die Fragen zum Thema Frausein und Weiblichkeit. Dann stünde keine allein damit. Jede Mutter hätte einen Kreis der Hilfe, und jede Frau könnte die Gaben und Schönheit in jeder anderen Frau erkennen. Die Wunde der Schwestern könnte endlich heilen. Wir könnten unsere Wurzeln wieder entdecken und uns Flügel wachsen lassen.

Göttinnen sind die Hüterinnen des ältesten Wissens der Welt. Ihre Macht und ihr Wissen können Leben spenden oder vernichten. Wenn wir der Göttin begegnen, müssen wir mutig sein und vor ihrer Macht aufrecht stehen. Wir dürfen der weiblichen Urgottheit gegenüber nicht unterwürfig sein, sondern müssen einfach nur wir selbst sein. Denn zu den tiefen Weisheitslehren brauchen wir einen ganz direkten Kontakt. Die Göttin aktiviert die Kräfte, die dich in deine Göttlichkeit führen. Dann kannst du ihre Botschaft vernehmen und deine Bestimmung erfüllen.

Die Steinzeitgöttin taucht als Archetyp des großen Weiblichen derzeit in überwältigender Ganzheit und Vollkommenheit in der Menschenwelt auf. Diese Figuren sind zusammen mit Höhlenmalereien die ältesten Kunstwerke der Menschheit. Die Göttin ist das Symbol für das „Unsagbare". Sie ist die Wirklichkeit in jedem Menschen, denn sie ist nicht getrennt von dieser Welt. Die Göttin ist selbst die Welt. Sie ist der Kreis, der Mond, die Sonne, der Wind, die Welle und die Flamme, die Knospe, der Reißzahn, die Frau und der Mann. Sie gebiert die Fülle und umarmt die ganze Welt. Sie ist die große Mama.

Die Bedeutung der Göttin für uns Frauen kann nicht genug betont werden! Sie inspiriert uns dazu, uns selbst als göttlich zu sehen, mit einem geweihten Körper, in wechselnden heiligen Phasen unseres Lebens, mit gesunder Aggression, reinigendem Zorn, machtvoll zu gebären und zu stillen, aber auch zu begrenzen und zu zerstören. Genauso wie die Göttin, die alles Leben erhält.

Wir können im Kreis und durch die Göttin unsere weibliche Stärke entdecken, unseren Geist klären, unseren Körper in Besitz nehmen und unsere Gefühle annehmen. Mithilfe der Göttin können wir aus einengenden Rollen ausbrechen und wir selbst werden. Unsere Würde entsteht aus Selbstachtung.

Darum berichten nun einige Frauen, die hier im Kreis mit dir sitzen, davon, wo wir die Göttin finden können.

Impuls:

Schreibe Dinge, die dir wichtig sind, einmal im Kreis. Umrande deinen Namen mit einer Spirale. Achte auf deine Gefühle, wenn du mit anderen an einem rechteckigen Tisch sitzt und wenn du mit Menschen im Kreis sitzt …

„Ich bin die Göttin in dir. Winzig klein und kaum zu finden. Doch ich sitze stolz auf einem Thron aus purem Gold. Ich sende meine Signale in dein Herz, in deinen Bauch oder als Idee in deinen Kopf. All dies ist dir vertraut. Ich wachse mit jedem Mal, wenn du mich wahrnimmst und mir mit deinem tiefen Atem Energie schenkst. Dann weiß ich, dass du mich wertschätzt und meine Liebe spürst."

Spuren der Göttin an magischen Orten

Hier lernen wir archaische Kraftplätze kennen, die über Jahrtausende weibliches Wissen in uraltem Gestein gespeichert haben. Mythische Geschichten, Bilder, Fundstücke und Objekte erzählen vom Lebenszyklus der Frau. Er wird symbolisiert durch die Farben Weiß, Rot und Schwarz. Das junge Mädchen ist die Frau im weißen (Braut-)Kleid. Die fruchtbare, blutende Frau mit Mutterkraft trägt ein rotes Kleid. Die wissende Großmutter, die schon lange lebt und sich in der Nähe des Todes befindet, trägt das geheimnisvolle Schwarz. Hier verschmelzen Vergangenheit und Gegenwart. Denn vieles ist in Symbolsprache festgehalten und für uns heute abrufbar. Es sind sinnlich-magische Orte und Geschichten, die den Weg zu Ahninnen, Begleiterinnen, zur Eigenmacht und Schöpferinnenkraft der Frauen und Göttinnen zeigen. So können wir uns wieder einfühlen in die eigene Weiblichkeit und uns als eins empfinden, mit dem, was war und jetzt ist. Wir verbinden uns mit der großen Erdmutter und magischen Vogelgöttin und mit all ihren wunderbaren Kindern. Denn wir wollen selbstbestimmt, einfallsreich und lustvoll leben. Unsere männlich ausgerichtete Welt braucht dringend die Kraft und Weisheit der Mütterlichkeit, die sich jetzt zeigt. Wir können dieses uralte Wissen als Anregung nutzen für eigene Frauenkreise, für Rituale um die heilige Mitte, um Jahreskreise zu gestalten und persönliche Anliegen zu feiern wie Tauf- und Namensgebungsfeste, Geburtstags- und Beisetzungsfeierlichkeiten.

Auf unseren inneren Reisen besuchen wir jetzt diese uralten Orte der weiblichen Energie. Dadurch befreien wir sie vom Staub der Geschichte und aktivieren sie durch unsere Achtsamkeit, Fürsorge und Liebe. Dies ist eine Einweihung in das Gedächtnis der Erde. Diese Urkraft kommt zu dir und zu mir. Damit wir Liebe verbreiten, heilen, Probleme lösen, Veränderungen herbeiführen, Frieden und Fruchtbarkeit gewährleisten und dem Lied unserer eigenen Seele lauschen.

Impuls:

Unsere Vorfahren waren eng mit den Bäumen verbunden und besaßen häufig einen Familienbaum. Sie stellten sich vor, dass der Baum die Seele ins Jenseits bringt. Darum vergruben sie die Asche ihrer Verstorbenen an seinen Wurzeln. Der Baum nahm die Seele auf und transportierte sie durch den Stamm in die Baumkrone. Die Blätter wehten im Wind, und die Seele flog, befreit von allem Irdischen, zu den Engeln und himmlischen Wesen. Wenn die Zeit gekommen war, dass ein neues Kind in der Familie geboren wurde, brachte der Storch, ein Bote der Göttin Holle, die Seele zu dem Baby. Der Baum war ihr Familienheiligtum. Er wurde gepflegt und geliebt, damit der Familienstammbaum stark und gesund blieb. Diese Tradition überdauerte viele Jahrtausende. Doch dann wurde die Freiheit der Menschen eingeschränkt. Die heiligen Haine mit den Stammbäumen wurden gefällt, und das schwächte die Kraft der Menschen. Doch es gibt sie immer noch, die Naturverbundenen, die Heilerinnen, Träumer, Seherinnen und Geschichtenerzähler, die wieder Bäume und Wälder pflanzen. Sie nutzen ihre Zeit hier auf der Erde zum Wohle aller und erinnern uns an den Mythos vom Baum des Lebens.

„Geliebte Seele, gehe in die Natur und spüre hinein, welcher Ort dich ruft. Es ist nicht schwer, folge einfach deinen Impulsen. Dann lass dich dort nieder, atme ruhig, schließe kurz die Augen, um besser fühlen zu können, und dann nimm dir einen kleinen Ausschnitt von dem, was du siehst, und schau genau hin. Was zeigt sich dir? Welche Botschaft hat der Baum für dich? Oder der Bach, der Berg, die Wiese?"

Die Göttin in versteckten Höhlen

Überall auf der Erde nutzten Frauen Höhlen als Rückzugsort, um Schutz zu finden. Dort konnten sie ihr inneres Gleichgewicht bewahren und in Ruhe Kraft schöpfen. Sie wussten, dass unterirdische Areale der Gebärmutter von Mutter Erde entsprechen. Denn aus ihrem dunklen Schoß entsteht alles Leben. Darum zogen sich Frauen in Höhlen zurück, um in Sicherheit ihre Kinder zu gebären. Wo es keine Höhlen gab wie auf Malta, bauten sie unterirdische Tempel. Sie zogen sich zurück in ihre Frauengemeinschaft, um ohne Ablenkung und im Verborgenen zu beten. Sie erfuhren hier das Geheimnis der Heilung, unternahmen innere Reisen in die Zukunft und verbanden sich mit ihren weiblichen Kraftquellen. Sie vertrauten sich Mutter Erde an und fühlten sich in ihrem dunklen Bauch geborgen. Hier legten sie auch ihre Liebsten in die Arme der Großen Mutter, wenn diese ihre Lebensreise beendet hatten. Über 1000 Jahre war dies der Rückzugsort der Frauen, Priesterinnen, Heilerinnen, Hebammen und Sterbebegleiterinnen.

Uralte weibliche Traditionen sind Rückzug und Beziehungen. Sie werden weltweit als Basis für Gesundheit angesehen. Der urweibliche Weg entführt dich in eine Welt voller Zauber. Du begibst dich auf eine Reise, passierst ein Tor und befindest dich an einem Ort, von dem du nicht wusstest, dass es ihn gibt. Er fasziniert dich vom ersten Augenblick an. Denn eine Atmosphäre umhüllt dich, die dich tief einatmen lässt und ein Lächeln auf deine Lippen zaubert. Du fühlst dich plötzlich zu Hause, wunderst dich und richtest dich auf. Deine Augen sind weit geöffnet.

Ich war kurz vor der Pandemie im Dschungel in Afrika. Es war unglaublich aufregend, denn dort konnte ich völlig unberührte Natur erfahren.
Die kleine Straße ist von dichtem Grün in allen Schattierungen gesäumt. Mächtige Bäume bilden ein Blätterdach, und alles badet in lebendigem, atmendem Grün. Die Luft ist feucht und voller exotischer Düfte. Die Sicht öffnet sich auf ein grünes Tal, Wasser rauscht den Berghang hinab. Affen kreischen und wandern in großen Familien. Eine Elefantenfamilie kreuzt den Weg und ist gleich darauf vom Dschungel verschluckt. Vögel mit leuchtendem Gefieder flattern herum, singen, trällern und schmettern ihre Lieder. Ein Löwenrudel mit Jungen ruht so gut versteckt im Unterholz, dass ich es zuerst gar nicht bemerke. Bunte Blüten, riesige Gräser, alte Baumriesen schaffen eine Atmosphäre, die all meine Sinne weckt und beglückt. Hier zeigt sich Mutter Erde in all ihrer Schönheit, Pracht und Fülle. Die Natur ist hier unglaublich wild, ursprünglich und ungezähmt. Und doch ist mir alles seltsam vertraut. Hier fühle ich mich so lebendig wie schon lange nicht mehr. In unberührter Natur ist alles miteinander verbunden und im Gleichgewicht. Das tut der Seele unglaublich gut.

Auch wenn wir nicht im Dschungel leben, sondern in der Stadt, ist unser weibliches Denken so, dass wir alles in Harmonie und Schönheit miteinander zu verbinden suchen. Heutzutage ist unsere Wohnung der Rückzugsort, an dem wir uns sicher fühlen. Wenn du Gäste zu dir einlädst, überlegst du, was jedem schmecken könnte und was du vorbereiten kannst, damit sich alle wohlfühlen. Während des Essens beziehst du jeden in Gespräche ein und achtest darauf, dass alle gehört werden. Du schlichtest, um Missverständnisse zu vermeiden, und freust dich, wenn eine entspannte Atmosphäre herrscht. Wenn alle zufrieden sind, weißt du, dass auch ihr seelischer Hunger gestillt ist. Das Treffen hat die Bindung untereinander gestärkt, und vielleicht wurde auch die Idee geboren, etwas gemeinsam zu unternehmen, sich gegenseitig zu unterstützen oder ein gemeinsames Projekt in die Welt zu holen.

Frauen fördern die Einbindung und Kooperation aller Beteiligten. Im Mittelpunkt stehen immer die Beziehungen und die Verständigung untereinander. Früher war die wichtigste Beziehung die zur Großen Mutter, zu Gaia, Mutter Erde. An ihren heiligen und wilden Orten öffnen sich für uns neue, aber doch ganz alte Sinne. Du weißt plötzlich Dinge. Du weißt sie tief in deinem Herzen und in jeder Zelle deines Körpers. Es öffnen sich für dich die uralten Archive der Weisheit. Sie sind geheim und geschützt vor dem Zugriff des Intellekts, denn er möchte Informationen verstehen, analysieren und kontrollieren. Aber hier kannst du nur beobachten, schauen, fühlen, vertrauen und mit dem Herzen verstehen. Du kannst nicht wissen, was geschieht. Du atmest einfach die Atmosphäre des Ortes ein und nimmst uralte Weisheit auf. Sie fließt in dich hinein, durch dich hindurch, um sich dann in dir auszudehnen. Schließlich findet sie ihren Platz und gehört nun zu dir. Dein Energiekörper ist kurz irritiert, und dir ist vielleicht etwas schwindelig. Doch nun kannst du dieses uralte Erfahrungswissen jederzeit abrufen und in deinem Leben nutzen.

Impuls:

Wann hast du einmal nur auf deine Intuition gehört und bist ihr gefolgt, obwohl dir alle davon abgeraten haben? Was ist geschehen, als du mutig zu dir gestanden hast? Und wie hast du dich danach gefühlt?

„Ich bin die Göttin der alten Zeit. Ich war immer da, vom Anbeginn. Ich wurde vertrieben, missachtet und verraten und mit mir das Wesen jeder Frau. Doch ich kehre zurück und lehre euch Vertrauen in die Liebe."

Die Göttin an heiligen Quellen

Quellen sind dort, wo ein Fluss aus dem Felsen oder Buschwerk fließt. Wasser, das als Regen auf höher gelegene Gegenden fällt, sammelt sich und wird zu einem unterirdischen, sternenlosen Fluss, der sich auf die lange Reise in tiefere Gebiete vorarbeitet. Schließlich tritt er an die Oberfläche und findet seinen Weg zum Meer. Um Quellen herum sprießt und blüht das Leben. Bäume, Blumenwiesen, Vögel erfüllen die Luft mit ihrem Gesang. Frösche, Eidechsen, Libellen und Bienen sind hier zu Hause.

Schon immer üben Quellen, Flüsse und Seen eine große Faszination aus. Sie bringen das Leben, sind ein Segen für Menschen und Tiere. Auffallend ist, dass entlang von Flüssen und Meeren heilige Orte angelegt wurden. In Tempeln konnten die Reisenden Rast machen, Dank sagen für eine gute Heimkehr und Genesung. Hier konnten Menschen ihre Gebete sprechen und sich von ihren Toten verabschieden. Flüsse sind auch die Straßen des Handels, der schon in vorgeschichtlicher Zeit blühte.

An Quellen öffnet sich die Erde, auch an Stellen, wo ein Fluss in der Erde verschwindet. In solchen Höhlen haben Forscher viele Gegenstände der Macht gefunden, denn auch diese Schächte wurden als heilig angesehen. Von weither kamen Pilger, um in einem Ritual wichtige Gegenstände zu übergeben: Steinmesser, Trinkschalen, Schmuck und wahrscheinlich auch Speisen und Blumen. Es gab Naturaltäre und zahlreiche Heilquellen. Sie wurden immer reingehalten und gepflegt. Die Quellen waren so klar, dass das Wasser unsichtbar blieb und der Besucher bis auf den Grund schauen konnte. Es waren heilige Quellen, denn aus ihnen stammt das Leben.

Ich finde kaum noch Quellen. Geht es dir ähnlich? Das licgt daran, dass sie im Laufe der Jahrhunderte überbaut wurden durch Basiliken und Kirchen. Manchmal findest du noch Brunnenstraßen oder Quellwege. Diese Namen erzählen, dass hier eine Heilquelle unter Straßen und Beton verschwunden ist. Die Bedeutung uralter Wege und tief verwurzelter Traditionen wurde gestohlen und geriet langsam in Vergessenheit. Denn einst verborgene heilige Orte, archaische Riten und Bräuche der Großen Göttin bekamen ein christliches Gewand. Wo vorher Quellwasser als Lebenselixier verehrt wurde, stehen heute Kapellen oder mächtige Kathedralen. Das Wasser blieb. Aber in Kirchen fängt die unbewegte Oberfläche des Taufbeckens das Sonnenlicht nicht ein und spiegelt keine am Himmel ziehenden Wolken. Hier ruht stilles, kontrolliertes Wasser. Die Lebendigkeit der Strudel und das fließende Wasser sind verschwunden, ebenso das Gemurmel des Baches, der über Steine plätschert. Die gezähmte Natur verbirgt ihre unbändige Kraft.

Auf Sardinien gibt es ein wunderschönes Quellenheiligtum. Eine Reise mit meinen Kindern hat mich nach Santa Cristina geführt. Es stammt aus der Nuraghenkultur und wurde vor 3000 oder 4000 Jahren erbaut. Es ist ein geheimnisvoller Ort mit einer magischen Umgebung. Das Brunnenheiligtum ist von einer niedrigen Mauer umgeben. Von oben sieht es aus wie ein runder Frauenbauch mit Eileitern. In ihrer Mitte befindet sich der Brunnen. Eine Treppe mit fünfundzwanzig Stufen führt in den unterirdischen Brunnenraum, der mit Wasser gefüllt ist. Die Quelle ist gut geschützt und sprudelt noch heute. Als ich die Stufen hinabstieg, hatte ich das Gefühl, ich bewege mich auf ein enges Schlüsselloch zu. Dieser Eindruck entsteht dadurch, dass die Decke wie eine umgedrehte Treppe gebaut ist. In der Decke befindet sich ein Loch, direkt über der Brunnenmitte. So scheint die Sonne im Frühling und Herbst während der Tagundnachtgleiche auf den Grund der Quelle. Ist dies ein Symbol für die Hochzeit von Himmel und Erde, Sonne und Mond, damit neues Leben entsteht?

Mich hat dieser Ort tief beeindruckt und völlig in seinen Bann gezogen. Die Luft fühlte sich weich und sanft an, und alles schien seltsam vertraut, obwohl ich vorher nie hier war. Ganz aus dem Gefühl heraus konnte ich meinen Kindern die

Bedeutung dieses Heiligtums erklären. Für mich liegt es auf der Hand, dass dies ein Wassertempel ist, der zu Ehren der Großen Mutter gebaut wurde. Alles Leben kommt aus dem Wasser. Auch wir leben zu Beginn im Fruchtwasser. Wasser ist unsere Lebensgrundlage.

Auf diesem Gelände gibt es außer dem Brunnenheiligtum eine kleine Kirche, einige Hütten, zahlreiche Mauerreste, einen wunderschönen Olivenhain, einen Rundtempel, Türme und auch aufgeschüttete Erdhöhlen, die begehbar sind. Sie sind ungefähr zwei Meter lang. Platz ist darin, sodass zwei Frauen liegen können. Diese Höhlen erweckten mein Interesse. Da der Boden sehr steinig ist, vermute ich, dass sie angelegt wurden für den uralten Ritus des Tempelschlafs. Priesterinnen und Frauen verbrachten hier Zeit in völliger Dunkelheit. Sie tauchten ab in die Unsichtbarkeit und waren geschützt durch die Gemeinschaft der Schwesternschaft. Hier konnten sie in den Zustand der vollkommenen inneren Ruhe kommen. Die Dunkelheit hüllt sie ein wie ein Mantel. Die Augen beruhigen sich. Alle Sinne sind nach innen gerichtet. Die Frau entspannt sich, denn sie fühlt sich geborgen. Endlich ist sie wieder zu Hause bei Mama, der Großen Mutter. Es gibt keine Gedanken an die Vergangenheit oder Zukunft. Nur dieser Augenblick ist da und der nächste. Die Zeit geht über in Unendlichkeit. Der Raum verschwindet. Die Schlafende ist im Nichts, freischwebend, wie im Weltraum. Die Unendlichkeit fließt in sie hinein. Sie verlässt ihren Körper. Da gibt es nur die tiefe Liebe zur Göttin. Sie nimmt sich der Frau an und führt ihre Seele, schenkt ihr neue Erfahrungen.

Fühlt sich so der Tod an? Oder die Geburt?

Impuls:

Wo gibt es in deiner Umgebung Brunnen und Quellen? Erforsche die Geschichte deiner Stadt.

„Bündle deinen Medizinbeutel, rufe deine weibliche Schöpferinnenkraft und vertraue deiner Intuition. Vertraue der Göttin in dir. Öffne dein Herz, um mich darin zu erkennen. Dann offenbare ich die Dinge, die dein Verstand nicht weiß, jedoch dein Herz. Ich bin die Große Mutter deiner Seele."

Die Göttin bei den Wolkenmädchen

Auf Sri Lanka gibt es einen besonderen heiligen Ort. Es sind ungefähr 1500 Jahre alte bezaubernde Fresken an der Felsenfestung von Sigiriya. Einsam in einer Ebene ragt ein 200 Meter hoher Granitmonolith in den Himmel. Dort sind Wolkenmädchen auf den Felsen gemalt. Sie gehören zum UNESCO-Weltkulturerbe. Zu ihnen gelangt man über eine enge Wendeltreppe und entdeckt die Wolkenmädchen. Sie sind anmutig, verträumt und nur halb bekleidet, sodass ihre Brüste zu sehen sind.

Im Laufe der Jahrhunderte wurden sie von mehreren Künstlern restauriert. Da inzwischen jedoch die ursprünglichen Farben wieder durchschimmern, ist zu erkennen, dass die wunderschönen Wolkenmädchen ursprünglich leicht hängende Brüste hatten. Ein Restaurator hatte ein anderes Schönheitsideal und versetzte die Brustwarzen weiter nach oben. Doch inzwischen scheinen die Originalbilder wieder durch, und die Wolkenmädchen zeigen sich als ganz normale Frauen.

So wie die Wolkenmädchen lassen sich lebendige Frauen nur eine gewisse Zeit von einem männlichen Schönheitsideal beeindrucken. Mal sind kleine feste Brüste modern, mal große weiche. Deine Brüste gehören allein dir! Sie wurden nicht für die Lust der Männer geschaffen. Wichtig ist, dass du und ich zu unserem weiblichen Körper stehen. Du solltest dir nicht die Brüste mit Silikon aufblasen lassen, das Krebs verursachen kann, oder dir aus kosmetischen Gründen Gewebe absaugen lassen, sondern nur dann, wenn deine schweren Brüste Rückenschmerzen verursachen. Denn du möchtest dein Baby bestimmt stillen. Genau das ist die ursprüngliche Aufgabe deiner Brüste. Sie sollen das Überleben von Kindern sichern.

Als Kind fand ich es immer wunderbar, wenn mich meine Oma bei der Begrüßung an ihren großen, weichen Busen drückte. Dann fühlte ich mich geborgen und gut aufgehoben.

Die Geschichte der Wolkenmädchen lehrt uns, dass jede Frau ein Original ist. Irgendwann lässt sie sich nicht mehr nach den Vorstellungen anderer formen. Sie steht dann zu sich selbst und zeigt ihre natürliche, unverwechselbare Schönheit.

Impuls:

Wie zeigst du dich der Welt? Bist du immer geschminkt? Liebst du deinen Körper? Tust du Dinge nur für dich allein, weil sie dir Freude bringen und Augenblicke des Glücks schenken?

„Ich bin die Tochter des Windes. Ich tanze nicht für Männer, sondern nur für mich allein. Ich tanze für die Göttin. Ich tanze für die Göttin, die in mir wohnt und die ich mit ganzem Herzen, mit ganzer Seele und all meiner Kraft liebe. Ich tanze für mich. Für mich ganz allein."

Die Göttin als machtvolle Eiskönigin

Für 2600 Jahre schlief eine junge Frau ungestört in ihrem Grab im Altaigebirge. Der Permafrost hat ihren Körper und ihre Grabbeigaben tadellos erhalten. Sie ist mit raffinierten Tiersymbolen tätowiert und mit einer reichen Aussteuer für das Jenseits ausgerüstet. Archäologen und Archäologinnen fanden sie eingehüllt in eine Tierdecke. Sie war bekleidet mit einem Kleid aus indischer Seide. Dies war wertvoller als Gold. Sie trug reich verzierte Filzstrümpfe und einen hohen Hut, der mit golden Vögeln geschmückt war. Diese Frau war 20 oder 25 Jahre alt und hatte ein auffallend großes Gehirnvolumen. Sie trug eine Perücke, die mit einer mondförmigen Scheibe mit einem eingravierten Panther verziert war. An ihrer Schulter war ein blauer Hirsch mit spiralförmigen Hörnern angebracht. Der Hirsch war eines der heiligen Tiere der Skythen. Unter dem Hirsch ist eine Szene eingraviert, in der ein Panther einen Hirsch angreift. Dies ist ein typisches Bild für Nomaden, da diese Szene den ständigen Lebensfluss symbolisiert.

Die Skythen lebten auf dem Plateau von Ukok, an der Grenze zur Mongolei und China. Sie waren kriegerische Nomaden. Ein Reitervolk mit überaus geschickten Goldschmieden, die wunderschöne, detailgetreue Schmuckstücke herstellten. Die Frauen waren die gefürchteten Amazonen. Wir kennen ihre Namen: Hippolyta, Antiope, Thessalia und die bekannte Königin Panthesilea. Sie verteidigten das Matriarchat, als sie von kriegerischen Eroberern angegriffen wurden, und waren sehr geschickte Kriegerinnen. Sie ritten auf Pferden, waren schnell, mutig und kämpften mit Pfeil und Bogen. Die Skythen lebten vom Schwarzen Meer bis zur Mongolei in kleinen Stämmen, die als Nomaden herumzogen. Daher musste sich jeder verteidigen können. Pferde standen im Mittelpunkt des Lebens von Skythen. Sie zähmten Pferde und entdeckten das Reiten. Es ist naheliegend, dass Hosen von Menschen erfunden wurden, die als Erste auf Pferden ritten – und das waren Menschen aus der Steppe. Hosen waren die ersten geschneiderten Kleidungsstücke. Auf Vasen tragen Amazonen gepunktete, gestreifte und karierte Leggings und Hosen. Amazonen perfektionierten den skythischen Bogen, der klein ist und sehr viel Ausschlagkraft besitzt. Mädchen lernten, früh zu reiten und den Bogen zu nutzen. DNA-Analysen brachten zutage, dass etwa ein Drittel aller skythischen Frauen mit Waffen begraben wurden und Kriegsverletzungen hatten – genau wie Männer. Sie wurden auch mit Messern, Dolchen und Werkzeugen beerdigt. Früher nahm man an, dass Gräber, die Pfeil und Bogen, Köcher, Speere und Pferdeskelette enthielten, für einen männlichen Krieger gewesen seien. Amazonen verkörperten jedoch die Vorstellung, dass Frauen den Männern ebenbürtig sind und dass sie genauso edel, mutig und heldenhaft sein können wie Männer. Ein starkes Band der Schwesternschaft zeigt sich in Kunstwerken und der Literatur über Amazonen. Sie hatten oft wunderschöne Tattoos mit liebevollen Details wie die Eiskönigin. Die junge Frau im Grab war bestimmt eine hochangesehene Persönlichkeit. Dies beweisen die zwölf Pferde, die zusammen mit ihr bestattet wurden, die zahlreichen sehr gut erhaltenen Tätowierungen, ihre kostbare Kleidung und die wertvollen Grabbeigaben.

Als die schlafende Eiskönigin 1993 entdeckt wurde, war dies eine Sensation. Sie wurde „Prinzessin von Ukok" getauft. Mit großen Anstrengungen befreite man sie aus dem Eis und entführte sie für genauere Untersuchungen nach Nowosibirsk. Die Einheimischen sagten: „Sie will hierbleiben. Hier ist ihr Platz!" Doch ihre Stimme blieb ungehört. Nun häuften sich die Katastrophen in dieser Gegend. Die Erde bebte. Unwetter brachen herein. Es gab Überschwemmungen, sodass viele Menschen ihre Heimat verlassen mussten. Die Schamanen des Altai forderten die Mumie der jungen Frau zurück, um sie wieder dort zu beerdigen, wo sie gelegen hat. Für das Volk ist sie nicht nur das Relikt eines Menschen, der vor langer Zeit gelebt hat, sondern eine mythische Gestalt, die Urmutter der Turkstämme. Sie sehen diesen Ort als Nabel der Welt, wo die Menschheit vom Himmel gestiegen ist.

Diese Frau war keine Prinzessin, sondern eine mächtige Königin, geschickte Kriegerin, weise Schamanin und Heilerin. Sie reiste zwischen der Erde und der spirituellen Welt hin und her. Ihre Tattoos sind geheime Zeichen, die dies belegen. Sogar 2600 Jahre nach ihrem Tod spielt diese junge Frau immer noch eine große Rolle für die Menschen. Sie hütet verborgenes Wissen und vergessene Fakten. 20 000 Menschen unterschrieben die Forderung, dass sie zurückkehrt. Doch damit hatten sie keinen Erfolg. Aber sie verboten den Wissenschaftlern, ihren Leichnam weiter zu untersuchen und unter dem Mikroskop zu betrachten. Für das Volk ist das Stören der Totenruhe ein unverzeihlicher Tabubruch.

Seit 20 Jahren hat die Heilige in einem eigenen Museum eine neue Heimstatt gefunden. Die einst würdevolle und wunderschön geschmückte Königin liegt nun nackt in einem Glassarg. Ihre Kleidung und Grabbeigaben sind einzeln ausgestellt. Das Volk des Altai ist beschämt, dass ihre Göttin entblößt allen Augen preisgegeben ist, denn ihr eisiges Grab in einem runden Kurgan war für die Ewigkeit vorgesehen.

Wahrscheinlich kann jede Frau die Entrüstung des Altaivolkes verstehen. Kein Mädchen, keine Frau und keine mächtige Göttin möchte nackt der Öffentlichkeit präsentiert werden. Auch Mutter Erde zeigt sich nie lange nackt. Sie zieht sich schnell ein grünes Kleid aus Bodendecken, Gräsern und Moos über. Auch diese heilige Frau verdient es, respektvoll behandelt zu werden. Doch die wertvolle weibliche Kraft wird stückchenweise zur Schau gestellt. Ihre Kleidung, ihr Schmuck, ihre Grabbeigaben sind wunderschön. Doch erst alles zusammen macht ihren Zauber aus. Jetzt ist der Reichtum, der sie ewig schmücken sollte, von ihr getrennt.

Nackt ist diese Eiskönigin so verletzlich wie jede Frau. Ihre Haut ist jedoch mit zahlreichen Tätowierungen verziert. Sie sind so dicht beieinander, dass sie wie ein Unterkleid wirken und ihr Innerstes schützen. Die geheimen Kraftsymbole sind natürlich nicht für fremde Augen bestimmt, doch sie üben eine große Faszination aus. Rein äußerlich ist von dieser Schneekönigin nur noch ihre körperliche Hülle zu bewundern. Ihre Göttlichkeit bleibt jedoch unsichtbar.

Sie bewahrt allerdings immer noch Geheimnisse für sich. In einer inneren Reise offenbarte sie als Seelenflüsterei, dass früher die Tore für ein gigantisches menschliches Potenzial weit aufstanden. Von ihm nutzen wir zurzeit nur einen winzig kleinen Bruchteil. Doch für die jetzige Umbruchzeit brauchen wir starke Menschen, die den mächtigen Ruf der Kraft hören und ihm folgen. Dieser Weg verlangt von den mutigen Pionierinnen große Flexibilität und eine hohe Frustrationstoleranz, denn die großen persönlichen Veränderungen und inneren Umstrukturierungen sind tiefgehend und begleitet von zahlreichen Seelenstürmen. Jetzt sind persönlicher Mut, persönliche Kraft und eine persönliche Vision wichtig.

Impuls:

Die Schamanin aus dem Eis fragte: „Was ist deine Gabe? Was willst du sein?“

„Ich bin die Göttin. Hole mich bewusst in dein Leben, damit ich dich leiten kann. Höre mein Flüstern, folge meinem Pfad, reiche mir dein Herz, damit ich es fülle mit goldener, göttlicher Energie und umfassender Liebe.“

Sieben Göttinnen im Bodensee und ihr Geheimnis

Seit 1981 tauchen Archäologinnen und Archäologen an den mehr als hundert Pfahlbaustätten im Bodensee. Sie entdecken dort 7000 Jahre alte Wandmalereien aus der Jungsteinzeit, und inzwischen steht fest, dass es sich um ein Kulthaus handelt. Hier befinden sich die ältesten Wandmalereien in Europa nördlich der Alpen. In diesem Ritualbau sind sehr große Frauengestalten dominant auf der Wand dargestellt. Möglicherweise handelt es sich um die Urmütter der Clans und ihre Geschichten. Die Darstellung der Ahnfrauen zeigt eine große Wertschätzung von Frauen. Ihre teilweise noch erhaltenen Köpfe sind umgeben von angedeuteten Sonnenstrahlen. Sie sind offensichtlich erleuchtet und angebunden an göttliche Kräfte. Diese spektakulären Funde der Pfahlbautenwand mit den beeindruckenden Frauengestalten wirbeln unsere Vorstellungen vom Leben in der Urzeit gehörig durcheinander. Bei Unterwasserausgrabungen in der Nähe von Ludwigshafen am Bodensee entdeckten Archäologen die Innenwand eines steinzeitlichen Pfahlbauhauses, die Jahrhunderte im Wasser verschollen waren. Die Wand ist mit sieben Frauengestalten geschmückt und wurde zwischen 3860 bis 3830 v. Chr. aus Lehm und Branntkalk gefertigt. Die Umrisse der Frauen sind mit weißer Kalkfarbe gezeichnet.

Ihre Köpfe sind von Strahlen umgeben und als Sonne dargestellt. Auffallend ist, dass sie realitätsgetreue Brüste besitzen, die plastisch aus dem Bild hervortreten. In dem Areal wurden außergewöhnlich fein gefertigte Textilien gefunden und ein Gefäß, das durch aufgesetzte Brüste und Arme eine menschliche Gestalt erhielt. Im Inneren des Gefäßes befand sich noch sein ursprünglicher Inhalt aus Birkenteer. Dass die Umwandlung von Birkenrinde in schwarze Klebmasse, die zu Heilzwecken diente, im keramischen Leib einer Frau vonstattenging, lässt die magische Bedeutung erkennen und unterstreicht die rituelle Bedeutung des Kulthauses. Es wird vermutet, dass es sich bei dem Relief um große Ahnfrauen oder „Gründungsmütter" handelt, die wesentliche Lebensimpulse gegeben haben.

Die Malerei stellt auch Ahninnenreihen als schematisch gezeichnete Bäumchen zwischen den Frauen dar. Es könnten auch Frauenbeine in Gebärhaltung sein, die übereinander dargestellt sind und daneben ihre Töchter. Diese Bilderschrift zeigt offensichtlich den Stammbaum einer Sippe. Die kleinen Frauenfiguren stehen für die Zahl ihrer Töchter. Es ist die Geschichte der Sippe mit sieben zeitgleichen göttlichen Müttern bzw. Schwestern. Die Sonnenstrahlen um die Köpfe assoziieren Erleuchtung, Klarheit und göttliche Qualitäten. Sie entsprechen einem Heiligenschein. Außerdem steht die Sonnensymbolik für ihre Auf- und Untergänge, für das Leben, Sterben und die Regeneration im Bauch von Mutter Erde. Die Sonne war auch in der Frühgeschichte weiblich.

Nach den Erkenntnissen der Archäologinnen und Archäologen lebten die Menschen in Familiengruppen ohne gesellschaftliche Hierarchie. Dies zeigt, dass die Frau in der Urgeschichte nicht unterdrückt war. Die Muttergöttin war immer präsent, denn die Mutterlinie ist unantastbar. Hier zeigt sie sich in ihrer ganzen monumentalen Größe und in siebenfacher Gestalt. Auf sieben Metern, mindestens sieben Mal sich wiederholend. Interessanterweise unterscheiden sich die Figuren in Details. Das ist ein Indiz dafür, dass es sich um verschiedene Personen handelt. Wie Lilith, Eva und Maria unterschiedliche weibliche Kräfte und Archetypen repräsentieren, werden diese Abbildungen sieben große Ahnfrauen darstellen. Sicher hatten sie unterschiedliche Namen, und jede hatte ihren eigenen göttlichen Mythos.

Alle genetischen Ahnenlinien werden durch die mitochondriale DNA (mtDNA) nur über die mütterliche Linie weitergegeben und vererbt. Anhand von mtDNA-Analysen kann man heute alle modernen Menschen auf sieben „Urmütter" zurückverfolgen, die ihren Ursprung in Afrika haben. Bryan Sykes analysierte die mtDNA von tausenden Europäern und fand sieben unterschiedliche Gruppen. Entlang des mütterlichen Stammbaums konnte jede zu einer bestimmten urgeschichtlichen Frau zurückverfolgt werden. Er nannte sie Urmütter und gab ihnen die Namen: Ursula, Xenia, Helena, Velda, Tara, Katrine und Jasmine. Sie lebten gleichzeitig und waren Schwestern, denn sie teilten sich eine gemeinsame Vorfahrin: Eva. Darum spricht Skyes von den „sieben Töchtern Evas".

Aber wie konnten unsere Ahninnen in der Jungsteinzeit über dieses Wissen verfügen, das unsere Wissenschaftler gerade erst entdeckt haben? Und mit welch genialer Symbolik haben sie ihre Erkenntnisse dargestellt!

Die Plejaden werden auch als das Siebengestirn bezeichnet. Es ist von Mitte September bis Ende April am nördlichen Sternenhimmel zu sehen. In vielen indigenen Völkern hat das Siebengestirn eine große mythologische und astrologische Bedeutung. Die Maya, die Inka und auch die Hawaiianer sagen, dass wir ursprünglich Sternengeborene seien und von den Plejaden kämen. Die Plejaden wurden als Kalendersterne in vielen Kulturen erwähnt. Schon im dritten Jahrhundert vor unserer Zeitrechnung markierten die Menschen den Frühlingsbeginn. Die Zeit der Aussaat begann, wenn sie Ende

März letztmalig am Abendhimmel gesehen wurden. Wenn sie Ende Oktober wieder erschienen, endete das landwirtschaftliche Jahr.

In zahlreichen Kulturen werden die Plejaden als weiblich angesehen. In Nordsibirien ist es „das Sternbild der einsamen Mädchen". Für die Maori in Neuseeland sind es eine Mutter mit sechs Töchtern. Für die australischen Aborigines sind es geweihte, heilige Mädchen auf einer Stammesversammlung, für die Sami sind die Plejaden eine Gruppe von Jungfrauen, und für einige Stämme Nordamerikas sind es heilige Tänzerinnen. In Indien heißen die sieben Jungfrauen „Krittika" und wurden auch als „die heiligen Mütter der Welt" verehrt. Wir sehen die Plejaden auch auf einem bedeutenden Objekt aus Mitteleuropa: der Himmelsscheibe von Nebra. Das ist eine runde Bronzeplatte, die 3700 bis 4100 Jahre alt und mit goldenen Applikationen verziert ist. Auf ihr sind sieben eng beieinander liegende Punkte abgebildet. Sie werden als die Plejaden interpretiert, die in Verbindung mit dem zunehmenden und Vollmond gezeigt werden.

Es gibt ganz unterschiedliche Interpretationsmöglichkeiten dieser einmalig schönen Wandmalereien unserer Ahninnen. Sie führen uns deutlich die Offenheit von Symbolen vor Augen. Als kreative Anregung für eine ganzheitliche Sichtweise verbinde ich diese archaischen Bilder im Bodensee mit neuersten Erkenntnissen aus der Molekularbiologie, der mtDNA, die von sieben Urmüttern spricht.

Mit offenem Blick finden wir wirklich erstaunliche Parallelen. Archaische Heiligtümer lehren uns tiefe Demut vor der Weisheit unserer Ahnen. Denn uralte heilige Orte bewahren noch immer unzählige Geheimnisse und offenbaren uns eine umfangreiche Gesamtsicht. Vermutlich sind uralte heilige Kraftorte Portale zum vergessenen Urwissen. Das macht ihre ganz spezielle Atmosphäre und Energie aus, die fast jeden berührt. Wenn wir feinfühlig und bewusst mit der Erde in Verbindung gehen, können wir an Kraftorten ungeahnte mystische Verbindungen entdecken. Denn plötzlich offenbaren sich Entsprechungen zwischen ganz unterschiedlichen Bereichen.

Die moderne Wissenschaft bestätigt die tiefe Weisheit uralter Mythen um sieben Urmütter. An jahrtausendealten Kraftorten entdecken wir dasselbe Wissen: Im Bodensee sind sieben Göttinnen groß dargestellt. Das Siebengestirn, die Plejaden, werden als sieben Frauen interpretiert. Diese Entsprechungen zwischen Astronomie, DNA-Analysen, Mythen und Heiligtümern sind auffallend.

Vielleicht existieren unsichtbare Energiefäden, die alles miteinander verbinden. Möglicherweise gibt es weitgespannte Netze, die durch Zeit und Raum reichen und von deren Existenz wir bisher nichts ahnten. Wahrscheinlich waren sie jedoch unseren Ahnen bekannt, die diese Heiligtümer errichteten und Brücken zwischen Himmel und Erde bauten. Diese Verbindungen zwischen der physischen und der spirituellen Welt ist unser Erbe. Ein umfassendes, ganzheitliches, intuitives Denken ist für uns ein wertvolles Geschenk. Es öffnet eine ganz neue Form von Wahrnehmung und Bewusstsein und kann unglaublich kreative Impulse anstoßen. Ahnungen von Zusammenhängen erscheinen vielleicht wie verschwommene Nebelgedanken. Doch möglicherweise stammen diese Botschaften aus der Vergangenheit, von unseren Ahnen.

Die Pfahlbauten im Bodensee haben eine wichtige Botschaft für uns. Sie offenbart sich, wenn wir nicht nur neugierig sind und das Heiligtum oberflächlich analysieren.

Die wahre Bedeutung können wir mit dem Intellekt nicht erfassen, jedoch mit unseren weiblichen, intuitiven Sinnen. Wir ahnen, dass da viel mehr ist, spüren eine unglaubliche Tiefe und Heiligkeit, die noch nach so vielen Jahren auf uns wirkt. Wenn wir diesem Gefühl folgen, zeigen sich plötzlich Verbindungen, die vorher nicht da waren. Neue Informationen kommen zu uns. Zufälle geschehen, wir erhalten Fingerzeige durch Träume und intuitive Eingebungen, und eine innere Aufgeregtheit zeigt, dass wir uns auf einer abenteuerlichen Entdeckungstour befinden. Und plötzlich halten wir ein großes Geschenk in den Händen: eine tiefe Seelenweisheit.

Wir können dies als mediale Forschung bezeichnen. Einen Zugang erhalten wir, indem wir uns fragen: Was hat die Menschen dazu gebracht, dieses Heiligtum zu errichten? Viel Wissen lebt noch in der Erinnerung der Erde, und wir können es wieder aktivieren. Nicht, um zurück in die Vergangenheit zu gehen, sondern um diese heiligen Orte als heilende Kraftquelle zu nutzen und zu fragen: Welche Technologien brauchen wir? Wie können wir Frieden schaffen? Was müssen wir jetzt wissen?

Gerade jetzt brauchen wir Vertrauen in ein neues und mutiges Denken und Handeln. Denn wir müssen Lösungen finden, um die große Not zu wenden. Wir Frauen sind vertraut mit Mutter Erde. Sie ist mystisch und schön. Wir spüren ihre Energie und besitzen intuitives Wissen. Wir sollten uns selbst vertrauen, ganz besonders, wenn wir Wege gehen, die es noch nicht gibt.

Wahrscheinlich zeigen die Wandmalereien einen heiligen Raum von Frauen für Frauen. Aber auch für Männer, die sich über ihre Mütter definierten und für die die Nacktheit der

Brüste keine Aufforderung zu sexuellen Handlungen war. Die Frauen der Naturvölker tragen ihre Brüste immer noch nackt, und ihr Anblick ist so selbstverständlich wie nackte männliche Oberkörper. Weibliche Brüste sind in erste Linie die Quelle von Milch und Geborgenheit für Babys. Dafür stehen sicher auch die weißen Punkte der Wandinstallation, die auf den gesamten Frauenkörpern verteilt sind. Möglicherweise symbolisieren die Punkte auch Samen oder Schneeflocken – und damit den Kreislauf von Werden und Vergehen, von Geburt, Tod und Wiedergeburt.

Bekannt ist die Wandmalerei als „Busenwand vom Bodensee". Dieser Titel zeigt die eindeutig männliche Interpretation des Heiligtums. Die Frauenfiguren sind reduziert auf Brüste als Fruchtbarkeits- und Sexsymbole. Doch der weibliche Blick schaut neu, tief und ganz anders auf diese großen Göttinnen, die immer noch aufgeladen sind mit einer faszinierenden, magischen Schöpferkraft.

2011 wurden die Pfahlbauten in das UNESCO-Welterbe aufgenommen.

Impuls:

Erforsche deinen weiblichen Stammbaum. Welchen Geburtsnamen hat deine Mutter, wie heißen deine Tanten, Großmütter und Urgroßmütter? Wie weit zurück kannst du deine feminine Linie verfolgen? Trägst du den Namen einer Vorfahrin? Wie hat sie gelebt?

Du kannst den Spuren deiner Ahninnen folgen und direkt Kontakt mit ihnen aufnehmen, denn all ihre Erinnerungen sind in deinen Genen gespeichert.

„Ich bin die Sternenfrau, die Große Dame, die Göttin aller Völker und Mutter. Ich bin diejenige, die tausend Namen hat. Ich bin die ewig fließende Quelle der Fülle. Aus der Fülle meines Wesens schenke ich großzügig und verschwenderisch. Ich bin grenzenlos, überall und werde nicht aufhören zu sein."

Die Göttin an Kraftplätzen

An Kraftplätzen, in uralten Tempeln, Kirchen und Kathedralen fühle ich mich häufig irgendwie anders, verbunden mit etwas Uraltem, Unerklärlichem, das ich nicht greifen kann. Geht es dir ähnlich? Ich denke, die Atmosphäre ist an einem Kraftplatz positiv aufgeladen mit göttlichen Energien, die uns verzaubern.

Als junges Mädchen bin ich mit einer Jugendgruppe nach Südengland gefahren und fand mich völlig unvorbereitet im Steinkreis von Stonehenge. Ich berührte ehrfürchtig die Steine und atmete die besondere Atmosphäre des Ortes ein. Dieses Erlebnis wirkt bis heute nach.

Ich bin sicher, dass an Kraftplätzen uralte Weisheitsenergien gespeichert sind. Sie wirken auf unsere Seele und weisen uns den Weg, damit wir uns an dieses archivierte Urwissen erinnern. Du kannst tiefe Erfahrungen an uralten Kraftplätzen machen. Wenn du an heiligen Orten an Zeremonien teilnimmst oder dich allein bewusst mit dem Platz verbindest, kann sich die Weisheitsenergie in dir entfalten, und dein inneres Wissen wird reaktiviert.

Zu uralten Ruinen führen häufig dreizehn Stufen. Sie symbolisieren die dreizehn Vollmonde des Jahreszyklus und entsprechen dem Kalender von Urvölkern. An heiligen Orten und in Tempeln entspringen auffallend oft Quellen aus der Erde oder Felsen. Sie symbolisieren den Beginn des Lebens. Die Einheit der vier Elemente und die Verbindung zum Herz der Erde und des Himmels ist an solchen Orten deutlich zu spüren. Felsen stehen für die männliche Kraft, das Wasser für die weibliche Energie. Wächtersteine sind große runde Felsformationen, die häufig vom Wind geformt wurden. In Felswände sind Symbole geritzt. Die Spirale zeigt den Weg ins Leben und wieder zurück an seinen Ursprung, den Weg nach innen und nach außen. Die Spirale ist ein Zeichen für das gebende Leben, das Weibliche und das Wasser. Pyramiden symbolisieren den Weg zum Licht, zu Vater Sonne. Führt der Aufstieg spiralförmig nach oben, ist dies die Einheit von männlicher und weiblicher Energie und den Elementen. Dieser Pfad dient dazu, das intuitive Wissen in den Menschen zu entfalten. Diese intuitive Kraft haben wir mit auf die Welt gebracht. Sobald wir ihr Raum geben und sie leben, entdecken wir unsere Bestimmung, und unser Leben ist mit Fülle gesegnet.

Wir bestehen zu einem großen Teil aus Wasser. Wasser ist unsere Energie. Doch häufig wurde diese Energie verschmutzt durch das, was wir in unserer Kindheit hörten und erlebten. Dieser Schmutz hält uns davon ab, unsere wahre Kraft zu leben. Darum ist es so wichtig, dass wir unsere Urteile und Glaubensmuster hinter uns lassen. Denn dann kann sich unsere wahre Kraft entfalten.

Wir kommen mit unserer Seelenessenz auf die Erde und gleichzeitig auch mit einer Wunde. Es geht darum, unsere Urwunde zu heilen. Dann können wir unsere Seelenessenz leben und die Fülle erfahren. Jeder muss diese Urwunde für sich allein heilen, aber es gibt viele Wege, die wir miteinander teilen. Gerade jetzt zeigt sich, dass Chaos große Chancen gebiert, und weltweit setzen Frauen ihre weiblichen Stärken ein, um zu beweisen, dass ein anderes, besseres Miteinander möglich ist. Der Weg führt viele in eine Kirche oder Kapelle. An diesen Altären wurden jahrhunderte- oder jahrtausendelang Zeremonien gehalten für die Mutter Gottes oder die Göttin. Die Atmosphäre ist aufgeladen von den Gebeten und Segnungen. Darum ist es hier leicht, Kontakt mit der unsichtbaren Welt aufzunehmen. An heiligen Orten in der Natur waren es häufig Medizinräder oder Feuerzeremonien, die symbolisch für das innere Feuer von Mutter Erde und unser inneres Feuer standen.

Jetzt ist die Zeit gekommen, diese inneren Feuer wiederzubeleben. Dein Inneres kann wieder nach außen fließen, und du kannst deine Fülle in die Welt bringen. Unsere innere Weisheit ruht in jedem von uns. Deshalb halten indigene Menschen an einigen heiligen Stätten immer noch täglich Zeremonien ab. Sie beten für Mutter Erde und die Rückkehr der „wahren Menschen“.

Impuls: Schaffe einen heiligen Raum für dich.

Wohin gehst du, wenn du allein sein möchtest? Vielleicht ins Bett oder in den Garten, ans Meer oder zu einem großen Baum. Es ist schön, wenn du dir zu Hause einen Ort einrichtest, der nur dir gehört. Vielleicht hast du eine Kommode, die du mit Kerzen, Fundstücken aus der Natur, einem schönen Bild oder einer Figur schmückst. Draußen kannst du dir einen Zaubergarten oder ein Tipi einrichten oder du findest einen Platz im Wald, der sich wie eine Kathedrale anfühlt.

So sorgst du für dich und nimmst den Platz ein, der dir gehört. Du brauchst einen Ort, um zu entspannen, zu meditieren, zu lesen oder zu lauschen.

An deinem Kraftort findest du deine innere Balance und erkennst, wer du bist. In der Stille klärst du deine Beziehung zu dir selbst, zu anderen und zur Natur.

Da sich gerade jetzt viele Frauen vernetzen und zusammenarbeiten, um sich gegenseitig zu stärken und die Hand zu reichen, lebt die Verbundenheit unter Schwestern wieder auf. Das macht Mut und gibt jeder Frau Kraft und Sicherheit. Die Schwesternschaft ermuntert jede, aufzustehen und sich zu zeigen mit all ihren kreativen und erneuernden Gaben.

Die Göttin erinnert uns an die uralten Weisheiten und Riten, die viele Jahrhunderte vergessen und nur im Geheimen weitergegeben wurden, weil das heilige Gewebe der Schöpfung zerrissen war. Die Vogelgöttin zeigt sich und versichert uns, dass wir alle gut vorbereitet wurden auf diese aufregende Zeit des Wandels. Der Schmerz der Frauen wird aufgelöst und aus dem Körper geschwemmt, doch das uralte feminine Wissen bleibt. Das ursprüngliche Wissen um die Kraft des

Weiblichen wird die Welt verändern, die Erde heilen und das Leben schützen.

„Ich bin die Vogelgöttin, deren Blick nichts entgeht. Ich beschütze dich. Du hattest deine Heimat vergessen, und ich erinnere dich, dass du eine Sternengeborene bist. Hab keine Angst!"

Spuren der Göttin in Erzählungen

Die Göttin als weiße Büffelkalbfrau

Die weiße Büffelkalbfrau erschien als wunderschöne junge Frau, die barfuß auf der Erde wanderte. Sie trug ein weißes Kleid aus Hirschleder. Es war kunstvoll mit dunklen Stachelschweinborsten verziert. In ihrem langen geflochtenen schwarzen Haar trug sie eine Adlerfeder. Sie kam zu den Prärie-Nationen und nannte sich selbst „Mutter der Alten" und „Geist der Wahrheit".

Sie verkündete: „Ich bin die Große Mutter, die in jeder Mutter lebt. Ich bin das Mädchen, das in jedem Geschwisterkind spielt. Ich bin das Antlitz des Großen Geistes. Dein Volk hat heilige Dinge vergessen, und ich bin gekommen, um euch daran zu erinnern."

Sie sagte, dass ein Mann, der nur die äußere Schönheit einer Frau beachtet, niemals ihre innere, göttliche Schönheit kennenlernen würde. Sie sprach über das Feuer der Liebe, das in jedem Herzen brenne. Und über Leidenschaft, die außer Kontrolle gerate wie ein wilder Grasbrand. Werde Leidenschaft jedoch durch Weisheit gemäßigt, könne sie ganze Generationen mit Energie versorgen. Die wunderschöne Büffelfrau sprach von ihrer Heimat, den inneren Welten der Vision. Sie gehörte zum Stamm der Feuervögel, der Geflügelten des Himmels, und sprach:

„Euer Volk hat vergessen, was kostbarer ist als Wasser. Ihr habt eure Verbindung zum großen Geist vergessen. Ich bin mit dem Feuer des Himmels gekommen, um euch wieder an das zu erinnern, was einst war. Und um euch für die Zeit zu stärken, die euch bevorsteht."

Dann überbrachte sie dem Volk die Lehre der heiligen Pfeife und erklärte, dass jeder Atemzug heilig ist. Am Ende der Zeremonie verglich sie ihre Lehren mit einem Baum, einem Baum des Verständnisses. „Euer individuelles Leben ist wie die einzelnen Blätter eines Baumes. Kein Baum hat Blätter, die so dumm sind, einander zu bekämpfen. Kein Volk ist so blind, dass es sich gegenseitig bekämpft. Außer als letzte Möglichkeit, um sich selbst oder seine Familie zu schützen."

Sie fuhr fort: „Menschen werden in euer Land kommen, die schnell sprechen, wenig verstehen und große Macht haben. Sie werden Mutter Erde kaufen, verkaufen und stehlen, so als ob sie eine Handvoll Perlen sei. Es werden Menschen in Schiffen aus magischem Stein durch die Himmel fliegen. In dieser Zeit wird das Licht der Wahrheit nur noch in den Herzen einiger weniger als Schimmer weiterbrennen. Doch die Glut wird bleiben und eine Morgendämmerung entfachen, die heller ist als jede Dämmerung vor ihr. In dieser Dämmerung werde ich zurückkehren und mit euch leben. Mit uns werden sich nicht nur die roten Stämme versammeln, sondern auch die weißen Stämme aus dem Norden, die schwarzen aus dem Süden, die gelben aus dem Osten. Sie werden sich im Kreis versammeln und in Harmonie miteinander leben. Alles, was zerbrochen war, wird heil. Der große Geist selbst wird in ihnen leben und in den Völkern der Erde aktiv werden. Dann werden wir Frieden finden. Denn die Geflügelten kehren zurück."

Die wunderschöne Büffelkalbfrau überbrachte viele Rituale und hinterließ starke Visionen, bevor sie sich verabschiedete.

Während sie ging, verwandelte sie sich in ein weißes Büffelkalb. Wenn die Zeit ihrer Rückkehr gekommen ist, sollte dies das Zeichen sein: Es werden seltene weiße Büffelkälber geboren.

Im Jahr 2000 wurden in Nordamerika an verschiedenen Orten vier weiße Büffel geboren und weitere in Europa.

Die Legende von der Büffelkalbfrau hilft uns, der weiblichen Energie den Platz zu geben, der ihr zusteht. Denn sie erinnert uns daran, in Harmonie miteinander, mit der Erde und der Natur zu leben und Mitgefühl zu entwickeln. Mit ihrer Hilfe können wir herausfinden, wer wir wirklich sind und was unsere Bestimmung ist. Die weiße Büffelkalbfrau ist eine Sternengeborene. Sie ist ein Vorbild für weibliche Klarheit, Weisheit und Erkenntnis. Sie erschien den Stämmen der Prärie und machte ihnen klar, dass es Zeit ist, umzukehren. Darum ist ihre Botschaft immer noch aktuell und für uns heute so wichtig.

Impuls:

Wenn du eine machtvolle Frau wärst und einen Tag des Weltgeschehens verändern könntest: Was würdest du tun? Was würdest du für wen ändern?

„Ich bin die Königin der drei Ebenen: Ich bin die Sternenfrau und Himmelskönigin. Ich bin Mutter Erde, und ich bin die geheimnisvolle Schattenfrau der Unterwelt. Ich begleite jede deiner Reisen und sorge dafür, dass du zurückkehrst als eine andere als die, die du vorher warst."

Die Göttin und die Regenbogenkrieger

Das Volk der Regenbogenkrieger lebte vor ca. 6000 Jahren. Sie nannten sich selbst „die wahren Menschen". Von ihnen ist überliefert, dass sie die Regenbogenbrücke mühelos überqueren konnten und dass ein leuchtendes Energiefeld sie umgab. Das bedeutet, sie lebten eng verbunden mit der spirituellen Welt, den Geistwesen, Vogelstämmen und Engeln. Diese Frauen und Männer schenkten ihren intuitiven Erfahrungen Glauben und vertrauten ihrer inneren Führung. Sie bewohnten Länder, die wild und unzivilisiert waren. Das Regenbogenvolk lebte in Harmonie mit der Natur, den Jahreszeiten und den anderen Menschen. Zu ihrer Zeit gab es Kontinente ohne Unruhen, Kriege und Chroniken, denn sie hinterließen keine Spuren. Es waren friedliebende Stämme, die die Schönheit und Großartigkeit der Natur und der Wesen um sie herum mit allen Sinnen wahrnehmen konnten. Ihre Gefühle, Worte und Taten waren wie ein Pfeil, der in eine Richtung fliegt. Wenn sie ihr Wort gaben, war es das Wertvollste, und jeder konnte sich darauf verlassen, dass es eingehalten wurde. Darum waren ihre feinstofflichen Körper sehr rein und leuchteten wie ein Regenbogen. Von ihnen sind Tänze, Gesänge, Gedichte, Gebete und uralte Rituale überliefert, mit deren Hilfe jeder sein persönliches Potenzial erkennen konnte. Eine Prophezeiung der Regenbogenkrieger besagt: Wenn alles Leben auf der Erde stirbt, wird der Regenbogenstamm zurückkehren, um die Erde zu retten. Dann beginnt die Zeit des großen Erwachens. Die Regenbogenmenschen werden sich plötzlich gegenseitig erkennen. Sie kommen aus allen vier Himmelsrichtungen, aus allen Völkern, Religionen und Klassen. Es werden junge und alte Menschen sein. Sie alle werden sich wie der Regenbogen harmonisch miteinander verbinden. Jedes Volk ist dann ein farbiger Lichtstrahl, und gemeinsam bilden sie die bunte Erdenfamilie.

Das alte Volk wählte den Regenbogen als Symbol für das große Geheimnis, die gesamte Schöpfung, die göttliche Kraft und Mutter Erde. Aber auch für die neue Zeit. Dann wird sich der Bogen zu einem Kreis vervollständigen. Dies geschieht allerdings erst, wenn die Menschen in Harmonie leben mit der Erde und ihren Geschöpfen. Wenn sie die Gesetze der Natur befolgen und friedlich mit anderen Völkern zusammenleben. Das bedeutet, dass jeder den Lichtbogen zuerst im eigenen Herzen zum Kreis ergänzen muss, damit er sich dann im Außen zeigen kann.

In der Prophezeiung gibt es das Versprechen, dass die Regenbogenmenschen die Erde retten werden, sodass sie wieder grün wird. Ihre Geschichtenerzähler verbreiten die vergessene Weisheit, wie die Menschheit in Harmonie leben kann. Die Erdenhüterinnen und Medizinfrauen schenken uns den uralten Weg, all das, was uns gesund macht und die Erde heilt. Die Regenbogenkrieger werden uns an Regeln erinnern, damit wir uns in der neuen Welt zurechtfinden. Sie lehren die Prinzipien der alten Stämme, mit denen die heiligen Kreisläufe wieder aktiviert werden. Die weltweite Krise erfüllt gerade die lang angekündigte Prophezeiung. Denn es findet eine große Reinigung statt. Die Luft klärt sich. Der Himmel war phasenweise nahezu frei von Flugzeugen. Satellitenbilder von China zeigen klare Luft, die jahrelang sehr verschmutzt war. Mutter Erde regeneriert sich sehr schnell, sobald sich die Menschen zurückziehen.

Eines der wichtigsten Rituale des Regenbogenkriegerstammes war die Visionssuche. Junge Erwachsene gingen für eine gewisse Zeit allein in die Natur, um ihre Aufgabe im Leben zu finden. Ohne Essen und Getränke, dem Wetter und den wilden Tieren ausgesetzt, lernten sie, für sich selbst zu sorgen, erfuhren ihre Kraft und lernten ihre Grenzen kennen. Nach tagelangem Fasten hatten sie ihren Ängsten und Schwierigkeiten ins Auge geblickt. Sie wurden demütig und schliefen irgendwann erschöpft ein – die meisten mit Gebeten auf den Lippen, in denen sie um Schutz und Führung baten. Nun waren ihre Träume klar, und sie kehrten dankbar zurück in die Gemeinschaft. Medizinfrauen und -männer halfen ihnen, die Botschaft der Visionen und Träume oder die Tierbegegnungen zu deuten. Sie erhielten eine neue Sicht und Vision von der Welt. Sie wussten jetzt, wer sie waren …

In unserer außergewöhnlichen Zeit befinden wir uns gemeinsam – und doch jeder für sich allein – auf Visionssuche. Egal wie schmerzhaft es ist, dass wir voneinander getrennt leben – in der Coronakrise finden wir zurück zu uns selbst. Ein kleiner unsichtbarer Virus bringt die gesamte Menschenfamilie dazu, herauszufinden, was uns wichtig ist, wer wir sind und wer wir sein wollen. Jetzt sind es allerdings keine Braunbären und Naturgewalten, die uns Angst machen, sondern Existenzängste und verstörende Nachrichten, die pausenlos unsere Aufmerksamkeit fordern. Jetzt kann jeder darüber nachdenken, welche Welt wir erschaffen haben, und entscheiden, wie wir in Zukunft leben wollen. Jetzt haben wir Zeit, nach eigenen Schätzen zu graben.

Wir sind ein Teil der Natur, aber die meisten von uns haben es vergessen. Ursprünglich waren große Gebiete Deutschlands von Wald bedeckt, und wir haben unser Leben unter alten Bäumen zwischen Bächen und Kräutern verbracht. Uralte Geschichten erzählen von unserer ursprünglichen Verbindung zu Pflanzen und Tieren. Wenn wir heute den Gesängen der Vögel lauschen und mit alten Bäumen meditieren, sind wir wieder mit unserer Seelenwelt verbunden, denn wir sind von Stille und Schönheit umgeben.

Diese bewusste Verbindung zur Natur bewirkt eine äußere und innere Klärung, die uns große Kräfte verleihen kann. Dazu muss jeder überprüfen, ob sich etwas stimmig anfühlt. Wir haben die Wahl, nun all unsere Sinne zu schärfen, unseren inneren Dialog auf eine neue Qualität zu heben und uns zu trauen, der Mensch zu sein, der wir wahrhaft sind. Mit allem, was zu uns gehört. Besinnen wir uns zurück auf Einfaches und erforschen die unendlich große Fülle in uns. Richten wir an uns selbst die wichtigsten Lebensfragen und finden heraus, wofür wir dankbar sind. Erst dann halten wir uns selbst nicht mehr klein und sind dadurch immun gegen Manipulation. So finden wir unsere eigenen Schätze und Gaben, die wir einsetzen können, um das Leben schön und friedlich zu machen. Diesen Weg geht jeder Regenbogenkrieger. Und jede Regenbogenkriegerin, die sich an ihre Mission erinnert.

Es werden Hüter der Legenden und Riten sowie uralte Stammesbräuche benötigt, um unsere Gesundheit zurückzuholen und die Erde wieder grün werden zu lassen. Die Regenbogenkrieger und Regenbogenkriegerinnen sind der Schlüssel zur Erhaltung der Menschheit. Sie werden die Botschaft verbreiten, die Menschheit belehren und zeigen, dass der Große Geist voller Liebe und Toleranz ist. Die Erde kann wieder in einen schönen Ort verwandelt werden. Die Regenbogenkrieger werden neue Regeln und Prinzipien verkünden, die die Menschen befolgen, um wieder auf den richtigen Weg zu kommen. Sie brauchen ein großes, starkes Herz, denn sie werden auf Ignoranz, Vorurteile und Hass stoßen. Doch sie erkennen sich gegenseitig und gehen den Weg gemeinsam zurück zu Mutter Erde, zu ihrer Schönheit und Fülle.

Impuls:

Welche Gedanken und Gefühle hast du, wenn du diesen Text liest? Trägst du eine Ahnung in dir, dass du eine Regenbogenkriegerin sein könntest? Dass du eine größere Aufgabe haben könntest?

„Ich bin die Uralte, die Großmutter, die das Leben verwebt. Ich bin die Hoffnung, die Zukunft und das neue Leben. Ich bin die Mutter, die das Leben mit ihren Schwingen umarmt und beschützt."

Die Göttin als Quelle der Weisheit

Unzählige Kostbarkeiten zeigen, dass viel Weisheit unter den Decken der Geschichte schlummerte. Jeder magische Ort der Kraft, jede der sagenhaften Frauen, die lange vor uns lebten, und jede zeitlose Skulptur bereitet dich und mich darauf vor, den Weg in die weibliche Kraft zu finden. Unsere Seele hat die Göttin gerufen, und so kehrt sie endlich zurück in unser Bewusstsein. Allzu lang wurden die Rechte der Frauen beschnitten und missachtet. Doch die Göttin erinnert uns jetzt daran, was seit Tausenden von Jahren vor uns verborgen wurde. Frauen, Männer und Kinder waren dazu gezwungen, großen Schmerz zu ertragen, der uns überwältigt hat. Trotzdem haben Frauen in der Familie weiter für Wachstum gesorgt. Wir waren genauso großzügig mit unserer Kraft wie Mutter Erde mit ihren Gaben.

Mithilfe der Göttin besinnen wir uns auf die urweibliche Schöpfungskraft, um mit ihr die Not der Welt zu lindern. Nun finden wir unseren natürlichen Rhythmus wieder und freuen uns, denn gemeinsam haben wir die dunkle Zeit überlebt. Wir sind zurückgekehrt, um unsere Weiblichkeit mit all unserer Liebe auszudrücken und zu leben. Die Heilung geschieht in mir und dir durch Versöhnung und Vergebung. Wir sind bereit und öffnen uns für eine neue und gleichzeitig uralte weibliche Spiritualität. Diese geheimnisvolle Verwandlung findet in unserer inneren Mitte statt. In der Gebär-Mutter. Dort wandeln wir im Rhythmus der Mondin das Alte um – die große angesammelte Wut, die Angst, das

Gefühlschaos und körperliche Disharmonien. All diese Energien, die uns schaden und krank machen, verwandeln wir im Kessel der Gebärmutter in pure Heilenergie. Und diese Heilung, die von innen kommt, strahlt nach außen.

Die Zeit der Frauen und der Göttinnen hat begonnen – in mir, in dir und in uns allen. Eine Göttin wird sich dir nicht erklären! Aber sie wird dich berühren. Wie das geschieht, ist ihr Geheimnis. Sie lebt aus dem Herzen, erschafft Neues in ihrer Mitte und handelt voller Weisheit. Sie schenkt Erfahrungen und gelebtes inneres Wissen. Darum erzähle ich von energiegeladenen, strahlenden und mutigen Frauen, die ihrem Herzen folgen, einen kühlen Kopf bewahren und aus dem Bauch heraus handeln. Besonders faszinierend sind Powerfrauen aus längst vergangenen Zeiten, denn von ihnen wird gesagt, dass sie wundervolle Gaben besaßen. Ihre herausragenden Talente, ihre Weisheit, Schönheit und übersinnlichen Kräfte sind noch immer legendär. Uralte Mythen berichten von Frauen, die die Macht haben, Dinge und Situationen grundlegend zu verändern. Diese göttlichen Frauen besitzen eine unermessliche, magische Schöpfungskraft. Genau diese Wunderkraft fehlt der heutigen Welt, in der es kaum mehr Dschungel, unberührte Natur, unentdeckte Orte und Tiere gibt. Unzählige Frauen, die vor uns gegangen sind, haben ihr Leben geopfert oder verloren, um diese Entwicklung zu verhindern. Denn es war lebensgefährlich, das weibliche, ursprüngliche, indigene Wissen weiterzugeben. Darum sind jetzt fast alle Geheimnisse aus unserer Welt verschwunden.

Mythenforscher und Archäologen haben drei verschiedene Techniken angewendet, um Wissen über die Göttinnen zurückzuhalten. Als Erstes ignorieren sie Göttinnen einfach, weil sie nicht ihrem Weltbild entsprechen. So wurden unzählige Fundstücke zerstört, ganz besonders von Kirchenmännern. Es wurde ausschließlich über Gottheiten berichtet, die männlich sind. Zweitens wird der Name der Göttin nicht genannt. Stattdessen wird sie zur Tochter des Mondgottes, die Gemahlin von ... oder sie wird zur Prinzessin degradiert, obwohl sie die Heldin und Göttin ist. Drittens sind viele Legenden so aufgebaut, dass Götter im Mittelpunkt stehen. Ihre Taten werden ausführlich geschildert, die Göttin wird nur im Nachsatz erwähnt. Von ihr wird nur eine Facette beschrieben. Sie ist die Verführerin, die Frau am Herd, die blutrünstige oder eifersüchtige Ehefrau, die treusorgende Mutter etc. Doch Göttinnen sind immer facettenreich und gegensätzlich wie die Kraft jeder Frau. Göttinnen sind die weibliche Urkraft.

Die moderne Archäologie beweist mehr und mehr, dass es ein goldenes Zeitalter gab, in der der Mann friedlich, die Gottheit weiblich und die Frau überragend war. Unter der barmherzigen Göttin herrschte Frieden und Gerechtigkeit. Die langen Kleider der Priesterinnen sind heute die Gewänder der Priester. Das Männliche in seiner Allmacht sieht den Tod als endgültige Vernichtung, und das stürzt uns in Verzweiflung. Doch diese Trennung vom Leben gab es nicht immer. Vor Tausenden von Jahren verehrten die Menschen die Erde als Große Mutter. Sie erlebten es als Wunder, dass die Erde ständig neues Leben hervorbringt. Unsere Ahnen beobachteten, dass es immer die weiblichen Wesen sind, die neues Leben schenken, und fühlten sich gut versorgt von der Natur. Für sie war die Erde wie eine Große Mutter, die ihnen alles gibt, was sie zum Leben brauchten. Noch heute verehren Naturvölker die Erde als Göttin und sprechen liebevoll von unserer Mutter Erde. Indigene Völker sind nie aus dem

Paradies hinausgeworfen worden. Nach dem Leben kehren sie zurück in den Schoß der Großen Mutter, um sich auszuruhen und verwandelt zurückzukehren.

Naturvölker vertrauten immer schon dem ewigen Kreislauf des Lebens. Sie verehrten auch inspirierende, wilde und freie Frauen, denen nichts unmöglich schien. Jedes dieser Vorbilder war für unsere Ahninnen eine leuchtende Göttin. Sie schenkte Frauen und ihren Töchtern Kraft, Mut und Hoffnung. Das ist auch heute noch so: Wenn sich Frauen mit einem strahlenden Vorbild verbinden, entdecken sie ihre eigene kraftvollste Version von sich selbst. Denn ein verehrtes Vorbild oder eine Göttin ist aufgeladen mit der allerstärksten weiblichen Energie. Die Göttin ist eine völlig eigenständige, in Würde auftretende Elternfigur. Sie schuf das Universum mit seinen Gesetzen, gebietet über die Natur, das Schicksal und die Zeit. Sie kennt die Wahrheit und besitzt unendliche Weisheit, sorgt für Gerechtigkeit, ist die bedingungslose Liebe. Sie bringt neues Leben hervor, beschützt es und ist auch der Tod. Sie verwandelt alles im zyklischen Rhythmus. Die Göttin bewegt sich in der sichtbaren Welt und in der unsichtbaren Dimension. Eine Göttin lebt Frauen eine Stärke vor, die um das eigene innere Strahlen weiß und sich der Kraft ihrer Liebe und Magie bewusst ist. Solch eine Frau geht aufrecht. Sie atmet tief in ihren Bauch und ruht in ihrer Mitte. Sie kennt ihre schöpferische Macht, vergleicht sich nicht mit anderen und ist sich ihrer selbst bewusst.

Schau dir Mama Afrika an. Mit gefüllten Körben auf dem Kopf, einem Baby auf dem Rücken und in bunte Tücher gehüllt, bewegt sie sich Hüften schwingend und selbstbewusst auf der Erde. Sie ist sich ihres weiblichen Rhythmus und ihrer Macht bewusst.

Jetzt kehrt die Göttin zurück und beschenkt uns mit ihrer Magie! So erhält jede Person ihre Würde, denn die Göttin sorgt für das Gleichgewicht in unserer Welt.

Das Warten hat ein Ende,
Licht und Farbe kehren zurück
und mit ihnen die Liebe.

Die Göttin erwacht
aus ihrem langen Schlaf,
und du siehst die Welt neu.
Die wunderschöne und mächtige Göttin
zeigt sich in vielerlei Gestalt.

Einmal ist sie ein zauberhaftes,
junges Mädchen im weißen Kleid.
Dann trägt sie ein rotes Gewand
als sinnliche Frau mit Mutterkraft.
Und schließlich erkennst du sie
als großzügige und mutige Großmutter,
die so manches Geheimnis
in den Falten ihres dunklen Rocks verbirgt.

In der Dunkelheit deiner Träume
kehrt die Göttin nun sanft zurück
in dein Bewusstsein und Leben.
Mit dem Mondlicht bewegt sich
das Meer deiner Gefühle.
Still und leise plätschernd
flüstert es von weiblicher Weisheit.

Die Göttin spricht
aus der Tiefe der Zeit
zu deinem Herzen.

Sie weckt eine große Sehnsucht
nach deinen Müttern.
Du bist unendlich müde
vom hektischen Treiben ohne Sinn.
Deine Seele bittet:
„Mama, Große Göttin,
komm zurück in mein Leben.
Ich vermisse dich so!“

Am frühen Morgen,
wenn du erwachst,
fühlst du dich wie neugeboren.
Das Licht ist endlich wieder da,
und die Göttin umarmt dich.
Mit ihr kommt der Neubeginn der Zeit.
Sie schenkt Veränderung,
Verzauberung und goldene Lebensträume.

Jeden einzelnen Tag erschafft
die Große Mutter die Welt neu.
Sanft und stark, in allen Farben leuchtend,
zeigt sich die Himmelskönigin
in all ihrer Pracht und Schönheit,
sodass es dir den Atem verschlägt.

Die wunderbare Göttin erinnert dich
an deine weibliche kreative Kraft,
mit der du aus dir selbst

etwas Neues erschaffen kannst.
Die geheimnisvoll Verschleierte
inspiriert dich zu Visionen
für eine friedliche
und glückliche Zukunft.

Die strahlende Göttin ermutigt dich,
herauszutreten aus dem Schatten
und für das Leben einzustehen.
Denn auch deine Enkel
wollen glücklich sein und
das Leben weitergeben – so wie du.

Du bist mitverantwortlich,
dass wir die Erde lebenswert
und bunt hinterlassen.
Voll Anmut und Schönheit
zeigt sich nun dein Wille zu überleben.

Das Wasser fließt,
es gefriert oder schneit.
Es reist weiter als Wolke am Himmel.
Das Wasser inspiriert dich dazu,
ganz neue Wege zu entdecken.

Als freie Frau folgst du deiner Intuition
und den Spuren im Wasser.
Du bündelst nun das,
was du in deinem Herzen trägst,
was leben und sich zeigen will.

Gib dich zu erkennen,
mach dich sichtbar.
Schreite weiter voran.
Wir brauchen dich jetzt
mit all deiner Präsenz und Kraft.

Du bist die weise Göttin.

Impuls:

Die Geschichte weitet sich. Was passiert in dir, wenn du dich an dieses uralte Wissen erinnerst? Gibt es eine Göttin, die dich besonders anspricht oder interessiert? Dann beschäftige dich näher mit ihr. Schaue Bilder, lies ihren Mythos und trinke ihre Botschaft.

Die älteste Göttin spricht: „Ich bin die Vogelgöttin, die sich in Erinnerung bringt als Mutter Erde, als Göttin in jeder Frau und sternengeborene Himmelskönigin. Ich bin bei dir, jederzeit: im Moment deiner Geburt, in jedem Augenblick deines Lebens und auch im Tod. Ich umarme und beschütze dich mit meinen Schwingen. Ich begleite deine Seele. Hab keine Angst. Ich bin bei dir."

Frauenkraft als Heilung im Kreis

Immer mehr Frauen wird klar, dass wir nicht mehr umkehren können. Die Arbeit wird immer mehr, und wenn wir mit immer mehr Dingen im Leben fertig werden müssen, möchten wir auch mehr haben: mehr Respekt, mehr Macht, mehr Geld und Eigentum, mehr Ausgewogenheit in unseren Partnerschaften, mehr Gelegenheiten, um unsere Arbeit voranzubringen, ein ganzheitliches Gesundheits- und Bildungssystem. Uns ist allen klar, dass uns niemand die Arbeit abnehmen wird. Also müssen wir es selbst tun.

Wenn es um unsere Gesundheit geht, ist es zum Beispiel erwiesen, dass Frauen, die sich regelmäßig in ihrem Kreis treffen, gesünder und auch länger leben. Die bekannte Gesundheitsstudie der Krankenschwestern von der Harvard Medical School hat gezeigt: Je mehr Freundinnen eine Frau hat, umso größer ist die Chance, dass sie im Alter fit ist, und desto wahrscheinlicher ist es, dass sie ein freudvolles Leben führen kann. Ähnliche Resultate ergab eine Studie der Universität Los Angeles:

Frauen sind aufeinander angewiesen, wenn sie ihren Stress erfolgreich bewältigen wollen. Forschungen haben darauf eine sehr männlich geprägte Antwort, die lautet: „fight or flight" (kämpfe oder gib auf). Doch die Forscher Klein und Taylor fanden heraus, dass sich bei Frauen unter Stress ein chemisches Feuerwerk im Gehirn abspielt. Ihre Antwort darauf ist es, sich mit anderen Frauen zu verbünden: „tend and befriend" (sich verbünden und anfreunden). Dies zeigt, wie sehr Frauen auf andere Frauen angewiesen sind.

Frauen verbinden sich und entwickeln ganz selbstverständlich und spontan Unterstützungssysteme füreinander.

In der Not lassen sie niemanden zurück, und plötzlich ist die Schwesternschaft wieder präsent. Denn ich weiß, auch du kannst in eine Situation kommen, in der du auf die Hilfe der anderen angewiesen bist, weil jede ab und zu ein Tal bei großem Stress und schwierigen Lebenserfahrungen durchqueren muss. Als mein Mann einen schweren Unfall hatte und ich mehrere Tage immer wieder in die Klinik fuhr, organisierten meine Freundinnen Hilfe. Sie wechselten sich ab, passten auf meine Kinder auf, kochten und trösteten, machten Schulaufgaben, sorgten für den Hund, das Haus und wuschen Wäsche. Sie webten für uns ein sicheres Netz aus Wohlwollen, großem Mitgefühl und bedingungsloser Liebe.

In solch einem Kreis teilen wir unsere Seele mit unseren Schwestern, Müttern, Töchtern, Freundinnen und Nachbarinnen. Das geschieht instinktmäßig und ist offensichtlich sehr gut für unser Wohlbefinden, unsere Lebensqualität und unsere Gesundheit. Wissenschaftler bestätigen, dass intensive „Freundinnenzeit" dabei hilft, Serotonin zu erzeugen, einen Neotransmitter, der Depressionen entgegenwirkt und allgemeines Wohlbefinden auslösen kann.

So gesehen ist es für unsere allgemeine Gesundheit genauso wichtig, Zeit mit einer Freundin zu verbringen wie zu joggen oder im Fitnessstudio zu trainieren.

Frauen teilen Gefühle, während Männer häufig Beziehungen zu Aktivitäten eingehen. Männer sind immer ein selbstverständlicher Teil unseres Lebens, und wir lieben sie. Wir lieben unsere Söhne, unsere Väter, Brüder und Männer (die guten auf jeden Fall!). Grundsätzlich steht der Kreis für Einbeziehung, denn es ist der Kreis des Lebens. Doch Frauen und Männer haben ihre eigenen jeweiligen Kraftquellen, und das Gleichgewicht zwischen diesen Kraftquellen sorgt dafür, dass die Menschheit erhalten bleibt.

Frauen können sich für Frauen einsetzen, ohne gleichzeitig gegen Männer zu sein. Denn das würde wieder ein Ungleichgewicht und Trennung hervorrufen. Wir machen einfach einen großen Schritt und hören auf, den Männern den Schwarzen Peter zuzuschieben, und beleben stattdessen unsere eigene weibliche Kraft und Weisheit. Ich bin davon überzeugt, dass Frauen, die sich in Kreisen begegnen und darin Unterstützung finden und gestärkt werden, auch anfangen, ihre politische Meinung und ihre Spiritualität gegenüber den Männern zu vertreten. Ich beobachte an mir selbst, dass ich das Bedürfnis verspüre, meine spirituellen Erkenntnisse und Lernerfahrungen mit meinen Töchtern, aber auch mit meinen Söhnen und meinem Mann zu teilen. Nicht, weil ich verstanden und anerkannt werden möchte, sondern um ihnen deutlich zu machen, wie tief die Verbundenheit geht, zu der Frauen fähig sind.

Wenn wir im Kreis zusammenkommen, verdichtet sich das weltweite Netz der Frauen jeden Tag ein wenig mehr. Unser Kreis wird bereichert durch Frauen, die weiter und anders denken, die mehr sehen, das Hoffen nicht aufgeben und Sinn für ein schönes Leben haben. Durch unsere Verschiedenheit entstehen eine Menge feiner Seidenfäden, die gesponnen werden aus unseren Talenten und Träumen. Die runde Form des Kreises steht für die einzigartige Weise, wie Frauen lernen und wachsen. Wir umkreisen ein Thema, betrachten es gemeinsam mit unseren Schwestern aus den verschiedensten Blickwinkeln und nähern uns dann dem Zentrum oder Herzen einer Sache. Wir lernen zyklisch. Du erfährst neue Informationen, und wenn du darüber nachdenkst, schlägst du eine Brücke zu deinem vorhandenen Wissen, deinen Erkenntnissen, Erfahrungen und Ideen. Diese Herangehensweise entspricht der schamanischen Weltsicht und dem heiligen

Medizinrad, das von den uralten Mayavölkern stammt und indigenen Indianern noch bekannt ist (z. B. meinem Lehrer Wolf Storm). Die weibliche Seite des Wissens ist aus unserer Mitte, aus der Natur unserer Existenz als Frau, gegriffen. Unser monatlicher Zyklus, unsere Fähigkeit, ein Kind auszutragen, unsere körperliche Erfahrung beinhalten Wachstum, Heilung und ständige Wandlung. Jede Frau kann in ihrem Leben Muster entdecken, in Beziehungen und in der Liebe, im Miteinander und bei der Arbeit. So symbolisiert der Kreis Bewegung und Dynamik. Der Kreis umfasst zuerst unsere Familie, erweitert sich um Freunde und Freunde von Freunden, um Gemeinschaften, das eigene Land, die Europäische Union und zieht immer größere Kreise der Sympathie und des Mitgefühls. Unsere Kinder studieren in unterschiedlichen Ländern, lernen ganz andere Lebensweisen kennen und schließen tiefe Freundschaften. So erweitert sich der Kreis der Verbindungen ständig. Nicht nur du wächst durch neue Sichtweisen und das Miteinander, sondern auch die gesamte Gruppe erweitert ihr Bewusstsein. Das Rad dreht sich und bewegt vieles im Inneren und äußeren Leben. Unsere Sichtweisen werden weiter und weicher. Manchmal verlangsamt sich die Bewegung gegenüber Menschen, die anders beten, aussehen oder sich anders kleiden. Doch es besteht die Hoffnung, dass wir unser Bewusstsein und unsere Sympathie auf alle empfindungsfähigen Menschen und Wesen ausdehnen können. Dazu müssen wir zahlreiche Mauern einreißen, und das ist nicht immer einfach.

Ken Wilber, ein bekannter amerikanischer Philosoph, unterscheidet drei große Bewusstseinsstufen:

1. Der ganz enge Kreis
Egozentrismus: Das ist die niedrigste Stufe. Hier konzentriert sich das Interesse der Person nur auf sich selbst. Bei Psychopathen fehlen Sympathie und Empathie für andere völlig. Sie sind nicht fähig zu Mitgefühl oder Gnade und daher eine große Gefahr für ihre Mitmenschen (betrifft weniger als 1 Prozent der Bevölkerung).

2. Der mittlere Kreis
Ethnozentrismus bezeichnet freundliche, großzügige Menschen gegenüber anderen, die aussehen wie man selbst, die den gleichen Gott anbeten und der gleichen Nation angehören. „America first" ist ein typisches Motto (betrifft ca. 70 Prozent der Bevölkerung).

3. Der große Kreis
Weltenzentrismus: Diese Menschen lieben ihre Kultur, gleichzeitig sehen sie den gesamten Erdkreis der Menschheit, die verschiedenen Ethnien, Religionen und Werte. Eine Welt, eine Erde, alles ist miteinander verbunden und voneinander abhängig (betrifft ca. 30 Prozent der Bevölkerung).

John Lennon hat 1971 (mitten im Vietnamkrieg) seinen Traum besungen in seinem Lied: „Imagine". Er drückte darin die Hoffnung auf eine bessere, von Liebe und Menschlichkeit zusammengehaltene Welt aus.

Jede weiß um den magischen Moment, wenn Träume Gestalt annehmen und sich die Antworten plötzlich offenbaren. Das ist so, als ob sich der Nebel lichtet, die stürmische See zur Ruhe kommt und sich alles in Schweigen hüllt. Die Sinne dehnen sich aus bis in die Unendlichkeit und werden eins mit der Welt. Die Erkenntnis tritt sehr eindringlich und unerwartet auf. Sie ist immer ein Geschenk und ein Mysterium. Die natürliche Geburt eines Kindes ist dafür das allerbeste Beispiel. Hältst du dein Baby im Arm, für das du so gekämpft hast, ist es ein magischer Augenblick. Vielleicht nimmst du ein subtiles Leuchten wahr oder du empfindest eine transparente geistige Klarheit. Du spürst deine urweibliche Kraft, und die Göttin scheint ganz nah zu sein.

Meine Klientinnen und Freundinnen bestätigen meine Erfahrung, dass Frauen eine fließende Betrachtungsweise des Lebens haben, die einem Kreis entspricht. Jede Frau trägt dazu bei, den Kreis zum Leben zu erwecken. Er ist ein Spiegel für das Potenzial der Frauen und ist anders als die logische, lineare Betrachtungsweise der Wissenschaftler oder des Lernens in der Schule.

Jedes Mal, wenn Menschen sich in einem Kreis versammeln, heilt die Welt ein bisschen mehr. Möglicherweise ist ein Frauenkreis die mächtigste Kraft der Welt. Wenn Frauen bewusst zusammenkommen, gibt es etwas, was jede nährt und sich wichtig anfühlt. Es entsteht ein tiefes und ehrliches Gefühl von Gemeinschaft, in dem Geborgenheit, Gehaltenwerden und Halten überwiegen. Oft haben Frauen eine gewisse Stärke, die mit Sanftheit und der Fähigkeit, zuzuhören, kombiniert ist. Alle Konkurrenzgedanken, die unserer alten Konditionierung entsprechen, verschwinden. Selbstverständlich lässt sich das nicht verallgemeinern, aber beim weiblichen Geschlecht scheinen diese Fähigkeiten ausgeprägter zu sein. Wir Frauen wuchsen so auf, dass wir uns fürsorglich und nährend verhalten. Auch in indigenen Völkern ist das Konzept der Kreise und des uralten heiligen Medizinrades präsent. Die nicht menschliche Natur und auch die menschliche Macht drücken sich in Kreisen aus, und sie werden häufig von Frauen geprägt und einberufen. Sie wussten, dass es die männlichen und weiblichen Kräfte und Prinzipien in uns allen gibt. In einem Kreis gleichen sie sich in jedem von selbst aus. Es tut unserer Seele gut, füreinander da zu sein, einander Fürsorge und Verständnis zu schenken. Sitzen wir im Kreis zusammen, spüren wir eine tiefe körperliche Verbundenheit, die auf Gleichheit basiert. Frauen neigen dazu, sich zusammenzutun. Egal wie sich die Gruppe nennt, sie besitzt einen Zauber und eine Kraft, die größer ist als die Summe ihrer Einzelpersonen. Wenn sich Frauen versammeln, um gemeinschaftliche Arbeiten in Angriff zu nehmen, entsteht ein freundschaftlicher Gemeinschaftssinn, der die gesamte Gruppe umfasst. Im heiligen Kreis der Frauen kannst du dich öffnen, viele Aspekte in dir entdecken und sie annehmen. Wir lernten alle, „normal“ zu sein. Doch jetzt geht es darum, wahrhaftig und natürlich zu uns zu stehen. Denn es geht darum, dass wir die Kraft der Göttin aus uns selbst hinausgebären und wieder die göttliche Frau sind, die wir einst waren. Alles ist in dir, und du kannst dich wieder daran erinnern. Im Kreis geht es darum, zu sehen und gesehen zu werden. Zu hören und gehört zu werden, zu sprechen und sich zu zeigen. Geschenke zu machen und anzunehmen. Frauen schaffen einen Raum, in dem Energie frei fließen kann. Sie trommeln und tanzen, lachen und lauschen. In einem geschützten Kreis der Frauen kann unglaublich viel Transformation und Heilung geschehen. Denn wir alle fühlen uns geborgen wie im großen Schoßraum der Göttin. So erweitern wir unser Bewusstsein für unseren inneren weiten Raum, aus dem wir Neues hervorbringen und kreativ sind.

In der Schwesternschaft sind Worte Medizin.

Wenn du ganz authentisch bist und aussprichst, wie es dir geht und was dich beschäftigt, wird der Fluch gebrochen, der uns voneinander trennt. Dann können wir heilen. Denn wenn wir all unsere Gefühle in uns hineinfressen, werden wir krank und finden keine Heilung. Wenn eine darüber spricht, dass sie Angst hat, nicht gut genug zu sein, dass sie Angst hat, sich ungeschminkt zu zeigen, dass sie sich schämt, zu viel oder zu wenig, zu laut oder zu leise, zu dick oder zu dumm zu sein ... Dann ist es gar nicht mehr so schlimm, es im Kreis auszusprechen. Es fühlt sich zwar zuerst schwer an, doch wenn du es einfach aussprichst, merkst du schnell, dass es nicht nur dir so geht. Anderen geht es ganz genauso. Auch sie haben sich schon einmal klein und schutzlos, nutzlos, ratlos oder energielos gefühlt. Es tut dann unglaublich gut, das zu erfahren! Denn es geht uns allen gleich. Wir sind alle auf dem Weg. Sobald wir aufhören, uns selbst und andere zu beurteilen, entstehen Einheit und Gemeinschaft. Diese vertrauensvolle Offenheit bewirkt, dass wir uns sicher und geborgen fühlen. Und das geschieht schnell, wenn eine beginnt, ihre zarte Seite und Verletzlichkeit zu zeigen oder um Rat und Hilfe zu bitten. Das stärkt die Schwesternschaft sehr, denn wir gehen gemeinsam durch diese Phasen der Transformation. Das heilt uns alle. Keine ist allein, und jede lernt mehr und mehr, Ja zu sich selbst zu sagen.

In der Schwesternschaft verbinden sich ganz unterschiedliche Frauen miteinander. Mutter Natur ist sehr verschwenderisch und erschafft die Fülle, die auch in jeder einzelnen Frau zu finden ist. Denn wir besitzen unzählige Eier in unserer Gebärmutter. Aus jedem könnte ein Kind entstehen. Das ist das Potenzial, das wir Frauen in uns tragen – jede von uns! In der Schwesternschaft ermutigen wir uns, möglichst viele geistige Schwangerschaften auszutragen, unabhängig davon, ob wir Mutter sind.

- Als Erstes gebären wir, eine nach der anderen, ein physisches Kind, nämlich uns selbst. Wir fragen uns: Wie gehe ich mit meinem Körper um? Welchen Mann wähle ich? Wie lasse ich meine Mutter frei? Wie bemuttere ich mich selbst? Wie lebe ich? Wie baue ich eine gesunde Beziehung zu mir selbst auf? Dieses Kind heißt „Selbstermächtigung".
- Danach gebiert sie Wurzelkinder. Sie erforscht die Geschichte ihrer Familie, ihrer Herkunft, ihres Landes, der Religion und entdeckt universelle Lebensregeln.
- Ihre geistigen oder spirituellen Kinder drücken ihre Einzigartigkeit und Kreativität aus. Wie sie sich kleidet und wie sie kocht, wie sie einen Garten anlegt oder ihre Wohnung einrichtet, wie sie Klavier spielt oder ein Buch schreibt. Wie sie ihre Freundschaften gestaltet oder malt. Welchen Schmuck sie trägt und welche Bilder sie aufhängt …
- Ein Tierbaby erinnert sie an ihre Instinktnatur, an ihre ursprüngliche Wildheit, Freiheitsliebe und ihr inneres Wissen, an ihre Bindungen und ihre Zugehörigkeit, ihr eigenes Wesen. Ohne Gedanken spürt sie, was zu tun ist.
- Sie bekommt ein magisches Kind, indem sie sich mit der Göttin verbindet und sie in sich selbst gebiert. Die Göttin gibt ihr ihre Macht und Würde zurück. Die Frau erspürt vieles und kommt in ihre urweibliche Kraft. Sie weiß, dass sie die Welt verändern kann. Ihr Mann ist fasziniert. Er vertraut ihr und sich selbst jeden Tag mehr. Er wird männlicher, aufmerksamer und zärtlicher. Er achtet, beschützt und liebt sie.
- Sie bekommt Engelkinder, lebt ihre Berufung, und das heilt beide, Frau und Mann. Sie ist nun so stark, dass sie

die Verletzungen ihrer Ahninnen auf sich nimmt, um den unheilvollen Kreis Täter – Opfer – Retter zu unterbrechen. Sie ist die große Heilerin ihrer Familie und ihrer Ahnen. Sie heilt damit auch ihre Töchter, Söhne und andere Menschen, sodass sie frei sind von den uralten Bindungen. Sie können nun ihre Berufung leben.

- Sie gebiert mutige Freiheitskinder, wenn sie merkt, dass alte Regeln und Muster ihrem Inneren widersprechen. Zum Beispiel braucht sie viel Zeit, die nur ihr gehört. Sie möchte allein träumen, und das kann sie nur für sich allein. Also sagt sie ihrem Mann, dass sie ihn liebt, aber einige Nächte allein schlafen möchte. Oder dass sie ein paar Tage in der Woche nicht mit ihm verbringt, um in ihrer eigenen Energie zu sein. Auch wenn er dieses Bedürfnis nicht verspürt, wird er ihres respektieren und sich auf die gemeinsame Zeit freuen.
- Sie gebiert Traumkinder. Bei der weißen Frau, dem Mädchen, sind die Eier nicht aktiv, jedoch schon angelegt im Bauch unserer Mutter. Als unsere Großmutter mit unserer Mutter schwanger war, waren wir als Idee, Traum und reales Ei schon in unserer Mutter angelegt. Die rote Mutter kann unglaublich viele Traumkinder erschaffen. Die schwarze Frau, die weise Alte, kann wirklich große Kinder zur Welt bringen, denn sie hat ihre Kraft über lange Zeit gesammelt. Sie kann Traumkinder und machtvolle Visionen erschaffen, die die ganze Menschheit berühren. Wie der Rat der Großmütter kennt sie die rechte Art zu leben und erschafft Kunstwerke, die vielen Seelen ein Zuhause schenken.
- Das feurige Drachenkind lebt von der Kraft des klaren „Nein“, im Beruf und in der jeder Beziehung. In der Menopause zeigt sich dieses Kind deutlich. Es grenzt sich ab

von allem, was nicht guttut, und erschafft Zeit für unsere Berufung.

- Sie gebiert aus ihrem dunklen Nährboden strahlende Sonnenkinder. Denn sie weiß um viele unerlöste Seelen, die herumirren und ihren Körper suchen. Sie begleitet diese verlorenen Kinder liebevoll ins Licht und befreit unsere Welt von Traurigkeit, Depressionen und unzähligen Schatten.
- Dann gebiert die Frau das „Großmutterkind." Sie fragt sich: Welche Geschichten möchte ich meinen Kindern und Enkeln erzählen? Was ist mein Vermächtnis? Und nach und nach zeigen sich dreizehn wunderbare Geschichten, die sie auspackt aus ihrer Lebenserfahrung und eine nach der anderen erzählt. Sie hat ihre Einzigartigkeit gefunden und weiß, warum sie hier ist. Sie ergründet das Verschleierte und besitzt einen großen Korb mit Geschichten, die sie an die nächste Generation weitergibt. Sie hat viele Geschenke zu verteilen.

In der Nähe der Schwestern erinnern wir uns an viele dieser Geschenke und Geschichten, die wir bekommen haben. Wir wenden uns der eigenen Kraft zu und unserem strahlenden Vorbild, der Göttin. So hören wir auf, uns an dem Männlichen zu messen. Wir erinnern uns im Kreis der Frauen an unsere ursprüngliche Natur und folgen dem Ruf der Göttin.

Der weibliche Kreis ist in seiner tief berührenden Magie uralt, kraftvoll und zutiefst heilig. Wir haben uns schon immer in Kreisen getroffen, um das Leben zu feiern, einen Raum für Heilung zu erschaffen. Wir haben den Kreis genutzt für Begegnung und Verbundenheit mit der Erde. Heute kehrt die Erinnerung an die transformierende Kraft der Frauenkreise zurück. Und wir schließen uns an die Kraft unserer Ahninnen an. Sie haben diesen Kreis schon vor uns gelebt und geliebt, unsere Großmütter und Mütter, Erdheilerinnen, Kriegerinnen, Priesterinnen, Zauberinnen und Schamaninnen. Mit ihrer Stärke verbinden wir uns. Das ganz alte Wissen und die Weisheit dieser Frauen ist unser vergessenes Erbe. Es ruht in unseren Herzen und möchte mit unserem Leben neu verwoben werden. Genau dafür versammeln wir uns wieder: um unsere Wunden zu heilen, unsere Wurzeln zu stärken und uns an unsere weiblichen Urqualitäten zu erinnern.

Jetzt in der Zeit der Wandlung ist es wichtig, dass wir positiv denken und die Erde und alles Leben beschützen. Wir erweitern unseren Blick, indem wir mehr über das alte Wissen erfahren. Es ist in uns, doch wir können uns leichter gemeinsam und im Kreis daran erinnern. Zeremonien sind wichtig, damit sich immer mehr Menschen ändern wollen und ihre Herzen öffnen. Vertrauen ist jetzt besonders wichtig, denn Zweifel und Ängste machen uns krank. Das alte Wissen der Frauen kehrt zurück und mit ihm mehr Liebe, Einheit, Verständnis und Freundschaft.

Wenn wir Erfahrungen in Frauenkreisen gesammelt haben und uns sicher fühlen, können wir jetzt auch üben, die Männer einzubeziehen. Denn es geht vielleicht gar nicht so sehr darum, dass Frauen zusammenkommen, sondern dass weibliche Eigenschaften gelebt werden wie aktives Zuhören, Fürsorge, Sanftheit, Gemeinschaft. Diese Qualitäten brauchen auch Männer. Denn viele fühlen sich und ihre Bedürfnisse nicht. Sie wollen wieder ein Gespür für sich selbst bekommen und in ihrer Mitte ruhen. Wie wunderschön und ermächtigend!

Mein indianischer Lehrer erzählte:

„In früheren Zeiten fanden bei uns im Clan der Apachen regelmäßig Ratstreffen statt. Männer saßen im Kreis, um eine gemeinsame Entscheidung zu treffen. Meistens fand dieses Ratstreffen auf einem Platz statt, und bei uns schien die Sonne heiß. Um den Kreis der Männer saßen die Frauen, meistens im Schatten. Sobald die Männer eine Lösung gefunden hatten, beratschlagten die Frauen und stellten die fünf wichtigen Fragen:

- Führt dieser Weg zur Wahrheit?
- Macht diese Entscheidung das Leben schöner?
- Hat dieser Weg Glück zur Folge?
- Lässt er andere Liebe spüren?
- Trägt diese Entscheidung zur Gesundheit von Menschen, Tieren und der Natur bei?

Alle Fragen müssen mit Ja beantwortet werden. Ist nur eine der Bedingungen nicht erfüllt, muss eine neue Lösung gefunden werden. Diese Fragen dienten früheren Generationen zur Entscheidungshilfe. Dabei spielte es keine Rolle, ob die Entscheidung wichtig, unwichtig oder alltäglich war. Die Männer durften den Kreis übrigens nicht verlassen, bevor sie einstimmig eine Lösung gefunden hatten. Sie konnten so lange diskutieren, wie sie wollten. Aber die Sonne brannte. Nach einigen Stunden hatten alle Durst und waren zu Kompromissen bereit. Das letzte Wort hatten immer die Frauen."

Diese Prinzipien können wir auch heute nutzen und sehr schnell heilsame Veränderungen ins Leben bringen. Im Kreis werden die Perspektiven und Bedürfnisse aller Beteiligten berücksichtigt.

Sitzen Menschen im Kreis um eine schön gestaltete Mitte, um einen runden Tisch oder um ein Feuer, gibt es keinen Chef oder jemanden, der hervorsticht. Niemand sieht auf jemanden herab, jeder gehört dazu. Im Kreis bekommt jeder etwas zu essen, niemand bleibt außen vor.

Jeder kann jedem in die Augen schauen, und jeder hat das gleiche Recht, gehört zu werden.

Früher gab es einen Redestab, der herumgereicht wurde. Solange ihn jemand hielt, hörten die anderen zu.

Eine mütterliche Frau im dunkelroten Rock ergriff den Redestab, sammelte sich kurz und schenkte uns dann eine Geschichte, die direkt aus ihrem Herzen floss. Denn die Frau begann, von ihrer geliebten Großmutter zu erzählen. Diese weise Großmutter kannte die uralten Erzählungen über Naja und wusste auch von Najas Wiedergeburt in unserer Zeit.

„Meine Großmutter war eine wunderbare Geschichtenerzählerin. Als ich ungefähr acht Jahre alt war, rief sie mich zu sich und nahm mich in den Arm. Oh, wie liebte ich ihren Geruch, ihre weichen Brüste, ihre knochigen Hände, die mich streichelten, und die große Wärme, die mir Geborgenheit schenkte. In ihrer Nähe konnte mir nichts passieren. Bei ihr war ich sicher.

Doch dieser Tag war anders. Großmutters Augen schauten ernst. Ihr Gesicht sah aus wie eine uralte Landschaft, und sie sprach zu mir wie zu einer Erwachsenen. Sie spürte, dass ihre Tage gezählt waren. An diesem besonderen Tag vertraute sie mir ihr Geheimnis an und erklärte, dass ich es in meinem Herzen bewahren solle. Sie würde mir ihre Gabe schenken, wenn sie in die andere Welt zu ihren Ahnen ginge. Großmutter sagte: ‚Eines Tages – in weiter Zukunft – wirst du die uralte

‚Medizin' an deine Töchter und Enkelinnen weitergeben. So wie ich sie heute dir anvertraue.' Großmutter wisperte, dass es die Frauen schon immer so hielten und erklärte: ‚Wenn ich in die tanzenden Flammen eines Feuers blicke, kann ich in unterschiedliche Zeiten reisen. Dies geschieht ganz ohne Absicht, während ich mit anderen am Feuer sitze.'"

Hier machte die Frau im roten Rock eine Pause, sah jeder Frau in die Augen: „Heute ist ein besonderer Tag, meine lieben Freundinnen. Denn nun teile ich das geheime Wissen meiner Großmutter mit euch. Heute wird jede hier im Kreis zu einer Hüterin des alten Wissens!

Wenn Großmutter die Augen schloss, wusste sie plötzlich, dass sie schon an vielen Feuern gesessen hatte, überall auf der Erde. Sie erinnerte sich, dass sie sich mit der gleichen Gemeinschaft seit Jahrtausenden um kleine und große Feuer versammelt hatte. Sie sah sich dort im Kreis sitzen mit vielen anderen, die ihr seltsam vertraut erschienen. Einmal hütete sie das Feuer und trug die kostbare Glut von einem Lagerplatz zum nächsten. Ein anderes Mal sah sie sich in einem hellen Lederkleid, das mit Perlen und Stachelschweinborsten verziert war. Damals hatte sie langes dunkles Haar und schlug eine wunderschön bemalte Trommel. Die Gruppe tanzte um ein großes Feuer und sang gemeinsam. In anderen Zeiten sah sie sich als alte Frau Leder gerben, einen Redestab schnitzen und bemalen. Sie sah sich wieder in anderer Gestalt und Zeit am Feuer sitzen und kochen. Sie rührte in einem großen Kessel. Dann sah sich Großmutter als Heilerin, wie sie Mutter Erde, Vater Sonne, die Elemente und Spirits rief. Wie sie in andere Welten reiste, um den Ursprung des Leidens ihrer Gefährten zu erfahren. Häufig kehrte sie mit einem Samen in der Hand zurück. Jeder Same war anders, und stets wusste sie, was sie damit tun sollte. Manche legte sie in die Erde, und es wuchsen Heilkräuter daraus. Andere Samen sollten gekaut werden oder sie kochte Tee daraus, und wieder andere bestanden aus heil-samen Worten und Ritualen. Andere spürten ihre Magie und weibliche Kraft. Großmutter wurde von ihrem Clan gebraucht, und Großmutter wusste sich geborgen in ihrem Stamm, bei den Männern und Frauen, die um sie den heiligen Kreis schlossen. Sie wusste, dass sie dem Kreis ihrer Liebsten wertvolle Beiträge schenkte.

Großmutter erinnerte sich an eine uralte Geschichte, die sie selbst in anderen Zeiten am Feuer erzählt hatte und die noch heute die Menschen in Erstaunen versetzt. Es ist die wahre Geschichte von Naja, einer der allerersten Frauen, die nach Amerika kam. Großmutter sah vor ihrem inneren Auge, dass Naja mit ihrer Sippe in ein unbekanntes Land zog. Sie waren Sammler und Großwildjäger und folgten den Herden der mächtigen Mammuts. Wenn sie Glück hatten, entdeckten sie einzelne Tiere, die in einem Sumpf feststeckten oder verletzt waren. Aber meistens mussten sie jagen und versetzten mit 20 oder 30 Personen eine Herde mit Fackeln und Waffen in Unruhe, trennten einzelne Tiere von der Gruppe und trieben sie in eine tiefe Grube. Die Tiere waren sehr wehrhaft mit ihren großen Stoßzähnen, doch die Menschen brauchten das Fleisch, das Fell und die Knochen. Sie mussten sich vor der Kälte schützen und essen. Nach erfolgreicher Jagd feierten sie ein Fest und dankten dem Tier, dass sein Leben für sie geopfert hatte. Nicht selten mussten sie auch einen der ihren begraben.

Dieses Leben war unvorstellbar hart, denn überall lauerten Gefahren. Es war die kalte Zeit der Säbelzahntiger, Höhlenbären, Kojoten und Höhlenlöwen, der Pumas, Riesenhirsche und der massigen Wollnashörner. Die Kälte und der tägliche Überlebenskampf machten den Menschen zu schaffen. Ihr Leben war kurz. Frauen starben jung, häufig bei einer Geburt, bevor sie 20 oder 25 Jahre alt waren. Überall gab es Gewalt, darum starben die meisten Männer an Verletzungen oder bei der Jagd und wurden nicht älter als 35 Jahre.

In dieser rauen Zeit lebte Naja. Mit elf Jahren zählte sie schon zu den Erwachsenen. Sie konnte Feuer machen, war eine geschickte Spurenleserin und Jägerin, konnte Schuhe nähen und die Sohlen mit Pech wasserdicht machen. Sie hatte ihrer Mutter beigestanden, als ihre jüngere Schwester und ein Bruder geboren wurden, und sie kannte sich schon gut mit Heilkräutern aus. Naja war sehr stark und klug und vorsichtig. Als Nomadin trug sie immer alles Lebensnotwendige bei sich wie ihre Eltern, Geschwister und der Clan. Sie hofften, irgendwo bessere Lebensbedingungen zu finden. Die Gruppe war auf jeden Einzelnen angewiesen, und jeder hatte jedem anderen schon mehrmals das Leben gerettet.

Naja war eine hübsche Frau mit ausgeprägten Wangenknochen und mandelförmigen Augen. Ihre Nase war flach, und sie hatte asiatische Gesichtszüge. Mit zwölf Jahren wählte sie sich einen Gefährten. Sie kannte Ames schon lange, und er gefiel ihr, denn er war mutig und stark. Er hielt sich oft in ihrer Nähe auf, weil er spürte, wenn es für sie gefährlich wurde. Einmal wurde sie von fremden Männern überfallen, die ihr den Arm brachen, sodass sie nicht mehr kämpfen konnte. Ames rettete sie, und ab da vertraute sie ihm für immer. Sie umarmte ihn mit ihren Gedanken und Blicken. Es fühlte sich gut an, wenn sie sich nah waren. Dann war es friedlich, und sie konnten für kurze Zeit alle Gefahren um sich herum vergessen. Sie waren glücklich und taten einander gut. Mit

13 Jahren wurde Naja Mutter. Der Clan suchte eine Höhle auf, in der sie neben dem Feuer einem gesunden Mädchen das Leben schenkte. Sie fühlte sich geborgen im Kreis ihrer Gemeinschaft. Bald jedoch waren sie wieder in Bewegung, und die Wanderung war für Naja nun noch anstrengender als vorher. Doch sie freute sich über ihre Tochter Lucia, und Ames half ihr, wo es ging. Er blieb in ihrer Nähe und trug ihr Gepäck.

Doch eine Sache behielt sie immer nah an ihrem Körper – einen kleinen Lederbeutel, in dem sie persönliche Schätze sammelte: einen dunkelblauen, magischen Stein, eine Kette aus verzierten Knochenperlen, ein Messer, einige seltene Heilkräuter gegen Entzündungen und Schmerzen und eine kleine Figur für Lucia.

Als Naja ungefähr 15 Jahre alt war, befand sich die Gruppe in Mexiko, auf der Halbinsel Yucatán. Sie litten Hunger und benötigten dringend frisches Wasser. Niemand wusste, wo sie suchen konnten. Lucia war fast drei Jahre alt, da nahm Naja ihre Tochter liebevoll in den Arm und schenkte ihr die geschnitzte Puppe. Am gleichen Tag schenkte sie aus einem inneren Impuls heraus auch Ames ihre warme Liebe, bevor er auf die Jagd ging, und versteckte ihren wunderschönen blauen Stein in seinen Sachen. Die wertvolle Kette gab sie ihrer besten Freundin, die auf Lucia aufpasste.

Dann machte sie sich auf die Suche nach frischem Wasser. In dieser Gegend gibt es zahlreiche Höhlen, und Naja hoffte, dass sich dort in Tümpeln Wasser gesammelt haben könnte. Sie war sehr vorsichtig, denn sie wusste, dass sich wilde Tiere gerne in Höhlen aufhalten. Doch wenn sie auf ihre inneren Antennen achtete, konnte sie sicher sein. In dieser Höhle wohnte kein Bär. Sie nahm die Fackel und wagte sich in das unterirdische Labyrinth.

Obwohl ihr Orientierungssinn sehr gut ausgeprägt war, verlor sie nach einigen Stunden die Richtung und hatte noch immer kein Wasser gefunden. Sie war nicht nur hungrig, ihr Hals war auch trocken, sie konnte schlecht atmen, und schließlich ging die Fackel aus. Naja geriet nicht in Panik, sie wusste, dann hätte sie verloren. Stattdessen konzentrierte sie sich und verließ sich auf ihre ausgeprägten Sinne. Auch in völliger Dunkelheit konnte sie den Raum erfühlen und wusste, wo sich Felswände befanden. Sie irrte weiter, denn sie war weit vom Höhleneingang entfernt. Irgendwann stolperte sie, ihr Fuß glitt ab. Sie spürte einen stechenden Schmerz an der Hüfte, dann umgab sie Dunkelheit. Sie stürzte 30 Meter tief, doch den Aufprall auf dem Grund der Grube, die mit Wasser gefüllt war, spürte sie nicht mehr.

Einige Jahrtausende später flutete das Meer Najas Grab, die Grotten und das ausgedehnte Höhlensystem.

Die wiedergeborene Naja

2007 untersuchten Taucher in einer spektakulären und riskanten Expedition das weitverzweigte Netzwerk von Unterwassertunneln und Höhlen in Yukatan. Mit Spezialausrüstungen konnten sie weit ins Innere der Höhlen gelangen und kamen ungefähr einen Kilometer vom Eingang entfernt in einen Bereich, in dem das Licht ihrer Lampen plötzlich völlig verschluckt wurde. Sie konnten weder die Höhlenwände noch den Boden erkennen. Ein großes schwarzes Loch verschluckte jeden Lichtstrahl, und sie tauchten in eine gigantische Grube hinab. In 30 Metern Tiefe entdeckten sie dann einen Schatz. Dort lagen riesige prähistorische Knochen. Der Boden war übersät von längst ausgestorbenen Elefanten, Höhlenbären und Mammuts, und ganz zum Schluss fanden sie das vollständige Skelett eines Menschen. Es war Naja.

Die Freude war groß bei den Tauchern und Wissenschaftlern, denn sie hatten eine hervorragend konservierte Zeitkapsel entdeckt. So einen Fund gab es noch nie!

Sehr behutsam wurde Naja geborgen. Es war höchste Vorsicht geboten, denn ihre Knochen waren äußerst fragil. Dr. James Chatters, die Taucher und das ganze Team waren tief berührt, als Naja nach 13 000 Jahren aus dem Wasser geborgen war, auf der Erde wiedergeboren und für alle sichtbar wurde. Sie gaben ihr den Namen Naja nach den Najaden, den Wassernymphen der griechischen Mythologie. Und von da an hatten sie eine ganz persönliche emotionale Bindung zu dem Mädchen, das sie gefunden hatten. Sie wussten: Naja ist das erste Gesicht Amerikas.

Es interessierte sie brennend, was ihnen Naja über ihr Leben erzählen würde. Es stellte sich heraus, dass sie zu der ersten Gruppe von Menschen gehörte, die in die Neue Welt kam. Ihre DNA-Analyse stützt die Theorie, dass Amerika von einer einzelnen Gruppe aus dem Norden Asiens besiedelt wurde. Wissenschaftler konnten ihr Gesicht und Aussehen rekonstruieren. Sie fanden viel heraus über ihr Leben und ihren frühen Tod. Die ältesten menschlichen Überreste, die auf dem amerikanischen Kontinent gefunden wurden, waren die von zwei Frauen, die ungefähr vor 13 000 Jahren gelebt hatten. Sie erhielten die Namen Naja und Lucia.

Naja und Lucia stellen die bisherigen Theorien über die ersten Bewohner Amerikas infrage und liefern Anhaltspunkte dafür, dass die Geschichte der ersten Völker in der Neuen Welt neu geschrieben werden muss. Ein Crow-Indianer war überglücklich, als er von den Urmüttern der amerikanischen Ureinwohner erfuhr.

Naja, Lucia und all unsere Ahninnen, deren Namen der Wind längst verweht hat, gehören zu uns. Egal wie viel Zeit verstrichen ist. Ihr Wissen und ihre Erfahrungen verbinden uns miteinander, denn jede dieser Frauen ist der Schlüssel zu unserem verlorenen Erbe. Dies ist indigenen Völkern bekannt. Darum wird in Ureinwohnerkulturen auf der ganzen Welt die Abstammungslinie durch die Frau zurückverfolgt. Die Frauen besaßen und kultivierten das Land, und die Kinder wurden von der Familie der Mutter aufgezogen. Onkel bildeten den Sohn ihrer Schwester aus, und der Ehemann lebte im Dorf seiner Frau. Im Wesentlichen vertrat die Frau das Land. Die Mutter vererbte das Land an ihre Töchter, so wie sie die Mitochondrien-DNA weitergibt.

Der große Kreis der Ahninnen und ihrer Töchter umfängt die träumende Großmutter am Feuer. Auch ihre Enkelin, die mütterliche Frau im roten Rock, war immer ein Teil dieses heiligen Kreises. Das spürte sie deutlich, als sie jetzt wieder einmal tief in die uralte Kraft des Kreises gereist war. Das Gefühl des Eingebundenseins und der Geborgenheit ist tief in ihr verwurzelt. So wie sie erinnert sich jede an ihr inneres Wissen, ihre Kraft und Medizin.

Auch heute spürt jede Frau das vertraute Vibrieren in all ihren Zellen, wenn sie einen Kreis betritt. Etwas in ihr erinnert sich, lässt ihr Herz schneller klopfen, und sie weiß, dass sie hier richtig ist. Eine Stimme tief aus ihrem Inneren flüstert:

„Zeige dich. Erhebe deine Stimme. Du gehörst dazu. Du bist wichtig. Nimm deinen Platz im Kreis wieder ein. Du wirst jetzt gebraucht."

Im Kreis wächst eine Vertrautheit zwischen völlig fremden Frauen, die uns immer wieder erstaunt. Für mich ist dies nicht anders zu erklären, als dass wir uns aus anderen Zeiten kennen und unsere Seelen sich hier verabredet haben. Schon vor 30 Jahren sagte meine Mentorin: „Wir sind alle sehr gut vorbereitet worden auf die herausfordernde Zeit, die kommen wird. Dann werden wir unsere eigene Größe erkennen und über uns hinauswachsen. Es kommt ganz bald die Zeit, in der wir unsere Träume umsetzen und leben."

Diese Zeit ist jetzt! Wir machen uns gegenseitig so viel Mut und schenken uns Kraft, Liebe und Inspiration. Denn einige Pionierinnen stehen bereits zu ihren Talenten und Begabungen. Sie zeigen stolz ihre Einzigartigkeit und ermutigen andere dazu, es auch zu tun. Das beginnt damit, dass sie mutig zu ihren Gefühlen stehen und sie nicht länger verstecken. Sie zeigen sich so, wie sie sind, stehen zu ihren Erfahrungen und Erkenntnissen. Dafür erkennen sie sich selbst an und lernen gerade, sich selbst zu lieben. Dieses authentische Verhalten macht das Leben wieder bunt und schön. Genauso bringen Frauen den Zauber zurück in unsere vermessene, zubetonierte und rechteckige Welt. Sie verschenken ganz viel Freude mit ihrer farbenfrohen, kreativen Arbeit. Sie beleben wieder frühere Handwerkskünste und verkaufen selbst gemachten Schmuck, gefilzte Ritualdecken, Klangschalen, die sie aus Indien mitgebracht haben, oder handgetöpfertes Geschirr. Frauen sorgen dafür, dass unser Leben wieder lebendig ist, und bereichern uns mit ihrem weiblichen Können und Wissen. Dafür bin ich sehr dankbar.

Die geheiligte Weiblichkeit bringt Weichheit und Weisheit, Führung und Struktur. Stell dir vor, wie viel kraftvolle, fließende Energie in einem sanften, weiblichen Ritual entstehen kann und wie viel diese gebündelten Energien erreichen können. Darum ist es Zeit, dass wir uns wieder zur Schwesternschaft zusammenschließen und die Weiblichkeit voll Liebe in die Welt tragen. Es ist Zeit für die sanfte und kraftvolle, ehrliche und klare, fließende, feminine Energie. Wir müssen das Geschenk des Lebens erkennen und feiern und dankbar annehmen. Und nicht nur nehmen, sondern auch etwas zurückgeben. Jetzt zählt nicht mehr nur akademisches Wissen.

Impuls:

Gerade Frauen, die ganz andere Wege gehen, besitzen häufig eine gute Verbindung zu ihrer Intuition. Sie drücken ihr reiches Innenleben künstlerisch aus, indem sie mit Stoffen, Farben, Musik, Wolle, Ton, Steinen, Seife, Düften oder Pflanzenwissen experimentieren. Sie zeigen uns, was alles möglich ist, und finden viel Inspiration in alten Frauentraditionen. Und wer sagt, dass eine ohne die Eingebungen ihrer Ahninnen schreiben kann? Darum: Lasse uns gemeinsam strahlen und vorangehen.

„Ich bin die alte weise Erde, die unzähliges Leben hervorgebracht hat. Ich habe es immer wieder in den großen Kreislauf aufgenommen, es verwandelt und neugeboren, damit es sich an seine göttliche Essenz erinnert."

Teil 3

Die Göttin, unsere Sprache und weibliche Kulturbeiträge

Altes Wissen schenkt uns jetzt neue Frauenkraft. Der Überfluss der Natur deutet darauf hin, dass das Fruchtbare und Nährende weiblich ist, da alles Leben von der Frau geboren wird. Die Große Göttin wird häufig als Vegetations- und Fruchtbarkeitsgöttin und Herrin der Tiere gesehen. Als die Menschen sesshaft wurden und den Ackerbau einführten, blieben die Frauen die Ernährerinnen ihrer Familie. Denn sie kannten sich gut aus mit dem Hervorbringen von Leben. Sie wussten, dass dazu Liebe und Achtsamkeit notwendig ist. In Ritualen nährten sie den Boden mit heiligen Gaben, mit Blumen, Federn, kleinen getöpferten Figurinen und schönen Steinen – und auch mit ihrem Menstruationsblut, denn sie wussten, dass es für ihre Fruchtbarkeit zuständig ist. So verbanden sie sich liebevoll mit Mutter Erde und machten ihr etwas Kostbares aus dem eigenen Körper zum Geschenk. Auf diese Weise beschworen sie die Saat, aufzugehen und Früchte zu tragen. Die Göttin Maya vergrößert und vermehrt alles. Maya ist die indische Schöpfungsgöttin, die auch Illusionen webt. Ihr werden auch die Magie und die Kräfte der Transformation zugeschrieben. Maya ist eine Frühlingsgöttin. Von ihr leitet sich der Monat Mai ab, in dem sich die Fruchtbarkeit zeigt. Besonders im Mai spüren wir deutlich die unbändige Macht und Magie der Göttin. Nach der langen dunklen Zeit der Ruhe kehrt das Leben zurück auf die Erde. Alles beginnt mit einem Gedanken, mit einem Traum, einer Absicht oder einem Wunsch. Die lebendigen Gedanken der Göttin sind der Kern aller Dinge. Aus der göttlichen Fülle und unendlichen Weite ist alles entstanden. Maya haucht jedem ihrer Gedanken Leben ein. Ein Gedanke wird zu einem Lebewesen, ein anderer zu einem Berg oder zu einer Blume, einem Stern oder Edelstein. So hat Maya mit großer Kreativität allein aus ihren Ideen heraus das gesamte Universum materialisiert. Darum wird sie auch „die Majestätische“ genannt.

Im Mai wird zur Verehrung der Jungfrau Maria ihr Bild mit Blüten geschmückt. Mit Maiandachten, Gebeten, Feldmessen und Umzügen wird sie geehrt. Maria selbst wird immer jungfräulich dargestellt. Selbst als ihr 33-jähriger Sohn am Kreuz hingerichtet wird, ist sie noch eine junge Frau. So zeigt sich Maria als ewige Frühlingsgöttin, die die sich stets erneuernde Kraft in sich trägt. Muschi stammt vom Wort „Ma-sha“ ab, das auch heute noch für Maria in slawischen Ländern gebräuchlich ist. Wie im Englischen das Wort „pussy“ verwenden wir im Deutschen umgangssprachlich das Wort „Muschi“, sowohl für die weibliche Geschlechtsöffnung als auch für Katze. Masha steht für alles Mater-ielle (Mütterliche). Schon im Sanskrit bezeichnet es Maß und Masse. Dieses „Masha“ lautet im chinesischen „Mashu“ oder „Mawu“ und bedeutet „woman“, Frau oder Magu (Magie). Es stammt von dem mongolischen „Sha-ma-an“ ab, für Schamanin, „weise, heilige Frau, Mutter“, wie z. B. auch Santa-Maria-Anna. Die Slawen nannten die Muttergöttin „Mo-kos“', die ihren Namen der russischen Hauptstadt gegeben hat: Moskva, Moskau.

Frauen, die magisch handelten, besaßen ein umfassendes ganzheitliches Wissen und konnten Dinge bewirken, die für Außenstehende unerklärlich waren. Die Schärfe ihres Verstandes war verwoben mit der Wärme ihres Blickes. Das altpersische Wort „magug“ ist nach Ansicht mancher Etymologinnen verwandt mit dem Wort „megh“ für „vermögen“, „können“. Daher auch unser Wort „Macht“.

Frühere Männer und Frauen beobachteten, dass kranke Tiere bestimmte Blätter, Gräser, Pilze, Blüten, Wurzeln oder Rinde fraßen, und erforschten die Wirkung meistens am eigenen Leib. Unsere Ahnin nahm das Blatt in den Mund und prüfte den Geschmack. War er brennend, scharf oder ätzend, spuckte sie sofort aus. Schmeckte das Blatt mild, frisch oder süß, nahm sie das nächste Mal ein größeres und überprüfte einige Zeit ihre Gefühle, körperliche Reaktionen und spürte die Wirkung. Sie wurde sicherer und mutiger und schluckte fein zerstoßene Blätter hinunter. In den folgenden Tagen fühlte sie sehr genau in sich hinein, wie sich ihr Empfinden veränderte. Ein anderes Mal spuckte sie den Sud auf die Haut und beobachtete ihre Reaktion. Entstand keine Rötung, experimentierte sie weiter. Wenn sie auf ihren Wanderungen unbekannte Früchte entdeckte, öffnete sie diese, um daran zu riechen. Wenn sie nicht unangenehm rochen, rieb sie etwas davon in die Armbeuge und wartete mehrere Stunden ab. Zeigte sich keine allergische Reaktion, aß sie eine oder zwei Früchte und wartete 24 Stunden ab. Passierte nichts, erhöhte sie vorsichtig die Dosis.

Auf diese sensible Weise erforschten die Männer und Frauen, die vor uns lebten, systematisch die Wirkungsweise jeder einzelnen Pflanze. Bald wusste unsere Ahnin, ob die Wurzel gekocht werden muss oder ob die Blüten die stärkste Kraft besitzen, um ein bestimmtes Leiden zu lindern. Sie bemerkte, dass Pflanzen zu bestimmten Tageszeiten stärkere Kräfte besitzen, und stellte schließlich Mischungen, Tees und Medizin zusammen. Oft musste sie tagelang herumwandern, um eine bestimmte Pflanze zu finden. Sie nahm immer nur so viel, wie sie brauchte, und zusätzlich einige Ableger, um einen Kräutergarten anzulegen. Doch sie ließ immer etwas zurück für andere Menschen und Tiere.

Frauen waren die ersten Apothekerinnen, Ärztinnen und Gärtnerinnen. Sie versorgten ihre Familie mit frischem Gemüse und nutzten Kräuter zum Heilen. Natürlich erforschten sie auch Gewürze, Gifte und Rauschmittel und konnten immer besser mit den Naturkräften umgehen. Für andere erschien ihr umfangreiches Wissen wie Magie und Zauberei. Doch sie beobachteten einfach ganz genau, ohne Vorurteil und zogen ihre Schlüsse aus dem, was sie sahen. Sie probierten so lange, bis sie ein Ergebnis hatten, und zeigten große Selbstdisziplin bei ihren Forschungen. Denn Frauen waren immer auf der Suche nach Möglichkeiten, ihre Menstruations- und Geburtsschmerzen zu lindern. Sie forschten lange, bis sie Geburten regeln und ungewollte Schwangerschaften beenden konnten. Sie versorgten in ihrem Stamm die Wunden, pflegten Kranke gesund und schienten Brüche. Diese Wissensschätze teilten sie miteinander und unterstützten sich gegenseitig.

Einen ganz besonderen Tipp bekam ich von Mama Afrika: Wenn jemand ständig Ärger verbreitet und keine Ruhe gibt, kocht sie eine Spezialsuppe. Sie mischt ein bestimmtes Gewürz unter das Essen des Störenfrieds. Und das sorgt dafür, dass die Gruppe endlich Ruhe vor ihm hat. Denn die nächsten Tage ist er mit sich selbst beschäftigt: Er übergibt sich und hat Durchfall. Nach dieser körperlichen Grundreinigung ist er meistens wie umgewandelt, denn er hat all seine Wut und seinen Ärger aus dem Körper geworfen.

So zeigt sich vergessene Mutterkraft. Die Frau entscheidet, wer an ihrem Tisch sitzt. Sie entscheidet, wer wie viel bekommt, ob das Essen gut schmeckt, angebrannt oder versalzen ist. Mama entscheidet, wer von ihr genährt wird mit guter Speise, Geselligkeit, Informationen und Unterstützung. Genauso entscheidet sie, wer nicht an ihrem Tisch erwünscht ist. Auf weibliche Art weist sie ihn in seine Grenzen. Diese Macht besitzt jede Frau.

Unsere ältesten Ahninnen lernten ein Leben lang und gaben ihr Erfahrungswissen immer weiter. Heute würden wir sie als Naturwissenschaftlerinnen bezeichnen. Früher lebten sie als Medizinfrauen, Ärztinnen, Geschichtenerzählerinnen, Feuerträgerinnen, Hüterinnen des Wissens und Schamaninnen. Sie vertrauten ihrer Intuition und dem Flüstern der Göttin und wussten, wie sie Not lindern konnten.

Die Göttin Holle ist eine uralte Muttergöttin, die hohes Ansehen genießt in den Alpenländern. Der Hollerbusch, der Holunder, gehört zu den bekanntesten Volksheilmitteln, und bis heute hat sich an der Anwendung kaum etwas geändert. Vom Holunder lässt sich fast alles verwenden: die Blätter, Blüten, Rinde und die Früchte. Die Blüten wirken schweißtreibend bei allen Erkältungskrankheiten. Die Beeren können zu Saft, Wein oder Marmelade verarbeitet werden, sie sind vitaminreich und stärken das Immunsystem. Der Saft wird auch zur Heilung von Rheuma, Ischias und Neuralgien verwendet. Frau Holle war eine magische Heilungsgöttin. So vergrub man unter ihrem Baum Haare, Nägel und Zähne. In ihre Zweige hängte man Symbole für die Krankheit, z. B. eitergetränkte Umschläge. Der Kranke wurde gesund, denn man hatte dem Baum die Krankheit „angehängt". Dem Holunderbaum wurden unzählige heilende Kräfte zugeschrieben.

Im Märchen von Frau Holle gibt es die gute Goldmarie und die faule Pechmarie. Wenn du tiefer schaust, entdeckst du Erstaunliches. Denn das Pech, das die Pechmarie erhält, ist möglicherweise wertvoller als alles Gold. Pech gehört nämlich zu den ältesten Heilmitteln. Die Pechmarie hat also bei Frau Holle möglicherweise eine Ausbildung zur Heilerin bekommen und musste sich nicht um alltägliche Hausarbeit kümmern wie die Goldmarie. Die Baumharze, aus denen

Pech hergestellt wird, enthalten ätherische Öle, die schleimlösend, durchblutungsfördernd und keimtötend wirken. Lärchenpech wurde in Schmalz aufgekocht und war dann besonders wirksam bei frischen und infizierten Wunden. Pech hat weitere sehr praktische Eigenschaften, denn es eignet sich zum Abdichten von Schuhen, Booten und Dächern. Da es brennbar ist, wurde es für Fackeln genutzt. Das Baumharz ist der Wundverschluss der Bäume und wird darum in der Gärtnerei genutzt, um Stellen zu versiegeln, nachdem Äste abgeschnitten wurden.

Möglicherweise verbirgt sich in dem Kinderspiel „Ringel, ringel, reihe“ der Rest von einem alten Kulttanz für die Göttin Holle. Das Spiel geht so: Die Kinder singen: „Ringel, ringel, reihe, simma unser dreie, sitzen unterm Hollerbusch, machen alle husch, husch, husch.“ Die Kinder halten sich an den Händen, singen und tanzen im Kreis. Beim Teil „husch, husch, husch“ setzen sie sich auf den Boden, auf Mutter Erde. Kreistänze sind immer ein Symbol für die zyklische Kraft.

Die Göttin Holle verbirgt unter ihrem Busch zahllose Geheimnisse. Während sie erforscht werden, sind die Kinder und Frauen unsichtbar. Die alte Mutter Erde versteckt vieles unter ihrem bunt bemalten Rock. Doch im Frühjahr zeigt sie sich dann wieder als blumengeschmücktes, junges Mädchen. Dann hat sich die Göttin ausgeruht, auf magische Weise vollkommen erneuert und ist bereit für einen neuen Zyklus des Lebens. Der Holunderbusch trägt wunderschöne weiße Blüten, und die Frauen kommen aus dem Haus, um den Frühling zu feiern.

Die Gärten sicherten die Nahrung des Clans; das war die Grundvoraussetzung für die Entstehung von Kultur. Denn nun konnten Menschen anderen Tätigkeiten nachgehen. Sie konnten Dinge ausprobieren, verbessern und kreativ werden. Männer und Frauen versorgten den Stamm mit dem Notwendigsten, und Frauen hielten sich häufig am Feuer auf. Sie beobachteten, wie sich Holz im Tanz der Flammen in Wärme verwandelt und wie aus etwas Festem etwas sehr Feines, Unsichtbares wird: der Rauch. Im Topf über dem Feuer verwandeln sich einzelne Lebensmittel zu einer köstlichen Mahlzeit. In der warmen Asche werden über Nacht Kartoffeln und andere Dinge gar, und das frische Brot backt im Ofen. Am Feuer war immer ein warmer Ort, an dem sich alle trafen, gemeinsam aßen und einander zuhörten.

Frauen sorgten nicht nur für Nahrung, sie verdrehten und versponnen die Wolle von Tieren. Sie verwebten die Fäden und erfanden die Weberei, stellten Decken, Schuhe und Kleidung her und verzierten sie mit Symbolen, Federn und Farben. Sie flochten Körbe aus Stroh und Zweigen. Schließlich flochten sie so eng und fein, dass sie sogar Wasser in Körben transportieren konnten. Sie beherrschten das Handwerk sehr gut und besserten ihre abgenutzten Vorratskörbe mit Lehm aus. Irgendwann waren sie ganz mit Lehm eingestrichen und wurden ins Feuer geworfen. Das Stroh verbrannte, und die rohen Töpfe blieben zurück. Durch diese Beobachtung entdeckten Frauen die Töpferei. Alle Töpferwaren, Trinkschalen, Tassen, Teller und Gefäße stammen ursprünglich von Frauen. Ton war für Frauen etwas Heiliges. Sie verzierten ihre Töpfe mit Fingerabdrücken und den Symbolen der Göttin. Von meiner Mutter, von Mami, habe ich einen Tontopf geerbt, der mit Wellenlinien verziert ist. Sie haben im Kreis dreizehn Bögen, die sich wiederum auf die dreizehn Vollmonde im Jahr beziehen. Bis zur Erfindung der Töpferscheibe waren Tonarbeiten allein Frauen vorbehalten. Ton war für Männer mit einem Tabu belegt.

Die Göttin Mami war eine Menschheitstöpferin und Göttin der Geburt. Ihr Mythos stammt aus dem östlichen Mittelmeerraum und besagt, dass sie die ersten Menschen aus Lehm geformt hat, wie es im Alten Testament beschrieben ist. Doch hier ist es kein männlicher Gott, sondern eine Allmutter. Die Menschheitstöpferin Mami hat nicht nur eine Frau und einen Mann erschaffen wie der jüdisch-christliche Gottvater, sondern sieben Frauen und sieben Männer. Das war sehr weise, denn so verhinderte sie Inzucht unter den Menschen.

„Ma", „Mama", „Mami", „Mom" oder „Ama" sind die ersten Silben, die ein Kind spricht, und sie bedeuten ursprünglich Mutterbrust (lat. „mammae"). Als Göttin ist Mami die Gebieterin aller Gottheiten, die Gebieterin des Gebärens. Ma bedeutet Mutter, und auch die Worte Material, Mathematik, Malen, Maß und Meter stammen von diesem Wort ab. Die Göttin Maat wird mit den großen Ordnungssystemen in Verbindung gebracht. Denn Dinge und Gedanken zu ordnen lernen wir meistens von der Mutter, ebenfalls den Umgang mit verschiedenen Materialien, mit Maßeinheiten und mathematischen Berechnungen. All diese lebensnotwendigen „Mas" lernen wir von Mama oder Mami.

Impuls:

Dies ist ein Ritual, das dir hilft, deine Kraft zu bewahren. Die Göttin Maat schaut liebevoll auf Frauen, die ungerecht zu sich selbst sind und sich negativ beurteilen. Sie bietet dir die Waage an, damit du Ausgleich und Wertschätzung deinem eigenen Handeln gegenüber erlangst. Sie reicht dir eine Feder, die all das enthält, was du wirklich gut kannst. Diese kannst du in die Waagschale werfen und in die andere deine inneren und äußeren Urteile. So findest du deine innere Balance. Mit der Hilfe von Maat findest du deinen Maßstab, mit dem du dich selbst und dein Handeln bewertest.

„Mama ist mein Name. Er klingt nach der Weite des Alls, das alles enthält, nährt, erblühen lässt und zu sich zurückruft in den Ursprung. Alles beginnt in der geheimnisvollen Dunkelheit und findet wahre Geborgenheit in mir. Ich webe eine Decke der Liebe, in die ich dich einhülle."

Lernen von der Natur: der Ursprung der modernen Naturwissenschaft

Frühere Menschen lebten ganz eng verbunden mit der Natur. Als das Überleben noch davon abhing, mit den Jahreszeiten in Harmonie zu leben, die Nahrung zur richtigen Zeit anzubauen und zu ernten, als die Zyklen von Geburt, Tod und Wiedergeburt noch die Grundlage des menschlichen Miteinanders waren, verfügten Frauen über eine ganz eigene Autorität. Sie waren in der Gemeinschaft hoch angesehen, ganz einfach für das, was sie waren. Sie beobachteten die Kreisläufe des Lebens und begleiteten die einzelnen Übergänge mit Ritualen. Diese stärken den Zusammenhalt der Gruppe und schenken jeder Person Halt und Stabilität.

Auch unsere Ahnen lebten in einer sich ständig verändernden Welt. Frauen beobachteten dies und erstellten die ersten Kalender. Als es noch keine Schrift gab, dokumentierten sie Zeitläufe, indem sie Kerben ins Holz schnitzten und die lunaren Monate ihres Menstruationszyklus dokumentierten. Die alten Mayafrauen und Chinesinnen haben schon vor 3000 Jahren lunare Kalender entwickelt. Unsere Ahninnen kombinierten sie mit Mond- und Planetenbeobachtungen und malten ihre Erkenntnisse auf Höhlenwände, Birkenrinde und Tierfelle. Dafür nutzten sie die uralten Symbole der Göttin. Zusätzlich bewahrten Geschichtenerzählerinnen das alte Wissen über ungezählte Generationen. Junge Mädchen lernten Lektionen und Sagen auswendig und wussten: Wenn sie etwas vergaßen, musste der Stamm ohne das Wissen der Ahnen überleben. Medizinfrauen, Schamaninnen und

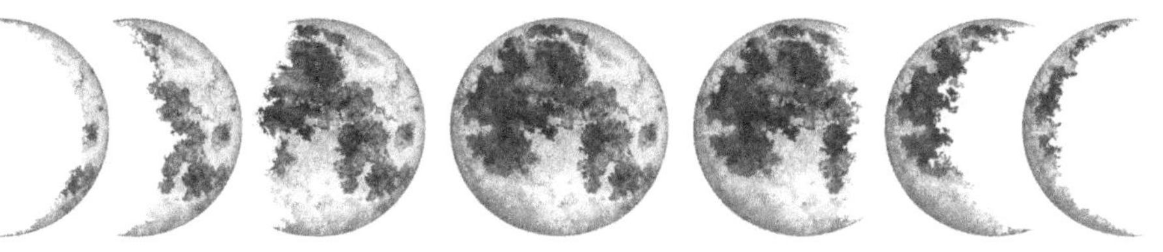

Schamanen lehrten die umfangreiche und tiefe Weisheit um Kreisläufe mithilfe des heiligen Medizinrades.

Bei den Etruskern und im alten Rom galten Zahlen, Kalender, Berechnungen und Tabellen als heilig und magisch. Die Göttin Mensa ist die Taktgeberin. Ihr Name bedeutet „Tabelle". Siehst du auch die Ähnlichkeit des Wortstammes: mensis/Monat und mens/Geist und „Menstruation"? Im alten Rom wurde die Zeitrechnung „Menstruation" genannt, was „das Wissen um die Mensis" bedeutet. Durch die Beobachtung ihres Zyklus in Zusammenhang mit dem Mond entstand der Mondkalender, der in vielen Kulturen der allererste Kalender war. Der Menstruationszyklus und der Mond waren taktgebend, und daraus entwickelten sich Wissenschaften wie Astrologie, Astronomie und Mathematik. Es erscheint logisch, dass sie auf Frauen und Göttinnen zurückzuführen sind. Eine Mensa ist heute ein Mittagstisch an einer Universität. Das betont den nährenden Aspekt der Göttin. Für den Geist (Mens) braucht es Nahrung, und die kommt von der Mensa. Dann fällt das Studium der Mathematik, „das Lernen von der Mutter", leichter. Der Meter, das Metermaß und die Mathematik sind immer noch das, wonach gemessen wird. Es ist der mütterliche Maßstab der Göttin.

Vor ungefähr 20 000 Jahren konstruierten Frauen aus Häuten Zelte, die von Hörnern und Ästen gehalten wurden. Später bauten sie Behausungen aus ungebrannten Ziegeln und begründeten so die Architektur. Dies sind wertvolle Beiträge von Frauen für die menschliche Zivilisation. Sie begründeten die Kunst und Kultur. Jede ihrer Erfindungen verband sie stärker mit der Großen Mutter, der Schöpferin und Göttin. Dies geschah in Generationen, aber auch in jeder Frau und wohl auch im Verständnis der Männer.

In der Türkei fand man in der Nähe der Höhlenmalereien von Catal Hüyük Malutensilien in Gräbern von Frauen. In anderen Höhlen fand man neben Malereien die Abdrücke von Kinderfersen und -händen. Das spricht dafür, dass hier Künstlerinnen am Werk waren. Schon immer haben Frauen durch Geburten und die Begleitung von Sterbenden eine enge Beziehung zur unsichtbaren Welt. Um der Göttin nah zu sein, suchte die Schamanin des Clans Höhlen auf, um sich energetisch mit göttlicher Kraft aufzuladen. Denn geweihte Höhlen wurden als die innere Heimat der Großen Mutter angesehen, weil alles Leben im Dunklen, Geheimen entsteht und wächst. Das Kind wird geboren und kehrt schließlich als alter Mensch zurück in den Schoß der Großen Mutter. Diese weibliche Sichtweise gab den Menschen ein tiefes Geborgenheitsgefühl, und der Kreislauf von Leben und Tod hatte eine ganz andere Bedeutung als für uns. Früher war der Tod allgegenwärtig, doch er war nicht wie heutzutage mit einem Tabu belegt. Das Ende des Lebens barg nicht Angst und Schrecken, sondern bedeutete einfach „nach Hause kommen".

Die englische Insel „Isle of Man" war früher der Mondgöttin geweiht.

Ihr Name lautete „Man", also „Mondfrau". Denn im Altnordischen bedeutete „man" nicht Mann, sondern Frau. Die Sanskritwurzel bedeutet „Mond" und „Weisheit", die wichtigsten Eigenschaften der Göttin. Das Wort für Mann war „wer“, aus der Sanskritwurzel „vir“. Mit „man“ bezeichneten die Menschen auch das Blut aus der Gebärmutter, dass das Ungeborene ernährt. Es wurde als das Brot des Lebens angesehen. In der Bibel und im Koran wird diese Himmelsspeise oder Himmelsbrot als „Manna“ bezeichnet. In vielen Sprachen gibt es ein Wort wie „Mana“, und es bedeutet immer weibliche Kraft, die im Zusammenhang steht mit dem Mond, mit Magie und übernatürlichen Kräften. Der Name der Insel variierte von Man, Mana, Mannan, Mana – Anna. Die Mondgöttin bewahrte dort die Seelen in „umgedrehten Töpfen“ auf, in Grabhügeln, die der Gebärmutter ähneln. Wahrscheinlich war es eine Toteninsel, zu der die Verstorbenen gebracht wurden, damit sie wieder im Schoß der Großen Mutter geborgen sind. Die Göttin Man war höchstwahrscheinlich eine Hüterin der Toten.

Über die Isle of Man und die Mondgöttin sind Legenden überliefert, die von Archäologinnen bestätigt wurden. Einst stand dort ein „Zauberpalast“ mit einer Kapelle, die dreizehn Säulen hatte. Dies ist die heilige Zahl des Mondjahres. Jede Besucherin ging die Säulen ab und zählte sie. Doch eine versäumte dieses Ritual. Sie wurde in der Krypta festgesetzt, wo sich eine dem Mond geweihte Begräbnisstätte befand. Diese Stelle wurde später durch „auf den Boden geschüttetes Salz“ zerstört. Das war eine Beschreibung dafür, dass Christen dieses Heiligtum der Großen Mutter einebneten und mit Salz bestreuten, um den Boden unfruchtbar zu machen.

Etymologisch leitet sich „Mond“ ab von „manas“, „mana“ oder „man“ und bedeutet: das weise, vom Mond regierte Blut der Großen Mutter.

Göttin und Mond, Frau und Mutter kommen in vielen Sprachen aus demselben Wortstamm. Die Skandinavierinnen dichteten Liebeslieder, in denen sie das weibliche Prinzip des Mondes und der Frau lobpreisten. Die katholische Kirche besaß die Macht, Lieder zu verbieten. Es gab Singverbot für Frauen in Kirchen. Darum konnten Frauen auch nicht Priesterinnen werden, weil ein Priester im Gottesdienst singen muss. Auch die Frauenlieder für die Göttin Man oder Mania verbot die katholische Kirche. Doch Maria klingt ganz ähnlich, und sie wird auch immer wieder auf der Mondsichel dargestellt als „Himmelskönigin".

Die Göttin Man zwinkert dir zu, wenn Frauen unter dem Wort „man" ungesehen verschwinden sollen. Der Mann weiß es nicht, doch die Göttin Man weiß sehr genau, dass sie eine Frau und mächtige Mondgöttin ist, die alle Frauen vertritt.

Der Gesang von Frauen ist voller Zauber. Das französische „enchanter" bedeutet „verzaubern", „bezaubern" und auch „hineinsingen". Was mit harmonischer Musik unterlegt wird, gelangt ins Unterbewusstsein und wird irgendwann als Wahrheit angenommen. Der Zauber wirkt. Das stimmt sowohl für politische Parolen und Marschmusik als auch für die heilsame Kraft der Musik und Gesänge. Die Magie von Gesängen belegen Sanskrit-Mantren, indianische Heilgesänge, Lieder aus Bulgarien und Schlaflieder, die schöne Träume versprechen. Mit Musik bekommt man Macht über die Gefühle anderer. Die Beatles, Elvis und die Stones drückten mit ihrer Musik der 1968er-Bewegung ein wunderbar neues Lebensgefühl aus.

Um Neues zu erfinden, zu entdecken und zu wagen, braucht es Mut. Tatsächlich gibt es die altägyptische, nubische Göttin Mut. Ihr Name bedeutet einfach Mutter. Sie gilt als die Mutter aller Gottheiten und der ganzen Welt. Die Weltmutter Mut ist symbolisch die Mutter des Pharaos bzw. der Pharaonin. Sie zeigt sich meistens in einem bunten Gewand und trägt auf dem Kopf einen Geier und die Doppelkrone von Ober- und Unterägypten. In der Hand hält sie oft ein Zepter. Sie wird aber auch mit geflügelten Armen dargestellt, die schützend ausgebreitet sind. Die Göttin Mut wird als „Mutter ihres Erzeugers“ bezeichnet. Ihre Allmutterschaft sagt: „Sie gebar, ohne dass sie geboren wurde.“ Mut wird auch als dreifache Göttin verehrt. Sie kann sich jung und unschuldig zeigen und trägt dann ein weißes Gewand. Kommt sie als Mutter mit ihrer kraftvollen Weiblichkeit, dann trägt sie ein rotes Kleid. Stehen ihre Erfahrung und göttliche Weisheit im Mittelpunkt, dann erscheint sie als alte Frau und trägt Schwarz.

Die Göttin Moneta: Geld als fließende Energie des Universums

Moneta war eine römische Göttin des Reichtums. Ursprünglich war sie zuständig für Ratschläge, Erinnerungen und Mahnungen. Später wurde sie die Göttin des Geldes, der Münzen und des Wohlstandes. Ihr Name leitet sich ab vom lateinischen „monere“ für „erinnern“, „mahnen“, „warnen“. Das Bild der Göttin Moneta war auf Münzen geprägt, deren runde Form zurückgeführt werden kann auf die Form des Weihekuchens für die Göttin. Der Kreis ist ein universelles weibliches Symbol, und wir können das Wissen um den magischen Kreis auf das Geld anwenden. Moneta lehrt uns, wie wir den Fluss unseres Geldes in Gang bringen können. Sie flüstert uns zu, dass Geld einfach eine Form von Energie ist. Sie lehrt uns, wie sich das Rad der Geldenergie in Bewegung setzt. Das Zauberwort ist Dankbarkeit! Der finanzielle Kreis beginnt, sich durch dankbare Gefühle zu drehen. Du bist dankbar, wenn du eine Überweisung erhältst, und freust dich über das Geld, das zu dir kommt. Genauso dankbar bist du für das Geld, das bei dir war und das du ausgeben kannst, um es gegen etwas zu tauschen, das du brauchst oder möchtest. Indem du auch Danke zu dem Geld sagst, das auf die Reise geht, segnest du den finanziellen Kreislauf. Du segnest den, der dir Geld gibt, und den, der dein Geld erhält. So geschieht ein Wunder: Denn die Menschen wollen dir etwas zurückgeben. Das Geld beginnt, im Kreis zurück zu dir zu fließen.

Alle Göttinnen wissen, dass im Universum eine grenzenlose Fülle und Auswahl vorhanden ist. Folgst du deinem Herzen und gibst der Welt etwas Wertvolles, das für andere kostbar und bereichernd ist und ihr Leben schöner macht, geben sie gern Energie zurück. Schau in das Antlitz der Göttin Moneta und achte auf dein inneres Gefühl: Manchmal warnt sie dich vor einem schlechten Geschäft. Die Göttin Moneta galt als Matrone des richtigen Geldgewichts. Mit ihren Münzen sorgte sie für gerechten Ausgleich und verband die Gemeinschaft enger miteinander.

Vielleicht denkst du: „Geld ist so kalt wie Eis." Dann hast du wahrscheinlich Angst vor finanziellen Themen. Andere empfinden es so, dass Geld wie ein Fluss ist, in dem sie schwimmen. Ihnen fließt Geld immer zu. Geld kann aber auch solch eine Energie sein wie Luft: Sie ist einfach immer da, sie umgibt dich, und du atmest sie einfach ein. Das bedeutet, dass du tiefes Vertrauen in das Leben hast und daran glaubst, dass das Universum unterstützend und liebevoll ist. Und das gibt dir das Gefühl, reich zu sein.

Ein einfaches und kraftvolles Geldritual:
Erinnere dich an deinen Vertrag mit dem Universum zum Thema Geld.

Mein Vertrag lautete:
„Geld bedeutet für mich Druck und Angst. Ich werde es nicht schaffen, reich und wohlhabend zu sein. Meine Mutter hatte kein eigenes Geld und meine Großmutter auch nicht. Darum werde auch ich keinen Wohlstand kreieren können. Ich muss mehr arbeiten, damit es reicht ..."

Wie lautet dein Vertrag? Schreibe ihn auf und lasse dir eine Woche Zeit.

Damit dein Glaubenssatz immer tiefer in dich sinken kann und dir ganz bewusst wird. Unterschreibe ihn mit deinem Namen.

Schreibe nach einigen Tagen unter diesen Vertrag:
Ich, Name, löse diesen Vertrag! Ab jetzt ist er aufgehoben.
Hauche auf das Papier und fülle es mit deiner neuen Überzeugung.

Anschließend zerreiße den Vertrag und verbrenne die Schnipsel. Die Asche kannst du im Garten vergraben. Schön ist es, wenn du darauf eine Blume pflanzt oder eine Süßigkeit als Dank an Mutter Erde gibst.

Mache dir klar, wie viel Geld du in deine Ausbildungen gesteckt hast, wie viel Lebenserfahrung in deinem Dienst steckt, und sorge dafür, dass sich der Energieausgleich für dich gut und richtig anfühlt, sodass sich ein Kreis schließt. Spirituelle Menschen, die Geld haben, können viele gute Dinge damit tun.

Nur wer aus einem vollen Brunnen schöpft, kann den Durst vieler löschen.

Impuls:

Wenn es um Geldangelegenheiten geht, halte inne und lausche dem Flüstern der Göttin Monere. Sie fragt dich: Welches Bedürfnis befriedigst du durch diesen Kauf? Könntest du es auch auf andere Weise befriedigen? Steht diese Ausgabe im guten Verhältnis zu dem, was du bekommst?

„Ich zeige mich als Göttin in vielerlei Gestalt, um die Herzen wachzurütteln."

Im Sanskrit ist das Wort „Messung" eng mit dem Wort „Mutter" verwandt. Die Hieroglyphe für Haus und Wissen steht in Ägypten auch für „Mutter". Die Große Göttin wurde als Herrin des Hauses, der Bücher und Architektur verehrt. Sie gab dem jungen Pharao die Macht zu herrschen, und er trug den Titel „Herrscher vom Mutterleib an".

„His-Story“ und „Her-Story“: unterschiedliche Perspektiven

Frauen und Mütter schufen die Kultur. Auch die Künste und Landwirtschaft gehen auf Frauen zurück, ebenso die Baukunst, Weberei und Töpferei. Frauen erfanden die Schrift, Poesie und Musik. Sie begründeten die Geografie und Astronomie, entwickelten den Kalender und die Mathematik. Außerdem waren es übrigens sechs junge Frauen, die den ersten Computer der Welt programmierten. Die modernen Pionierinnen arbeiteten unter Männern und wurden fast vergessen, weil ihre Fotos aus den Pressemitteilungen geschnitten wurden. Ihr Motto lautete: „Sieh aus wie ein Mädchen, verhalte dich wie eine Dame und arbeite wie ein Tier.“

Wenn du ein Mann bist, gefällt dir dieses Kapitel vielleicht nicht besonders, denn in der Schule haben wir „His-Story“ – seine Geschichte – gelernt. Das bedeutet, die Erkenntnisse und Erfindungen von Männern haben die Welt vorangebracht. Doch das ist nur die halbe Wahrheit, denn zahlreiche Beiträge von Frauen wurden ihren Brüdern, Vätern oder Ehemännern zugeschrieben. Zusätzlich wurden Frauen massiv daran gehindert, ihr Wissen weiterzugeben.

Meine Tante ist Kunsthistorikerin und eine großartige Autorin. Sie schrieb mir am 29.11.2021: „Die Ungleichbehandlung und -bewertung von ‚männlich‘ und ‚weiblich‘ hat mich schon immer gestört. Sogar Cousin Klaus, der für manches Kulturelle aufgeschlossen war, hatte die feste Überzeugung, dass es in der ganzen

Kunstgeschichte nicht eine Frau gegeben habe, die Bedeutendes geleistet habe. Das läge daran, dass das weibliche Gehirn kleiner sei als das männliche. Inzwischen ist die Forschung da etwas weiter.

Als ich 1981 aus Mexiko zurück war und meinem Leipziger Verleger (privater Verlag!) vorschlug, den nächsten Künstlerroman über Frieda Kahlo zu schreiben, winkte er sofort ab. Über Rivera eventuell, aber doch nicht über seine Frau! Die kenne doch keiner!

Inzwischen sind jede Menge Bücher über sie geschrieben und Ausstellungen gezeigt worden – auch in Hamburg im Bucerius-Kunstforum. Die Begeisterung für ihr Schaffen wächst."

Die Zeiten und der Blick haben sich geändert. Männer müssen einsehen, dass es Frauen und Männer gemeinsam waren, die die Kultur begründet haben.

Dass wir unsere Geschichte „History" nennen, zeigt die Sprachmagie ganz offensichtlich. Das Wissen über den weiblichen Kulturbeitrag wurde fast vollständig ausgelöscht, während die Beiträge der Männer genau dokumentiert wurden. Darum lege ich an dieser Stelle mein Augenmerk besonders auf „Her-Story" – ihre Geschichte –, den Beitrag unserer Ahninnen, Großmütter und Mütter.

Wenn du bisher dachtest, dass allein Männer die Kultur begründet haben, ist dieses Kapitel sicher ein Schlag in die männliche Magengrube. Aber mache dir einmal klar: Frauen haben diese Schläge über Jahre, Jahrhunderte und Jahrtausende ertragen müssen. Wir erlebten immer wieder, dass uns die Flügel abgeschnitten wurden und wir am Fliegen gehindert wurden. Unsere Urgroßmutter hat dies erlebt, unsere Großmutter und Mutter, unsere Töchter und Enkelinnen sollen ein anderes Schicksal haben! In China wurden Mädchen die Füße gebrochen, damit sie klein verwachsen. So wurden sie daran gehindert, eigene Wege zu gehen und eine Verbindung zu Mutter Erde zu haben. Ihre Namen waren Tochter eins, Tochter zwei, Tochter drei. Heute noch werden Mädchen in Afrika beschnitten und zutiefst in ihrer Weiblichkeit verletzt. Die Liste lässt sich endlos verlängern, aber sie macht nur traurig und wütend. Doch gerade darum ist es wichtig, genau hinzusehen und dem Leid endlich ein Ende zu machen!

Als sich Männer vom Einfluss ihrer Mütter, Schwestern und Tanten trennten, begründeten sie das Patriarchat. Sie verließen ihre Muttersippen und lebten als Hirtennomaden mit ihren Rinder-, Schafs- und Ziegenherden. Reine Männergruppen haben eine ganz spezielle Energie, die sich durch Oxytocinmangel schnell in Gewalt verwandeln kann. Sie erfanden eine Schöpfungsgeschichte, die nicht mehr den natürlichen Kreisläufen der Natur entsprach. Das Neue entsteht als Kopfgeburt. So kommt es, dass die Mutterbäuche, in denen Tiere und Menschen entstehen, nur noch als Container, Brutkasten oder Ofen gesehen werden. Die Männer gingen davon aus, dass in ihrem Samen schon das gesamte Wesen (ein Mensch oder Tier) enthalten ist und nur ausgebrütet werden muss.

Die natürliche Einheit von Mensch und Natur, in der alle Lebewesen miteinander und voneinander lebten, wurde gewaltvoll voneinander getrennt. Der männlich ausgerichtete Mensch lebte nicht mit der Natur, sondern von der Natur. Er sah sich als außerhalb von der Natur, quasi als Beobachter und Herrscher. Denn er hatte durch sein Leben mit den Herden erkannt, was Zucht bedeutet. Ein Stier oder Bock kann Dutzende von Kühen, Schafen oder Ziegen befruchten. Das prägt bis heute unser Lebensgefühl, das Verhältnis zwischen

Männern und Frauen und die Wahrnehmung von Natur. Eine Frau ohne Mann fühlt sich häufig minderwertig und nicht komplett. Früher wurde sie als „alte Jungfer“ bezeichnet. Frauen taten alles, damit sich der Mann an ihrer Seite wohlfühlt. Er ließ sich bedienen, und genauso selbstherrlich geht er mit der Natur um. Sie ist für ihn da, um seine Bedürfnisse zu stillen. Auch das vorherrschend wissenschaftliche, sachliche Grundverständnis beeinflusst unsere Gesellschaft, unsere Medizin und Kultur. Wie zum Beispiel der wissenschaftliche Kontext der Evolution des Lebens, also die Theorie der Entstehung von Pflanzen, Tieren und Menschen aus Mikroben, vom Mehrzeller bis zum Menschen.

In unserer Umbruchzeit ist die Gesellschaft durch Konfrontation gezeichnet. Wissenschaft, Fakten, Vermutungen und Zahlen prägen die Vorgaben der Politik, das persönliche Leben und die Gesellschaft. So entstehen große Ängste, Zweifel, Unsicherheiten und Widerstand. Mediziner haben das Sagen, sie beruhigen und schützen uns. Jedoch werden andere Erklärungsversuche wie alternative Behandlungsmethoden und spirituelle Sichtweisen an den Rand gedrängt. Die Wissenschaft will das Unbegreifliche intellektuell fassen. Doch sie kann vieles nicht erklären.

Der Zustand unserer Erde zeigt, dass wir uns als Menschen, ebenso die Natur und das Leben vermutlich aus dem Blickwinkel einer Unwahrheit wahrnehmen. Mit einer anderen Sichtweise ist auch ein anderes Lebensgefühl verbunden, eine andere Wahrnehmung, ein anderes Bewusstsein. Schauen wir aus einer anderen Perspektive, ahnen wir, dass unser Leben reicher, tiefer und bedeutungsvoller sein könnte.

Sitzen wir im Kreis, gibt es mindestens vier ganz unterschiedliche Perspektiven auf die Mitte: die aus dem Osten, Süden, Westen und Norden. Wenn eine Frau für sich allein das Rad umkreisen würde, könnte sie zum Beispiel im Osten beginnen und sagen: „Ein Virus bestimmt und bedroht unser Leben.“ Im Süden klagt sie: „Ich habe meinen Job verloren und mache mir große Sorgen um die Zukunft.“ Und weiter im Westen: „Ich muss für mich und meine Liebsten neue Wege gehen.“ Dann im Norden: „Ich entscheide mich, mein Leben selbst in die Hand zu nehmen. Für mich steht fest: Ich ziehe aufs Land und fange ein einfaches, neues Leben an.“ Der Osten beschreibt die Situation, der Süden die Gefühle, die diese Situation hervorruft. Der Westen zeigt den Willen auf, und der Norden enthält eine Entscheidung. Damit ist der Kreis einmal umrundet und wieder geschlossen.

Auch wenn eine Gruppe im Kreis sitzt, gibt es natürlich ganz unterschiedliche Perspektiven auf ein Thema. Wir sind gerade dabei, unsere Sichtweise auf uns selbst und den Ursprung des Lebens zu ändern. Das ist sozusagen die Mitte des Kreises. Nun gibt es ganz verschiedene Perspektiven auf uns und das Leben.

Die Wissenschaft vertritt die Meinung, dass am Anfang das Licht war. Ihre Erklärung ist der Urknall, aus dem sich zufällig alle weiteren Lebensformen entwickelt haben. Physik und Philosophie, Biologie und Evolutionstheorie reichen sich die Hand.

Ganz anders ist die Weltsicht aus mythologischen Quellen. Alle Völker der Erde erklären den Anfang des Lebens in geheimnisvollen Geschichten. Sie erzählen unseren Ursprung in erstaunlich ähnlicher Weise, aber immer voller Schönheit, Wunder und Magie. Sie sagen, dass etwas sichtbar wurde, was vorher im Verborgenen lebte. Auch hier ist das Licht das Erste, was sichtbar wurde. Der Mensch erschien als Lichtwesen, das zart und nur als Form erkennbar war, und er begann zu sprechen. Alle Tiere, Blumen und Bäume erschienen, alles kam gleichzeitig und wurde immer fester und materieller. Manche Wesen blieben jedoch eher durchsichtig, andere wurden schwerer und gröber. Das Erscheinen und Heraustreten aus dem Geistigen in die Welt ist das, was wir Schöpfung nennen. Wenn sich das Verborgene manifestiert, ist das die Geburt des Neuen. Mit diesem magischen Bewusstsein verbindet sich die Vorstellung, dass es einen Vorhang gibt zwischen dieser und der „Anderswelt", die wir nicht sehen können. Sie ist unser Ursprung, aus ihr beziehen wir unsere Lebenskraft, sie lässt unser Herz schlagen. Unsere Gedanken und Inspirationen stammen aus dieser Ebene.

Wenn die weibliche Kraft zurückkehrt, kommt auch die Magie wieder in unsere Welt. Sie bringt die große not-wendige Veränderung. Wir können zum Beispiel „magische Orte" wiederbeleben oder schaffen. Du nimmst den Raum um dich wahr und spürst: Da ist noch mehr. Das ist deutlich in alten Kirchen und Kathedralen zu spüren und an geschichtsträchtigen Orten. Dieses Wissen ist verborgen hinter dem Schleier des Verstandes. Unsere Ahnen verehrten Naturwesen am Meer, an Quellen, Flüssen und Seen und schufen dort Heiligtümer. Das ist kein Zufall. Wir können das Wesentliche oft nur schwer durch Worte ausdrücken, denn es ist wie eine durchsichtige schwebende Wolke. Wir können das Geheimnis hinter den Formen und Farben eines Bildes erkennen. Es ist zwischen den Zeilen eines Textes zu lesen oder zwischen den Tönen eines Musikstücks herauszuhören. Über Mimik, Gestik und unser Gefühl entdecken wir das Wesentliche hinter den Worten einer Person.

Als die Menschen noch mit der Natur lebten, waren ihre Sinne gut ausgebildet, denn das garantierte ihr Überleben. Wahrscheinlich fühlten sie intensiver als wir. Darum wurden die ältesten weiblichen Figuren, die überall auf der Erde gefunden wurden, nicht als vom Menschen getrennte Wesen gesehen. Es waren und sind Darstellungen der ersten Mütter, der Urahninnen, die die Blutslinie begründet haben. Dieses Blut fließt auch heute noch in unseren Adern. Ohne die Urahnin wäre kein Mensch auf der Welt. Sie ist greifbar, erfahrbar und in unserem persönlichen Leben integriert, denn ihre mitochondriale DNA fließt auch heute noch in unserer eigenen DNA. Durch die Trennung „hier auf der Erde" und den „Vater im Himmel" trennten sich die frühen Patriarchen selbst aus dem natürlichen Kreislauf. Nicht mehr die Ahnmutter wurde im eigenen Blut geehrt, sondern Gottvater im Himmel. Ab nun war der männliche Same stärker, mächtiger und wirksamer als der Mutterbauch. Die Heiligtümer der Frauen wurden von Göttern übernommen. Sie wurden zerstört und unfruchtbar gemacht. Allerspätestens mit der Christianisierung wurden Erd-, Wasser- und Bergheiligtümer umgewandelt. Kreuze, Kirchen, Dome und Kapellen wurden darüber gebaut und heilige Frauen durch Männer ersetzt. Die kosmische Gebärmutterhöhle im All wurde zum Reich des Himmelsgottes. Allein die wunderschöne Göttin Nut blieb länger im Gedächtnis.

Diese kurze Geschichte der Menschheit zeigt, dass Männer anerkennen müssen, dass Frauen nicht wertlos und hilflos sind. Wir sind die Ersten, die Hälfte und nicht das schwache Geschlecht. Das Gegenteil wurde uns allerdings so lange eingeredet, bis wir selbst daran geglaubt haben. In Wahrheit besitzen wir jedoch einfach eine andere Stärke als Männer. Und gerade diese Unterschiede machen das Leben so spannend. Denn immer wieder verbindet Frauen und Männer die Liebe. Die Liebe füreinander, die Liebe zum Leben, die Liebe für die Natur, und natürlich verbindet uns ganz besonders die Liebe zu unseren Kindern.

Im letzten Jahr gab es so viele Regeln, Bestimmungen, Auflagen, neue Zahlen, Daten, Fakten, Werte und angsteinflößende Szenarien. All dies kommt aus dem Kopf und lässt Bilder in uns entstehen, die in Büros, Laboren und Konferenzräumen, an Schreibtischen und Computern entwickelt werden. Sie stammen aus überwiegend männlich strukturierten Köpfen, egal ob der Mensch männlich oder weiblich ist. Doch es gibt Dinge, die wir nicht durch Denken lösen können. Besonders Frauen leiden darunter, wenn alles Leben nur noch durch Zahlen, künstliche Intelligenz, Regeln und Fakten bestimmt wird. Denn es fehlt das Weiche, Wilde, Nährende, Bewegende, Laute, Befreiende, Saftige, Fließende, die Freude und Magie, das Lachen und Übersprudelnde, der Humor und Zauber in unserer Welt. Wir wollen aber berührbar bleiben, menschlich, mitfühlend und sensibel. Wir wollen uns spüren, uns auf unser Gefühl verlassen, auf unser Herz hören und unserer Intuition folgen. Unsere große Chance ist, dass das Eis im Herzen schmilzt. Dann wird das Blut wieder warm, und aus unserem Herzen können wir eine heilsame Schatzkammer machen. Das geschieht, wenn wir uns wieder auf unser Gefühl verlassen. Dann kann jede wissen, was jetzt das Beste für sie ist.

Der Streit und Kampf, die traumatischen Rosenkriege und Scheidungen müssen endlich aufhören! Denn im Grunde sehnen wir uns alle nach Verbundenheit, nach „Our-Story" – unserer gemeinsamen Geschichte. Es ist wie in einer langjährigen Ehe: Wenn irgendwann der Machtkampf beendet ist, kann eine wirklich glückliche Zeit beginnen, denn es gibt ein neues Gleichgewicht der Kräfte.

Damit auch in unserer Welt eine gesunde Balance entsteht, wächst jetzt die weibliche Kraft. Wir brauchen die Energie der Großen Göttin ganz dringend. Mit ihr beginnt eine heilsame Zeit, in der wir gemeinsam die weibliche göttliche Kraft entdecken können. Ihre Energie ist friedvoll, gerecht und sehr viel stärker, als wir bisher annahmen. Diese liebevolle Kraft war und ist immer präsent. Das verborgene weibliche Wissen kann die Rettung für unsere Zukunft sein.

Die Religionen berufen sich auf eine heilige Schrift. Ein Buch, das von Gott diktiert wurde und voller Gesetze und Strafen ist. Doch warum hat die Göttin kein Buch?

Die Göttin braucht kein Buch, denn sie spricht direkt zu uns. Sie lebt auf der Erde und in jeder Frau. Das ist ein grundlegender Unterschied zwischen Gott und Göttin. Er redet davon, dass sich der Mensch die Erde untertan machen soll (1 Moses, 1–28) Er spricht von Macht, Unterdrückung, Gehorsam und nicht von Gleichberechtigung. Um seine Rechte durchzusetzen, braucht er ein Buch mit unumstößlichen Regeln, und er nimmt sich das Recht heraus, über Frauen, die Erde und alles Leben zu bestimmen.

Die Göttin gibt, bevor sie nimmt. Sie schenkt Leben und lebt die natürlichen Zyklen vor. Sie bestimmt den Rhythmus von Geburt – Leben – Tod, Saat – Wachstum – Ernte, sie lebt als junge Frau, als reife Frau und weise Alte. Die Göttin ist uns so nah, weil sie in uns lebt. Sie lehrt uns Respekt vor allem Leben und vor Nachhaltigkeit und fordert, dass wir die Verantwortung übernehmen für nachfolgende Generationen.

Nach so vielen Jahren Unterdrückung des Weiblichen brauchen wir die Göttin wieder. Sie hilft uns, unserer Wahrnehmung zu vertrauen. Sie erinnert uns an unsere großen Träume, ermahnt uns, sie zu teilen und uns gegenseitig dabei zu unterstützen, unsere Ideen wahr werden zu lassen und in die Realität zu holen. Die Göttin weiß, wie lange wir uns selbst sabotiert haben und unsere Visionen für uns behalten haben, damit niemand mit einer Nadel unsere Träume zum

Platzen bringen konnte. Doch so blieben es nichts weiter als Träume, die nie real wurden. Nun führt uns die Göttin zurück in unsere Selbstachtung und Selbstliebe. Dazu gehört auch die Liebe zu unserem Körper, zu seinem zyklischen Rhythmus, der uns mit allen Frauen verbindet. Mutter und Tochter, das Erbe unserer Mütter und das Erbe der Mütter unserer Mütter. Durch alle Mütter und Großmütter und Urgroßmütter hören wir die Stimme der Großen Mutter, die Stimme der Göttin. Sie ruft ihre Töchter auf, frei zu leben, die weibliche Urkraft in der Erde zu verankern und Gestalt annehmen zu lassen.

Auch heute noch werden uralte Göttinnenfiguren gefunden. Sie erinnern uns daran, dass wir Töchter der Erde und der Großen Göttin sind. Es sind keine Gebete, Rituale oder Schriften in einem Buch verewigt, und doch klingt und schwingt die Stimme der Großen Mutter in vielen Frauen. Es ist der Klang der uralten Seelengesänge. Denn die weisen Frauen sind zurück. Sie erinnern sich. Doch viele zögern noch aus Angst vor ihrer eigenen Stärke. Aber sie finden Wege, sich zu heilen, und neutralisieren die schlimmen Erinnerungen in ihrem Körpergedächtnis. Frauen treffen und versammeln sich und stärken sich gegenseitig. Die Schwesternschaft folgt den uralten Trommeln, lauscht den Rasseln und geheimen Gesängen. Frauen verbinden sich wieder. Wir vertrauen unserer Intuition immer mehr und lauschen der Göttin in uns. Gemeinsam erschaffen wir eine neue und doch uralte Welt der Magie und Liebe.

So unglaublich lange haben auch wir die männliche Geschichte erzählt und am Ende sogar selbst geglaubt. Doch im Patriarchat wurde alles verdreht – aus Angst vor der weiblichen Macht. Maria Magdalena wurde zur Hure gemacht. Eva trägt die Schuld dafür, dass wir aus dem Paradies vertrieben wurden. Aus der Göttin Holle wurde die Hölle. Lilith, die freie Frau, wurde unsichtbar gemacht und, als das nicht klappte, zur Dämonin erklärt. Der dunkle, geborgene Schoß der Frauen wurde verdammt, und von da an war die urweibliche Kraft mit Schuld und Scham behaftet.

Daher glauben wir, dass wir nicht gut genug sind, noch vieles zu lernen haben und vieles bekommen müssen. Doch nun ist es an der Zeit, all diese Verdrehungen wieder umzukehren! Und zu erkennen, wie wundervoll die wahrhaftige weibliche Kraft ist und wie dringend sie gebraucht wird, damit wir wieder in die Einheit, den Frieden und ins Vertrauen kommen. Unter der Unterdrückung der Weiblichkeit haben wir alle gelitten und vergessen, wer wir sind. Doch das ändern wir gerade und nehmen unsere Macht wieder an uns. Wir verdammen nicht mehr die unterschiedlichen Aspekte des Weiblichen, sondern erkennen, welche Schätze darin verborgen liegen.

Impuls:

Wenn du etwas Neues in die Welt bringen möchtest, verliere nicht lange Worte darüber. Frage niemanden um Erlaubnis, sondern verbünde dich mit Gleichgesinnten und tue es einfach!

„Erinnerst du dich an die Zeit vor der Zeit, als die Priesterin der Großen Göttin deinen Namen in ihrem Inneren formte und dich ins Leben gesungen hat? Sie hauchte dir dein Leben ein, nahm eine Feder aus ihrem Haar, blies sie in den Wind und segnete dich."

Die Rolle unserer Ahninnen

Wozu brauche ich eine Großmutter? Meine Omi hat mir die Liebe zu Pflanzen und Tieren beigebracht und den Blick für kleine schöne Dinge. Sie beherrschte die Kunst, aus wenig etwas Besonderes, Spektakuläres zu machen.

Stell dir einmal vor, wir alle hätten keine Großmütter und Ahninnen. Das ist schon ein Paradox in sich, denn während ich dies schreibe, du es liest und darüber nachdenkst, können wir beide dies nur tun, weil es eine ununterbrochene Linie von unserer Mutter, Großmutter und unseren Ahninnen zurück bis zur Urmutter gibt, die vor vielen tausend Jahren lebte. Es kann nicht anders sein, denn sonst wärst du nicht da und ich auch nicht. Wenn unsere Frauenlinie nicht ungebrochen und ewig wäre, gäbe es keine von uns. Jede hat einen Bauchnabel, der davon erzählt, dass sie von einer Frau geboren wurde. Diese wurde wieder von einer Frau geboren und so weiter. Wir leben jetzt und sind das jüngste Glied in einer uralten Kette von Frauen. Um geboren zu werden, brauchen wir zwei Eltern, vier Großeltern, acht Urgroßeltern, sechzehn Ururgroßeltern … Allein die Summe der letzten elf Generationen brauchte 4094 Ahnen und das in ungefähr 300 Jahren, bevor du und ich geboren werden konnten. Nimm dir Zeit und denke kurz daran, wo du herkommst, wie viele Kämpfe du gekämpft hast, wie oft du hungrig warst, wie viele Auseinandersetzungen du erlebt hast … und was unsere Vorfahren alles erlebt haben. Sie haben uns unglaublich viele Erfahrungen, Liebe, Kraft, Freude, Ermutigung und Weisheit hinterlassen. All ihre Überlebenskraft haben sie in uns hinterlassen, damit wir heute leben. Diese Gedanken machen es uns leicht, unsere Vorfahren zu ehren und ihnen zu danken.

Doch wenn wir uns trotzdem ein Leben vorstellen, in dem wir keine Ahnen hätten, dann wäre alles sofort vergessen, was war. Wir hätten keine „Ahnung". Jede müsste für sich alles neu erdenken und entdecken. Es gäbe kein Muster, kein Modell oder Vorbild dafür, was eine Frau gekonnt hat, was eine getan und gewusst hat. Eine junge Frau, die ihr erstes Kind bekommt und sieht, dass es keine Zähne hat, legt es vielleicht auf einer Wiese oder Eisscholle ab, weil sie weiß, dass Zähne wichtig zum Überleben sind. Jede von uns müsste alles neu erfinden: die Sprache und Schrift, Architektur, Jagen, Gebären, Heilen, Kinder großziehen, Kochen, Brot backen …

Dieses kleine Gedankenspiel macht deutlich, welch großes Glück wir haben, dass wir auf den Schultern unserer Urahninnen stehen. Und uns ist klar:

Unsere Ururgroßmütter schufen eine große Schatzkammer des Wissens, die wir täglich besuchen. Dieses Wissen ist unser Erbe, das aus den Erfahrungen unzähliger Generationen vor uns stammt. Unsere Urahninnen konnten weder lesen noch schreiben, doch unzählige Funde zeigen, dass sie Dinge schufen, die dauerhaft und zugleich wunderschön sind. Ihre Malereien, Skulpturen, Symbole und Schnitzereien belegen eine großartige Kunstfertigkeit und bezeugen ihre Liebe zum Leben und zur Großen Mutter. Unsere frühen Ahninnen verwendeten das haltbarste Material, das sie kannten, und hofften, ihre Zeichen und Symbole würden alle Zeiten überdauern.

Unsere Vorfahren besaßen eine große Lebenskunst, denn sie wussten, was den menschlichen Geist hebt, was unserer Seele guttut und der Erde. In dieser längst vergangenen Zeit verehrten die Menschen überall auf der Erde neben einem männlichen Gott eine Frau, die sie Göttin nannten. Es gab eine gute Balance zwischen den männlichen und weiblichen

Kräften. Sie beteten zu Gott, dem Vater und zur Mutter, die das Leben schenkt, es beschützt und erblühen lässt. Auch heute noch verehren alle Naturvölker unseren Heimatplaneten als Große Mutter, die alles in einer weltumspannenden Umarmung hält. Sie wissen, dass die Erde das Zuhause ist für Menschen, Tiere und alles Leben. Als Mutter Erde umfasst sie in großer Liebe Licht und Dunkelheit, Gut und Böse und alles, was ist. Sie sorgt dafür, dass sich jeder Mensch geborgen fühlt, weil er Nahrung, Schutz und Medizin findet, sein Potenzial entfaltet und in Schönheit und Harmonie leben kann.

Impuls:

Stell dir eine alte Clangroßmutter vor, deren bloße Gegenwart alle Trostlosigkeit vertreiben kann. Sie findet immer die richtigen Worte, die Türen öffnen, hinter denen unvorstellbare, neue Möglichkeiten warten. Denn nun können wir unser Leben wieder lieben. In der Gegenwart dieser kraftvollen Frau spürst du lebendige Energie und pulsierendes Leben. Ihre Liebe ist wie ein klarer Gebirgsbach, der in dein Leben fließt.

„Wenn du verletzt wurdest, steh wieder auf! Geh hocherhobenen Hauptes und sei stolz auf deine Wunden! All deine Narben erzählen die Geschichte von harten Kämpfen, die du gewonnen hast. Denn heute stehst du vor mir. Du lebst. Und das bedeutet, du warst stärker als alles, was dich vernichten wollte! Meine tapfere Enkeltochter, jede deiner Narben ist ein Zeugnis deiner Kraft. Du bist eine erfolgreiche Kriegerin. Steh wieder auf und lebe dein Leben so, dass du glücklich bist."

Das Machtwort der Großmütter

„Wir sind der Rat der Großmütter und erheben unsere Stimme.

In der alten Tradition Europas hat die Großmutter aufgrund ihrer Lebenserfahrung und ihrer Nähe zum Tod Macht inne. Wir stehen in dieser Tradition der weisen Frauen. Wir sind Vertreterinnen kraftvoller Kreise, die wir miteinander vernetzen. Der Rat der Großmütter nimmt den roten Faden auf dem Weg in eine Zivilisation wieder auf, in der die politische und spirituelle Dimension zusammengehören.

Wir leben in einer Zeit des globalen Wahns. Das Machtwort, der heilige Zorn der Großmütter richtet sich gegen alle weltweiten patriarchalischen Herrschaftsformen, gegen Machbarkeitswahn, gegen Gewalt, Profitgier, Ausbeutung und Zerstörung. Gegen dieses lebensfeindliche Weltbild und Handeln erheben wir unsere Stimme.

Unser Herzensanliegen ist die Liebe zu allem Lebendigen. Wir rufen jede Frau und jeden Mann auf: Prüfe da, wo du lebst, jedes Konzept, jedes Vorhaben, jede Entscheidung, ob es in der Gegenwart und in der Zukunft unserer Erde und all ihren Geschöpfen und deren Lebensgrundlagen – dem Wasser, der Luft, der Erde, dem Feuer – schadet oder ihnen dient. Übernimm Verantwortung und sorge dafür, dass nur Vorhaben umgesetzt werden, die dem Leben dienen.

Jede Entscheidung auf wirtschaftlicher, gesellschaftlicher, politischer und kultureller Ebene hat dieser heiligen Ordnung zu folgen.“

Das Machtwort der Großmütter ist dargestellt in Form einer Spirale. Sie beginnt mit 1, links oben, und endet mit 13 in der Kreismitte.

1. Wir sind verbunden

Wir Menschen sind nur eine von vielen Lebensformen der Erde. Du bist verbunden mit allem und Teil von allem. Alles, was du tust, hat eine Wirkung auf das Ganze.

Lerne und respektiere die Naturgesetze! Sie wirken immer und überall!

2. Wir hüten die Weisheit

Du trägst das Wissen und die Weisheit deiner Ahninnen und der Welt in dir.

Erinnere dich. Ehre und achte deine Wurzeln! Entwickle dich selbst zum Wohle aller!

3. Wir wägen die Wahrheit

Menschen sehnen sich nach Gerechtigkeit. Mitfühlende Liebe führt dich auf den Weg der Wahrheit und ein tiefes Verstehen. So heilt Schmerz.

Betrachte die Vielfalt und Unterschiedlichkeit als Bereicherung! Im Grunde sind wir alle gleich. Handle aus deinem Mitgefühl!

4. Wir schauen in die Weite

Es gibt eine sichtbare und eine unsichtbare Welt. Beide gehören zusammen.

Lebe mit der Realität beider Welten, damit dein Handeln weitsichtig wird!

5. Wir hören zu

Unsere Welt ist laut und atemlos geworden. Wir wissen: Alles Lebendige will sich mitteilen und will gehört werden.
Lasse dir Zeit, werde still und höre mit dem Herzen!

6. Wir erzählen unsere Geschichte

Wir sind geprägt von einer patriarchalen, verdrehten und gefälschten Geschichtsschreibung und Berichterstattung. Die Geschichte der Frauen kommt darin nicht vor. Wir bringen sie wieder ans Licht. Du und deine Lebensgeschichte sind wichtig und Teil der Geschichte deiner Kultur.
Entdecke die Lust am Erzählen, um das Spiel des Lebens und seinen Reichtum für alle sichtbar zu machen!

7. Wir lieben

Jeder Körper ist heilig. Für die Würde und Unversehrtheit von Frauen einzustehen ist oberstes Gebot. Das Urprinzip der Mütterlichkeit beinhaltet bedingungslose Liebe, Fürsorge, Mitgefühl, Selbstliebe und Sinnlichkeit gegenüber allem Lebendigen.
Wir rufen alle Frauen und Männer auf, nach diesen mütterlichen Prinzipien in allen gesellschaftlichen Zusammenhängen zu leben und zu handeln!

8. Wir heilen

Alle haben das Recht auf ein glückliches Leben mit gesunden Lebensgrundlagen. Alles ist eingebettet in die natürlichen Kreisläufe. Wir bestehen auf einem selbstbestimmten Umgang mit Krankheit, Gesund-

heit und Tod. Die Heilung mit Pflanzen gehört zum Urwissen aller Kulturen.
Setze dich auf allen Ebenen dafür ein, dass alle Wesen ein gutes Leben führen können, frei von Hunger, Massenproduktion, Gentechnik, Ausbeutung und Ausrottung. Lasse jeden Tag ein Tag der Heilung sein!

9. Wir hüten die Zukunft

Wir stehen in einer langen Ahninnenreihe mit Generationen vor und nach uns. Wir tragen die Verantwortung dafür, dass kommende Generationen auf der Erde gut leben können.
Auch du bist verantwortlich für einen maßvollen, gerechten und achtsamen Umgang mit den Gaben der Erde.

10. Wir weben das Netz

Verbunden durch sichtbare und unsichtbare Fäden leben und wirken wir vielfach vernetzt. Wir weben mit am Netz der Solidarität von Mensch zu Mensch. Niemand fällt durch die Maschen.
Knüpfe am Netz des Lebens mit all deiner Kreativität!

11. Wir gehen aufrecht

Gier und Egoismus verbreiten Lügen über die Folgen der Ausbeutung der Erde und all ihrer Geschöpfe. Dies führt zur Ausbreitung lebensfeindlicher Werte.
Gehe aufrecht und mutig den Weg der Wahrheit deines Herzens! Tritt vor, zeige dich, sei eigenmächtig. Trenne ab, was lebensfeindlich ist!

12. Wir feiern das Leben

Das Leben ist ein Geschenk. In der Balance von Geben und Nehmen wird es zum Fest. Wenn wir den Wert des Schenkens neu erkennen, wird sich die Gesellschaft verändern.

Gib dem Dank in deinem Alltag Raum, so kann sich die Fülle über dich ausgießen. Stecke andere mit deiner Freude an.

13. Wir leben unsere Vision

Bestehende Strukturen brechen zusammen. Veränderung ist not-wendig, wendet die Not. Wandlung ist das Prinzip des Lebens.

Lasse dich mutig und bewusst auf die Wandlungsprozesse ein. Erkenne deine Vision und lebe sie!

Nach dem Vorbild des Rates der dreizehn indigenen Großmütter entstand 2010 das Machtwort der Großmütter, das so aktuell ist, als wäre es erst gestern für uns geschrieben worden.

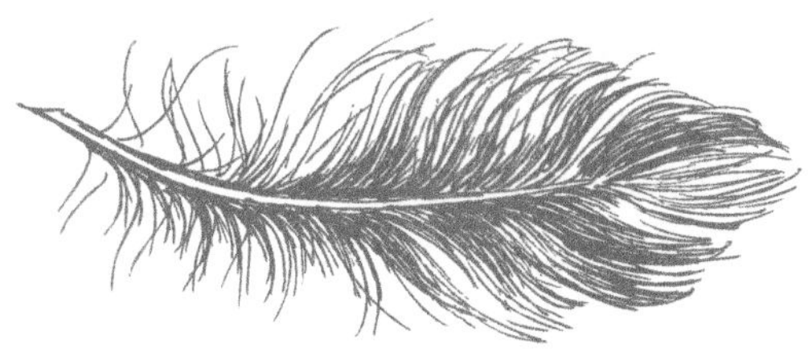

Weibliche Symbole als älteste Sprache der Menschheit

Symbole sind uralte Zeichen, die etwas in unserem Innersten berühren. Viele Symbole sind eng mit einer kraftvollen Weiblichkeit verbunden. Doch in unserer Zeit fühlen sich Frauen oft nicht kraftvoll und stark, sondern von ihren weiblichen Wurzeln abgeschnitten, unseren Urmüttern, Ahninnen und der Göttin. Doch mit Symbolen können wir uns mit der starken Kraft, die in ihnen gespeichert ist, verbinden. Sie führt uns zurück zum Ursprung, zu einem Urvertrauen in unser Frausein. Uralte Zeichen faszinieren und regen an zum Nachdenken und Hineinspüren.

Symbole sind voller Bedeutungen. Oft haben sie eine offensichtliche, eindeutige Bedeutung und mehrere tiefere Bedeutungen. Sie stellen eine Kraft oder Idee dar und lassen sich nicht rein rational übersetzen oder interpretieren. Weibliche Symbole sind zeitlos und haben eine Bedeutung über die Kultur hinaus. Sie drücken Kerngedanken aus, wie zum Beispiel das Rad (ewige Wiedergeburt), der Kreis (Gemeinschaft), der Apfel (Gesundheit) oder die Schlange (Erneuerung). Symbole verweisen auf eine Wahrheit jenseits von Bildern und überbringen eine Idee. Sie besitzen sozusagen einen energiegeladenen Bedeutungskern und sprechen sowohl unser Bewusstsein als auch das Unbewusste an. Ursymbole sind wahrscheinlich so alt wie die Sprache. Darum erfassen wir sie meistens intuitiv. Jedes Symbol hat eine persönliche Bedeutung, die mit unserer Lebensgeschichte zusammenhängt, und darunter liegt eine allgemeine, uralte mystische Bedeutung. So haben Ursymbole ganz unterschiedliche Bedeutungstiefen.

Marija Gimbutas war eine sehr gebildete Archäologin, Prähistorikerin und Sprachwissenschaftlerin, hatte also einen interdisziplinären wissenschaftlichen Hintergrund. Sie deutete Ornamente als Bildsprache der Göttin: gerade Linien, gestreifte und gepunktete Bänder, ineinandergesetzte Vs, Zickzack- und Wellenlinien. Den Punkt in der Mitte von Rauten interpretierte sie als Korn; denn teilweise sind echte Körner in den Ton gedrückt worden. Diese und andere Bilder wie Wirbel, die aus Halbmonden und Hörnern entstehen, eine aufgerollte Schlange, Spiralen, stilisierte Vogelklauen, Sanduhr und Raute führten zu der Entdeckung, dass es sich dabei um eine Schrift handelte. Gimbutas nannte diese Formensprache „Die Sprache der Göttin".

Diese Entdeckung wird (vor allem in der männlichen Fachwelt) gern ignoriert. Die Erfindung der Schrift wird den Sumerern zugeschrieben. Doch bestimmte Zeichen wurden schon in der Altsteinzeit, vor über 20 000 Jahren, verwendet. So etwa das V, das M oder das Y. Sie sind in Knochen, Horn oder Stein geritzt. Im Laufe der Zeit entwickelten die Menschen 60 Zeichen, die sie offenbar gezielt einsetzten. Auf Tongefäßen sind sie verdoppelt, multipliziert, einander entgegengesetzt, zusammen mit Mäandern und Parallellinien. In dieser Verschachtelung und Verdoppelung sah die Archäologin eine Verstärkung, wie eine Art Anrufung.

Sie schloss aus den Darstellungen der Göttin auch auf die Sozialstruktur Alteuropas. Mit vielen Beispielen malte sie „ein soziales Miteinander, in dem das Gleichgewicht zwischen den Geschlechtern ausbalanciert ist, eine Lebensführung, in der religiöses und Alltagshandeln nicht voneinander geschieden sind." Aufgrund ihrer fundierten Ausbildung in mehreren Bereichen, nicht ausschließlich Archäologie, fiel es ihr leicht, die unterschiedlichen Funde zu unterscheiden, denn „ihr Blick war nicht eindimensional".

Symbole besitzen eine tiefe Bedeutung, die in unserem Unterbewusstsein gespeichert ist. Die Sonne, ein Gesicht, ein Baum, ein Haus, eine Welle, Feuer, Blitz, eine Feder: Sofort entsteht ein inneres Bild. Und doch malt jedes Kind die Sonne oder das Haus etwas anders. Ein Gesicht als Smiley unterscheidet sich von jedem Profil, jeder Skulptur oder einem Fahndungsbild. Jedes Symbol besitzt also zusätzlich zur tiefen Bedeutung eine persönliche Färbung, die von Gefühlen und Erfahrungen geprägt sind. Gib den Auftrag, eine Spirale zu gestalten, an einen Schmied, einen Biologen, eine Goldschmiedin, einen Gartenarchitekten, eine Konditorin, einen Maler und eine Designerin. Der Biologe wird dir eine Schlange zeigen, und auch sonst wird keine Spirale einer anderen gleichen. Das macht den Zauber von Symbolen aus: Sie können auf tausenderlei Weisen ausgedrückt werden, und trotzdem versteht jede und jeder ihre Bedeutung.

Diese magische Wirkung kannten schon unsere allerältesten Ahnen, als sie ihre zeitlosen, symbolischen Zeichnungen auf Felswänden, Steinen und heiligen Gegenständen hinterließen.

Die folgenden Symbole sind besonders bedeutsam:

Die Puppe in der Puppe

Die Puppe in der Puppe ist seit vielen Jahren unverwüstlich. Es scheint, als wäre sie schon ewig alt, aber die kleine lächelnde Dame gibt es gerade einmal 100 Jahre. Ursprünglich stammt sie aus Japan. Dort hieß sie Fukurokuju. Ein russischer Kunstmäzen brachte sie 1890 in seine Heimat und beauftragte Künstler damit, etwas Ähnliches zu machen. So wurde die Puppe in der Puppe schließlich zu einem Symbol für Russland und ist unter dem Namen Matrjoschka als Touristensouvenir sehr beliebt.

Das liegt vielleicht daran, dass sie ein Symbol ist, das eine tiefe weibliche Weisheit verkörpert. Sie trägt neues Leben in sich. Die neue Puppe birgt das gleiche Geheimnis, und so geht es weiter, bis eine klitzekleine Puppe zum Vorschein kommt. Sie ist das allerletzte Geheimnis: winzig und wunderschön. Für mich ist sie die Essenz jeder Frau – die Göttin.

Zu ihr nimmst du Kontakt auf, wenn du in dich hineinhorchst. Von weit her, durch all deine Gedanken, Gefühle und Träume, durch unbewusste Schichten sendet sie dir Botschaften. Je näher du ihr kommst, je bewusster du wirst, desto deutlicher erkennst du deine Stärken und Talente. So wächst dein Mut, zu dir zu stehen und dich zu zeigen. Die innere Göttin führt dich zu deinen zukünftigen Möglichkeiten und offenbart dir dein Potenzial. Im Mythos großer Schöpfungsgöttinnen kommt es sogar vor, dass sie ganz aus sich selbst heraus mit ihrer pathogenetischen Kraft – also ohne Mann – ein besonderes Kind bekommen können. Das ist meistens eine Tochter.

Da Symbole viele Deutungen zulassen, gibt es auch eine andere Sichtweise:
Die äußere Puppe ist für alle sichtbar – das bin ich! Meine Mutter ist ganz nah bei mir, sie hat mich geboren. Meine Großmutter lebt in meiner Erinnerung. Von meiner Urgroß-

mutter, der Großmutter meiner Mutter, habe ich nur gehört. Dann verblasst schon die Erinnerung, denn von meinen Urgroßmüttern kenne ich nur noch die Namen. Die Mutterlinie ist unantastbar und geht weiter zurück – viel weiter! Sie führt zu meiner und deiner Ururahnin – der Quelle unseres Lebens.

Du hast sie entdeckt, und nun ruht sie winzig klein in deiner Hand. Sie ist erstaunlich kompakt. Doch das passt: Denn sie symbolisiert die geballte weibliche Energie der Göttin.

Schon vor Tausenden von Jahren haben Frauen kleine Göttinnenfiguren, die gut in eine Hand passen, nah am Körper getragen. So erinnerten sie sich immer an ihren göttlichen Ursprung und die ungebrochene weibliche Kraft, die in ihnen wohnt. Sie konnten über sich hinauswachsen und Mut für neue Wege finden.

Jetzt kehrt die Göttin zurück in unsere Welt. Denn in dieser Zeit der Wandlung brauchen wir die Weisheit und Liebe, das weiche, starke Herz der Frauen, um das Leben zu schützen.

Impuls:

Erinnerst du dich an deine erste Puppe? Wie sah sie aus und was hast du mit ihr gespielt?

„Ich bin die Göttin in dir. Du spürst mich als Sehnsucht nach Harmonie, Vielfalt und Schönheit. Ich schaue liebevoll auf dich."

Der Apfel als Symbol der Göttin

Der Apfel ist ursprünglich ein Symbol der Königinnen und Göttinnen. Mit dem Apfel wird schon seit der Jungsteinzeit die Weiblichkeit geehrt. Er ist rund und nahrhaft, einfach, selbstverständlich und wird auch „die Königin der Früchte" genannt. Er war eng mit der Kraft der Göttinnen verbunden und hat eine wechselhafte Geschichte – wie die Frauen. Rund und lustvoll, war er ursprünglich das Symbol für die Liebe, Fruchtbarkeit, Gesundheit und Vollkommenheit. Dann wurde er in die „verbotene", verführerische, böse Frucht verwandelt. Er war nun der Grund für die Vertreibung aus dem Paradies, dem Garten Eden, und konnte als Zankapfel Kriege auslösen.

Der Apfel ist einer der ältesten Begleiter der Menschheit. Funde von Apfelkernen bei den Pfahlbauten am Bodensee belegen, dass sie in Europa schon in der Jungsteinzeit angebaut wurden. 5000 Jahre vor unserer Zeitrechnung brachten

syrische Kaufleute die ersten Äpfel an den Nil. Der Apfel hat eine unglaublich lange Geschichte und weltweite Verbreitung. Er ist ein uraltes Symbol für die Erde und das weibliche Prinzip.

Das Kerngehäuse erinnert bei einem aufgeschnittenen Apfel an die weiblichen Geschlechtsmerkmale. Diese magische Form galt als das Geheimnis der Fruchtbarkeit und starken Frauenkraft. Daher ist der Apfel als Symbol für das ganze Erdenrund und die Fruchtbarkeit darauf oft das Attribut von Göttinnen. Viele besitzen einen magischen Apfelgarten, z. B. Hera. Sie erhält von der Erdgöttin Gaia zur Hochzeit ein Apfelland mit goldenen Äpfeln. Sie schenken ewige Jugend, Unsterblichkeit, Schönheit und Klugheit.

Königinnen verleiht der Apfel ihre göttliche Würde und ist als „Reichsapfel" bekannt. Er ist die weibliche Seite der Macht, so wie das Zepter die männliche Macht symbolisiert. Früher erhielten Herrscher ihre Legimitation durch die Göttin und mussten sich auf ein weibliches Symbol berufen. Dem Reichsapfel wurde ein Kreuz aufgesetzt. Dreht man dieses kraftvolle Herrschaftssymbol jedoch um, ist es das astrologische Venuszeichen, also wieder ein Frauenzeichen.

Das sagenhafte „Avalon" wird als das im Nebel liegende Apfelland bezeichnet. Es ist ein paradiesisches Gebiet in der Anderswelt, wo Priesterinnen und Göttinnen wie Morrigan lebten. König Arthur suchte diese Insel auf, um geheilt zu werden. Goldene Äpfel tauchen in Sagen und Märchen in unterschiedlichen Kulturen immer wieder auf. Es ist die Geschichte des Apfelbaumes als Symbol für ewiges Leben, für Tod und Wiedergeburt. Das ist die weibliche Kraft einer Großen Muttergöttin. Unter jüdischem und später unter christlichem Einfluss wurde der segenbringende Apfel in sein

Gegenteil umgedeutet, um die Erinnerung an die Große Mutter auszulöschen. Dies betraf auch all ihre Attribute. So wurde aus dem Apfel als Symbol für Leben, Liebe, Fruchtbarkeit, Vollkommenheit und weibliche Macht durch den Sündenfall ein Zeichen der Sünde, Verführung und des Verderbens.

Schneiden wir einen Apfel quer auf, zeigen sich die fünf Kammern des Kerngehäuses, das Pentagramm oder der „Drudenfuß". Dieser fünfzackige Stern ist die Grundform zahlreicher Kirchen und gleichzeitig die Grundform eines Menschen, mit Kopf, ausgestreckten Armen und Beinen. In vielen Mythologien ist der Apfel das Obst von Göttinnen, z. B. von Ischtar, Hathor, Aphrodite, Venus, Demeter, Hera und Pomona, deren Namen wir im französischen „pomme" (Apfel) finden und in der Pomologie, der Obstbaukunde. Früher brachte der Nikolaus Anfang Dezember als Symbol der Großen Mutter einen Sack Äpfel, und am Tannenbaum hingen Äpfel statt rote Christbaumkugeln.

Als Heilpflanze wurde der Apfel schon lange vor Christus genutzt, und der englische Ausspruch „An apple a day keeps the doctor away" hat durchaus seine Berechtigung.

Bibelforscherinnen sind davon überzeugt, dass der Geschichte von Adam und Eva ein viel älterer Mythos zugrunde liegt. Einer Auslegung des Alten Testaments zufolge handelt der sogenannte Sündenfall nicht vom Ursprung des Bösen, sondern von der Entdeckung der Sexualität und dem Geheimnis der Fortpflanzung. Dieser Zusammenhang sei den Menschen (oder Männern?) bisher unbekannt gewesen. Aber ein Schlangengott verrät es, und daraufhin bestraft Gott den Schlangengott und die Menschen. Doch ihnen kann man das Geheimnis der Fortpflanzung nicht mehr entreißen! Und noch etwas Gutes hat die Vertreibung aus dem Paradies: Wir können jetzt zwischen Gut und Böse unterscheiden. Diese Urteilskraft besaßen wir vorher nicht.

Für christliche Missionare stellte der Apfel immer den Sündenfall dar. Das war für die alten Völker völlig unverständlich, denn sie glaubten an die Natur und die Muttergöttin. Der Apfel war für sie das Sinnbild für Gesundheit und Fruchtbarkeit. Sie sahen sich durch Äpfel reich beschenkt von der Erdgöttin. Der Apfel ist für sie die Frucht der Unsterblichkeit. Als Rosengewächs ist er auch ein Symbol für die Liebe. Eva gibt Adam also ihre unsterbliche Liebe, und wenn er den Apfel nimmt, ist er sich der alten Göttinnenliebe sicher. Das Essen des Apfels war hier mit der Göttin Iduna verbunden. Sie reicht den Apfel der ewigen Verjüngung. Diese Göttin Iduna ist heute eine Lebensversicherung. Aber es war die Lebensversicherung der Göttinnen und Götter. Der Apfel war auch ein Symbol der Sonne, sodass wir sagen können, dass wir mit dem Apfel Sonnenkraft essen. Die Frau kann dem Mann einen Apfel reichen. Denn dies ist die Aufgabe der Frau: dem Mann den Liebesapfel zu reichen.

Der Apfel ist interessanterweise wieder bei Maria zu finden, zum Beispiel auf einem Bild von Peter Paul Rubens, der die Heilige Familie unter einem Apfelbaum abbildet. Auf zahlreichen Mariendarstellungen, Altarabbildungen und Skulpturen ist sie oder das Jesuskind mit einem Apfel in der Hand dargestellt. Dadurch wird Maria Eva gegenübergestellt. Eva brachte durch den Apfel die Erbsünde über die Menschen. Maria überwindet diese Sünde, indem sie Gottes Sohn jungfräulich empfängt und geboren hat. So wird der Apfel wieder zum Symbol des Lebens wie zu Zeiten, als die Muttergöttin verehrt wurde. In Klostergärten gedeihen Kulturäpfel übrigens wunderbar auf heiligem Grund.

Äpfel in Märchen

In zahlreichen Märchen ist von Äpfeln die Rede. Im Märchen „Frau Holle“ kommen zwei Schwestern im Reich der Göttin Holle an einem Apfelbaum vorbei, der geschüttelt werden will. Goldmarie springt in den Brunnen hinein, weil sie blutet und zur Frau wird. Sie ist bereit für die Apfelernte. Die Pechmarie blutet noch nicht auf natürlichem Weg. Darum ist sie nicht bereit, den Apfelbaum zu schütteln. Sie ist noch ein Kind und nicht fruchtbar.

Im Märchen „Der goldene Vogel“ besitzt ein König einen schönen Garten, aus dem goldene Äpfel gestohlen werden. Seine drei Söhne bewachen nacheinander den Garten. Der jüngste und schlaueste entdeckt einen goldenen Vogel, der die Äpfel stiehlt. Er hat viele Abenteuer zu bestehen und erhält schließlich das Erbe seines Vaters, Reichtum, Macht und Liebesglück, denn er heiratet eine schöne Jungfrau. Im Märchen „Eisenhans“ muss der Held dreimal die goldenen Äpfel der Königstochter fangen, bevor er sie zur Frau nehmen kann. „Schneewittchen und die sieben Zwerge“ ist ein sehr bekanntes Märchen, in dem es auch um einen Apfel geht. Es hat ein Thema, das häufig das Grundmuster eines Märchens bildet. Ein Mädchen verlässt seine Mutter, um bei anderen, älteren Frauen in die Lehre zu gehen, wie auch Rotkäppchen oder Dornröschen. Schneewittchen wohnt bei den Zwergen, hinter den Bergen. Die Zwerge könnten das alte Volk sein, die Ahnen, die nur noch im Gedächtnis existieren (und ungesehen hinter den Bergen leben). Darum werden sie ganz klein dargestellt, da sie fast unsichtbar geworden sind. Das alte Volk lebt – wie heute noch die indigene Bevölkerung – im Verborgenen. Die Ahnen können Schneewittchen ihr altes Wissen geben, das sie später braucht. In vielen Märchen wandelt sich die liebevolle und fürsorgliche Mutter aus der Kindheit in eine hartherzige Stiefmutter. Das kann daran liegen, dass eine Mutter bei ihrem kleinen Mädchen ganz andere Aufgaben hat als bei ihrer heranwachsenden Tochter. Die Stiefmutter besucht ihre Tochter dreimal im Wald und bringt ihr Attribute für ihre Schönheit: einen Gürtel und einen Kamm. Doch sie erkennt, dass ihre Tochter noch nicht bereit ist, selbstständig zu leben und eine Beziehung einzugehen. Beim dritten Besuch bringt sie einen Apfel, das Symbol für die Fruchtbarkeit. Er besitzt eine weiße und eine rote Seite. Schneewittchen steht an der Schwelle vom Mädchen zur fruchtbaren, blutenden Frau. Die rote Hälfte ist „vergiftet", sie versetzt Schneewittchen in einen todesähnlichen Schlaf. Ganz ähnlich erging es auch Dornröschen, nachdem es sich an der Spindel blutig gestochen hat. Dornröschen schlief 100 Jahre lang, und eine große Dornenhecke wuchs um das Schloss. Der Schlaf steht für eine Zeit in der Pubertät, in der sich Mädchen sehr antriebslos und müde fühlen durch die große hormonelle und körperliche Umstellung. Doch die Prinzessinnen erwachen und sind verwandelt. Sie sind nun junge Frauen im heiratsfähigen Alter.

Moderne Mythen um den Apfel

Steve Jobs ist der Gründer von Apple Computer, auch der Macintosh erhielt seinen Namen von der Apfelsorte Macintosh. Steve Jobs hat diese Namen bestimmt ganz bewusst gewählt. Er sagte in einem Interview: „Der Name klingt freundlich, schwungvoll und nicht einschüchternd. Apple nahm dem Begriff Computer die Schärfe." Er hat einen angebissenen Apfel als Symbol gewählt. Hat er von der Frucht der Erkenntnis gegessen und einen neuen Computer entwickelt?

Beißen heißt im Englischen „to bite". Das klingt wie Byte, eine Maßeinheit der Computertechnik …

Auch die Beatles hatten einen Apfel als Symbol für ihr Plattenlogo. Es war ein Apfel der Sorte Granny Smith. Sie nannten ihr Plattenlabel Apple Records.

New York wird „Big Apple" genannt. In seinem Roman „Der Reisende in New York" beschreibt Edward S. Martins die Stadt als Frucht eines Baumes, dessen Wurzeln ins Mississippi-Tal und dessen Äste von einem Ozean zum anderen reichen.

„Big Apple" bedeutet für schwarze Jazzmusikerinnen, „das große Los" gezogen zu haben. In den 1920er Jahren wurde Big Apple zu einem Synonym für New York. Dort zu spielen bedeutete, den großen Apfel vom Baum zu holen und richtig erfolgreich zu werden.

Impuls:

Nimm einen Apfel und schneide ihn dieses Mal quer durch, sodass du das Kerngehäuse betrachten kannst. Was erkennst du?

„Im Apfel zeigt sich mein mütterliches Wesen. Aus den zarten Blüten eines einzigen duftenden Apfelbaumes entsteht eine unglaubliche Fülle von Früchten. So großzügig und verschwenderisch versorge ich meine Kinder. Es ist mehr als genug für alle da."

Die Schlange und die Spirale

Schlangen häuten sich in bestimmten Abständen, d. h., sie streifen ihre zu eng gewordene Haut ab und sind dann wie neu. Ihre Haut glänzt und fühlt sich ganz weich an. In vielen Mythen ist deshalb die Schlange das Symbol für Wandlung, Erneuerung, neu gewonnene Gesundheit. Den Kreislauf von Geburt, Tod und Wiedergeburt spiegeln uns Schlangen, und ihre periodische Erneuerung erinnert an die zyklische Kraft von Frauen. Schlangen scheinen ewige Jugend dadurch zu besitzen, dass sie ihre Haut ständig erneuern können.

Im christlichen Kontext werden Schlangen jedoch als furchterregend, böse, kulturfeindlich, gefährlich und vernichtend gesehen. Sie stehen am Anfang und am Ende der Bibel. Die Schlange im Paradies kann ganz unterschiedlich interpretiert werden: als der Satan persönlich oder als Lilith, die erste mythologische Frau von Adam, die Sinnbild der selbstbestimmten freien Frau ist. Sie fordert Eva dazu auf, den Apfel vom Baum der Erkenntnis zu pflücken, um zwischen Gut und Böse unterscheiden zu können. Schlangen und Sexualität, die Erde und Frauen, die gesamte weibliche Urkraft, wurden verdammt und als böse angesehen. Der unmittelbare Kontakt zur Erde und zu allem Lebendigen wurde gestört. Und es ist immer noch ein Geheimnis, warum dies geschehen ist und was der tiefe Grund dafür ist, weshalb friedliche, matriarchale Kulturen mutwillig zerstört wurden. Diese Schlangenkraft in der Bibel weist auch am Ende deutlich auf das uralte Symbol des Uroborus hin, der Schlange, die sich in den eigenen Schwanz beißt. Sie stellt die zyklische Kraft dar, ohne Anfang und ohne Ende. Sie zeigt eine alte Kraft in den Göttinnenmythen, ein Ineinander von Leben und Tod, Schöpfung und Zerstörung. Sie symbolisiert die

Gesetze der Wandlung, Heilung und Zauberkraft, durch die Kranke wieder gesund, Tote wieder lebendig und wiedergeboren werden.

Außerhalb des Christentums werden Schlangen in positiven Bildern dargestellt, wie auch im Apothekenzeichen der Hygieia. In Märchen tragen Schlangen oft eine kleine Krone und zeichnen sich durch Weisheit aus. Sie bringen Glück, Klugheit und Reichtum. Im antiken Griechenland und im alten Rom galten Schlangen als Hausbeschützerinnen. Sie warnten vor Erdbeben, und in baltischen Ländern ist die Verehrung der Schlange bis in die Neuzeit bezeugt.

Natürlich ist uns in unserer gradlinigen und berechenbaren Welt eine lebendige Schlange, die sich bewegt und schlängelt, nicht geheuer. Denn ihre Wege sind unberechen-

bar und unvorhersehbar. Sie verschwindet in der Erde und taucht woanders wieder auf.

Doch in den ältesten matriarchalen Zeiten galten Schlangen als Attribut der Großen Göttin. Erste Schlangenbilder, Spiralen und Skulpturen mit Schlangenmustern sind Manifestation der großen Erdgöttin und symbolisieren Lebenskraft, Fruchtbarkeit, Weisheit, Heilkraft, Unsterblichkeit und Wachstum. Sie war das Göttlichkeitsbild der alten Welt. Eine Spirale zeigt den Weg nach innen und den Weg nach außen. Keltische Spiralen sind Lebensspiralen, die wir in Newgrange, einer irischen Kultstätte, finden. Sie sind 5000 Jahre alt. Eine Dreifachspirale, auch Triskele genannt, ist ein altes Schlangensymbol, das auf den ewigen Kreislauf hinweist, der immer wieder zu seinem Ursprung zurückkehrt und sich erneuert. Damit verkörpert die Spirale die weibliche Schöpfungskraft, und die Schlangenkraft ist die Energie der Göttin. Schon in den Megalith-Kulturen finden sich Steinritzungen von Spiralen in Felsen, auf Altären der Großen Mutter und in Begräbnisstätten auf Malta, Gozo, Kreta und in Irland. Die Spirale erscheint auch als Doppelspirale in beide Drehrichtungen. Manchmal sind zwei Spiralen zu einer Gestalt vereint. Sie steht für das Werden und Vergehen, das Leben und den Tod. Der Weg der Doppelspirale ist der Weg aus einem Zentrum heraus und hinein in eine nächste Dimension, in einen nächsten Lebensabschnitt. Die rechtsdrehende Spirale beginnt dort, woher ich komme, wo sie leblose Materie in Leben umwandelt. Denn von einem Punkt dehnt sich das Leben aus. In die linksdrehende Spirale gehe ich hinein. Sie zeigt den Weg zurück in die Einheit. Von außen führt der Weg zurück zur Mitte, ins Innere, in die Erneuerung.

Grundsätzlich symbolisiert die Spirale Geburt, Leben und Tod. Die Dreiheit der Göttin steht für natürliche Zyklen, Verbundenheit und eine Gesamtsicht. Wir Menschen brauchen in jeder Lebensphase Beziehung, Sicherheit und Autonomie. Das gelingt, wenn wir Bauch, Herz und Kopf miteinander verbinden.

Der Beginn des Lebens ist ein großes Geheimnis. Aus dem dunklen Schoß der Mutter Erde kommen wir, und dorthin kehren wir zurück. Sobald du die Große Mutter, die Göttin, in dein Leben rufst, verbindest du dich wieder mit deinen allertiefsten Wurzeln, deinen Müttern und Ahninnen. Unsere Ahninnen stehen vom Anbeginn der Menschheit mit uns in Verbindung, und wenn du tief in dich hineinspürst und auf deine Träume achtest, kannst du ihre Stimmen hören. Unsere Ahninnen haben in mehr oder weniger unwirtlichen Gegenden gelebt und klimatischen Verhältnissen überlebt. Ihr Wissen brauchen wir heute wieder, um durch die Klimakrise zu kommen. Wenn du diese nahezu unendliche Linie deiner Ahninnen hinter dir spürst, gibt dir das unglaublich viel Kraft und Stärke. Sie haben uns zwar einerseits ihre Traumata vererbt, allerdings auch ihre Resilienz, mit den heutigen Herausforderungen umgehen zu können.

Deine und meine Ahninnen erinnern uns daran, woher wir kommen, und die Göttin zeigt, dass wir mit allem versorgt sind, was wir brauchen. Die Große Mama versichert dir, dass du bedingungslos geliebt wirst. Das ist ihr kostbares Geschenk einer tiefen liebevollen Beziehung. Sie schenkt dir dein Grundvertrauen ins Leben und gibt dir innere Sicherheit. Autonomie erlangst du, wenn dir die Göttin zeigt, welche uralten Weisheiten und Traditionen in dir liegen. Dieses wertvolle Erbe kannst du in die moderne Welt tragen. Mit deinen Fähigkeiten und Kräften kannst du dich selbst, die Gemeinschaft und die kommenden Generationen heilen.

Eine Spirale symbolisiert Bewegung um einen Kreis und darüber hinaus. Sie kehrt immer zu sich zurück, aber nie an den gleichen Ort. Die Locke ist eine Spirale und eine Welle wie der Strudel des Wassers, die Nabelschnur, die große Schlange, die Drehung unserer Galaxie, das Labyrinth, dein individuelles Leben, die Passage zwischen den Welten: Die Geburt geht in den Tod über, der wiederum in die Geburt übergeht.

Dein Erlebtes, Erträumtes und Erfundenes verbindet sich mit der uralten Symbolsprache der weisen Frauen. Deine Mütter und Schwestern kennen Geschichten in Geschichten, die dein Herz berühren. Sie drehen sich umeinander, geben dir Richtung und machen dich stärker.

Die Göttin ist – genau wie du – eine „Und-Frau". Sie besitzt unglaublich viele Facetten, die miteinander verbunden und gleichwertig sind. Sie ist Malerin und Poetin und Dozentin und Tänzerin und Forscherin, Schneiderin, Musikerin, Gärtnerin und Autorin. Sie verbindet Lebensform und Kunst, Magie und Kunst, Malerei und Wort. Die Göttin findet in einer Welt des Mangels die Fülle, die Weite, die Intuition. Und zwar genau da, wo sie ist, und in dem, was sie ist.

Impuls:

Lege eine große Spirale am Strand mit Steinen oder Muscheln, zu Hause mit einem längeren Seil, einer Wäscheleine oder mit Tüchern. Nun betritt die große Schnecke. Lass dir Zeit, bewege dich langsam und sicher, Schritt für Schritt, auf die Mitte zu.

Welche Gedanken melden sich und welche Gefühle hast du auf diesem Weg nach innen? Komme in dein inneres Zuhause und bleibe stehen, spüre nach.
Dann begib dich auf den Rückweg und öffne dich wieder für die Welt. Stell dir vor, du bist wie eine Knospe, die sich öffnet und ihre Schönheit zeigt. Eine wunderschöne erblühte Blume.

Mit der Spirale kannst du auch ein sehr schönes Ritual durchführen, um das alte Jahr zu verabschieden und das neue zu begrüßen. Du kannst es für dich allein machen oder mit anderen gemeinsam.
Zusätzlich zu einem langen Seil brauchst du mehrere Teelichter und entsprechende Untersetzer, damit dein Teppich oder Holzfußboden nicht beschädigt wird. Nachdem du die Spirale gelegt hast, nimmst du ein Licht in die Hand und überlegst, wofür du dankbar bist. Was ist in diesem Jahr geschehen? Wem bist du begegnet? Was hast du erfahren, gelernt, erlebt oder geschenkt bekommen? Nimm das Erste, was dir einfällt, und stelle dafür ein Teelicht neben die Spirale. Dann nimm das nächste. Auf deinem Weg nach innen erleuchtest du deinen Weg mit den „Highlights" des vergangenen Jahres. In der Mitte der Spirale schaust du dich um und dankst für all das Schöne.
Auf dem Rückweg formulierst du dein Ziel oder deine Vorhaben für das kommende Jahr und stellst wieder Kerzen auf. Schaue nun von außen auf deine Spirale und genieße deinen Weg nach innen und nach außen.
Dieses Ritual ist sehr kraftvoll. Es lenkt die Aufmerksamkeit auf all die Geschenke, die wir erhalten haben, und das macht uns glücklich. In meiner Familie ist diese Zeremonie sehr beliebt.

„Verbinde dein Leben wieder mit den geschwungenen Wegen der Natur und erschaffe individuelle Schönheit."

Die Hand der Göttin

Im Volksglauben in Afrika und im Nahen Osten ist die Hamsa ein beliebter und weitverbreiteter Talisman. Hamsa bedeutet „fünf", für die fünf Finger Fatimas. Sie ist bekannt als Zeichen des islamischen Volksglaubens. Christen kennen die segnende Hand Marias. Im Volksglauben des Judentums gibt es die „Hand der Miriam", benannt nach Moses' Schwester.

Die Geschichte der Hand der Göttin reicht jedoch viel weiter zurück, denn es finden sich weibliche Handabdrücke bereits in steinzeitlichen Höhlen in Südfrankreich (Chauvet-Höhle), Argentinien (Cuevas de las Manos) und in Indonesien (Höhlen von Sulawesi).

Zahlreiche Fruchtbarkeits- und Schutzgöttinnen, etwa die Göttinnen Isis, Astarte, Tanit oder Aschtoret, wurden mit ihrem Kind im linken Arm und segnend mit erhobener rechter Hand dargestellt. Auch im Hinduismus sind Göttinnen in dieser Pose zu finden.

Die heutige Bedeutung der Hamsa als Talisman geht zurück auf die mächtige Mondgöttin. Sie wurde in vorislamischer Zeit in Nordafrika verehrt. Diese Handmagie zeigt die unheilabwendende Göttin. Oft wird die Hand mit einem großen Auge in der Mitte abgebildet. Schon im alten Reich in Ägypten wurde das Horusauge als Amulett getragen.

Die Hand der Fatima mit dem göttlichen Auge kann auch als Mondsymbol gedeutet werden und stellt dann die beschützende Kraft der Mondgöttin dar.

Unabhängig vom religiösen und kulturellen Hintergrund gilt die Hamsa als universell schützendes und segnendes Symbol. Sie wehrt böse Geister und den bösen Blick ab, und wir können sie als Schutzzeichen auf Türschwellen, als Talisman oder Schmuckstück finden. Die nach oben weisenden Finger der Hand sind eine Geste, die auf Distanz, Abwehr und Schutz besteht. Weisen die Finger nach unten, zeigen sie die gebende Hand der Göttin, die Glück schenkt. In jedem Fall zeigt die offene Hand Schutz und Segen zugleich.

Impuls:

Achte einmal auf deine Handgesten: Wie fühlt es sich für dich an, wenn du die rechte Hand hebst wie die Hand Fatimas?

„Deine Hände erzählen die Geschichte deines Lebens. Was hast du gesät und geerntet? Welche Wurzeln hast du gesucht und gefunden? Hast du am Herd Küchenmagie geübt, dich und andere mit Speisen gesegnet? Hast du dein Haar gebunden, Künste ausgeübt? Bist du eine Wildfrau, eine Kämpferin, eine sensible Sängerin oder Vogelfrau? Hast du ein Kind in deinen Armen gewiegt, das Fell eines Hundes gekämmt? Können deine Hände zupacken und gleichzeitig zärtliche Geborgenheit schenken?"

Die Yoni

Yoni bedeutet im Sanskrit wörtlich „Ursprung". Sie bezeichnet die weiblichen Geschlechtsmerkmale, insbesondere die Vulva und die Vagina, aber auch die Gebärmutter. Die Vulva als Tor zur Gebärmutter ist ein sehr altes und machtvolles Symbol, denn sie stellt den Ursprung des Lebens dar, das Symbol der Großen Mutter und der weiblich-göttlichen Schöpfungskraft. Darum wird die Vulva in zahlreichen Kulturen rituell verehrt. Sie ist ein Glück bringendes Lebenssymbol gegen böse Mächte, den Tod und die Unterwelt.

Die Göttin der Vulva ist nicht nur eine Fruchtbarkeitsgöttin, sondern auch die Göttin der Freude, des Lachens, der Lust und Lebensfreude. Sie ist eine sehr alte Göttin. Bei den Kelten hieß sie Sheela Na Gig, im antiken Griechenland war sie als Baubo bekannt. Baubo reitet auf einem Schwein, das damals als heiliges Tier galt. Sie zeigt lachend ihre Vulva, wackelt dabei mit den Brüsten und macht obszöne Scherze. Sie ist die „schamlose" Göttin, die Frauen dazu ermutigt, die ureigene Weiblichkeit und Sexualität selbstbewusst und selbstbestimmt zu leben – ohne Scham und Schuldgefühle.

Die weise Frau Völva war eine Seherin, und ihr Name geht zurück auf „volr", Wurzelstock. Dies zeigt, dass die Energie der Vulva oder Yoni (Sanskrit, indisch) Verwurzelung bedeutet. Sie stellt eine Verbindung her zwischen der Weisheit der Frau, der Lebenskraft des Baumes und seinen Wurzeln. Es gibt kleine Frauenfiguren aus hartem Erlenholz, bei denen das natürliche Wachstum zum Symbol für die Frau verarbeitet wurde. Eine kleine Astgabel wird zum Körper mit geöffneten Beinen. Eine Verwachsung zwischen zwei Ästen in einer Astgabel wird zur Vulva. Eine klaffende Wurzel symbolisiert den Schoß einer Frau. Die Frau, der Wald, die Bäume und das Holz waren eng miteinander verbunden.

In Holzhausen am Starnberger See stürzte bei einem Sturm in den 1990er Jahren eine tausendjährige Linde um. Da lag plötzlich eine hölzerne Frau, die mit gespreizten Beinen ihre Vulva präsentierte. Die Gemeinde war überwältigt. Der Baum wurde zersägt, auf den Baumstumpf stellten sie eine Figur der heiligen Maria und waren froh, dass die gewünschte Ordnung wieder hergestellt war.

Der Holzstab steht für die Verbindung zwischen Himmel und Erde und auch zwischen der Frau und der Natur. Einige Funde zeigen einen geschälten Stab. In das getrocknete Holz wurden Bilder, Runen und Symbole geritzt, die für Schutz und Verbindung mit Naturgeistern und Ahninnen sorgen sollten. Der Stab wurde mit Öl oder Bienenwachs wetterfest und haltbar gemacht. Aus schamanischen Traditionen ist bekannt, dass im Stab die Kraft des Waldes liegt. Bäume sind sehr alte Wesen. Es gibt sie seit 400 Millionen Jahren. Menschen gibt es dagegen erst seit ungefähr vier Millionen Jahren. Was der Haselzweig, der Eichenstab oder die Weidenrute berührt, wandelt sich. Deshalb ist der Zauberstab auch heute noch ein Zeichen der Magie.

Doch uns ist der Zauberer mit dem Zauberstab vertrauter als die Stabträgerin. Bei Tolkien im „Herr der Ringe" besitzt Gandalf den mächtigen Zauberstab, und Harry Potter ist ein grandioser Zauberer. Dies entspricht dem roten Faden entlang der Geschichte, der Ausradierung der weiblichen Kraft. Zuerst verschwinden die Namen der zauberkundigen Frauen, dann die Symbole der Göttinnen. So verlieren Frauen allmählich die Verbindung zu ihren Gefühlen und spüren ihre Kraft nicht mehr. Doch wir erinnern uns: Ursprünglich war der Stab der Macht in der Hand einer Seherin, Heilerin, Medizinfrau oder Schamanin. Gerade aufgerichtet und mit klarem Blick, hielt sie den Stab, klopfte dreimal kraftvoll auf die Erde und rief die Kräfte. Der Sturm legte sich. Die Tiere kamen. Der Geist der Heilung näherte sich. Die Feinde liefen in die Irre. Das Geheimnis war geschützt. Das Kind wurde gefunden.

Der Stab der Macht in den Händen einer Frau verbindet sie mit der Unterwelt, der Urmutter, der Wurzelkraft und ihren Ahninnen. Gleichzeitig ist sie verbunden mit der Mittelwelt, also der körperlich-materiellen Ebene, unserem Alltag. Und sie ruft die Oberwelt, die geflügelten und göttlichen Wesen. Nur wenn alle drei Ebenen miteinander verbunden sind, entsteht die Weisheit und Zauberkraft, mit der sie die Wirklichkeit verwandeln kann.

Yoni beschreibt die weiblichen Genitalien: Vulva, Vagina und Uterus, also den gesamten Schoßraum. Sie sind die Quelle unserer Lebens- und Schöpfungskraft. Leider hat der weibliche Schoßraum in den vergangenen Jahrhunderten bis in die jetzige Zeit viele Verletzungen erfahren. Wie mittlerweile wissenschaftlich bestätigt ist, werden Traumata über unsere Gene weitergereicht in die folgenden Generationen. Da hat sich viel Ballast angehäuft: beispielsweise die lange während Unterdrückung der Frauen, die Macht der Kirche, ihre Doppelmoral und Sicht auf unsere Sexualität und Lust, die Hexenverfolgung, Kriegserfahrungen, Vergewaltigungen, traumatisierende Geburten. Wir leben heute in einer Zeit, in der all die alten Geschichten an die Oberfläche kommen. Alles will gesehen und geheilt werden. Wir wollen heil und ganz sein. Doch Frauen sind immer konfrontiert mit schweren Scham- und Schuldgefühlen. Wir haben oft das Gefühl, dass unsere weibliche Lust nicht sein dürfe. Wir dürften nicht lustvoll sein und unsere Sexualität genießen. Die Geburt der Kinder verursacht starke Geburtstraumata und das Gefühl, versagt zu haben. Wir unterdrücken oft unsere Lebenslust und versuchen im Alltag, als Mutter zu funktionieren. Doch wir können unser Frausein auf vielfältige Weise ausdrücken.

Impuls:

Halte bei deinem nächsten Spaziergang einmal Ausschau nach einer weiblichen Astgabel oder nach einem Stab der Macht für dich ganz allein.

„Was geschieht mit dir, wenn wir uralte Erinnerungskisten öffnen? Fühlst du dich unwohl oder sogar als Frau beschämt? Die weibliche Kraft ist nichts, was es zu verheimlichen oder zu verstecken gilt. Denn was geschähe mit der Gemeinschaft, wenn ab jetzt keine Frau mehr Kinder gebären könnte?“

Die magischen Drei

Die Göttin zeigt die Frau, die frei ist, die ihre Umwelt aktiv gestaltet, menschliche Kultur erschafft und verändert. Die Göttin beflügelt die Kreativität von Frauen und ermutigt uns, in der Öffentlichkeit zu wirken. Das Weltbild der Göttin ist ganzheitlich und von höchster politischer Brisanz. Die Frau und Göttin zeigt sich in ihrer dreifachen Gestalt als Mädchen, Frau und Greisin. Sie ist die Lichtbringerin (Mädchengöttin), die Liebes- und Lebensbringerin (Frauengöttin) und die Bringerin von Weisheit, Tod und Wiedergeburt (Greisingöttin). Bestimmte Symbole, heilige Tiere und Gegenstände sind ihren drei Gestalten zugeordnet: der Mädchengöttin Pfeil und Bogen aus Silber, der Frauengöttin der rote Liebesapfel, der Greisengöttin Spindel und Schicksalsfaden. In Höhlenmalereien symbolisieren drei Striche, die parallel verlaufen, den Lebensweg von Frauen. Bekannt ist auch die Triskele. Sie besteht aus drei Spiralen, die im Kreis miteinander verbunden sind.

Die Dreiheit holt die Menschen in ihrer Erfahrungswelt ab. Denn etwas dreifach Strukturiertes treffen wir in fast allen

Bereichen der Wirklichkeit an. Der Mensch besteht aus Körper, Geist und Seele. Der Körper aus Bauch, Herz und Kopf. Unsere Stressmuster sind Angriff, Totstellung und Flucht. Die Familie besteht aus Mutter, Vater und Kind. Sigmund Freud unterteilt unsere Psyche in Ich, Es und Über-Ich. Das Dramadreieck erkennt Täter, Opfer und Retter. Ein Satz besteht aus Subjekt, Prädikat, Objekt. In der Zeit unterscheiden wir Vergangenheit, Gegenwart und Zukunft. Im Christentum gibt es den Vater, den Sohn und den Heiligen Geist und die drei Weisen aus dem Morgenland. Die drei magischen, indianischen Schwestern sind Mais, Bohne und Kürbis. Ein Atom besteht aus Proton, Elektron und Neutron. Wir haben drei menschliche Grundbedürfnisse: Beziehung, Sicherheit und Autonomie.

Die Perspektive aus drei unterschiedlichen Richtungen gibt Halt, Klarheit und Sicherheit. Sie ist fest gegründet wie ein dreibeiniger Melkschemel oder Tisch und verbindet uns mit der Erde. Es gibt nicht nur ein Entweder-oder, Schwarz oder Weiß, sondern eine sehr viel größere Differenziertheit. Trotzdem bleibt der gesamte Bereich überschaubar und gut strukturiert. Welch tiefsinniges und vielseitiges Symbol …

Impuls:

Die Göttin fragt dich: „Hast du dich beflügeln lassen von deiner Fantasie? Hast du am Lagerfeuer Geschichten erzählt und den Frauen zugehört? Hast du deinen Einfällen erlaubt, dich reich zu machen? Hast du deine Träume gelebt? Bist du neugierig auf das, was noch kommt?“

„Ich bin all das, was immer wiederkehrt und niemals stirbt. Im ewigen Kreislauf der Zeit erneuere ich mich jedes Jahr. Ich blute, doch ich sterbe nicht. Ich behalte mein Blut für mich und werde weise. So tanze ich entlang der Spirale und ändere meine Gestalt, indem ich dem Horizont entgegengehe. Im Frühling erscheine ich als junges Mädchen und wecke die gesamte Natur. Im Sommer bin ich die fruchtbare Frau und kreative Mutter. Im Herbst zeige ich mich als reiche Erntegöttin, und im Winter schlafe ich als weise, alte Frau unter einer Decke aus Schnee. Ich altere zwar, doch meine Wanderung führt mich stets nach Osten. Dort treffe ich mich selbst wieder und kehre als junges Mädchen zurück."

Die goldene Schale

Die goldene Schale ist ein Symbol für die Leben schenkende große Mutter. Sie besitzt einen großen Kessel. In ihrem Inneren wohnen die Kreativität und Kraft, um Dinge zum Guten zu wenden. An diesem geheimen Ort weiß sie, was zu tun ist, um das Leben zu schützen und zu nähren. Hier ist die ursprüngliche Heimat von Heilung, Liebe, Schönheit, Frieden. In ihrer Gebärmutter, dem heiligen Gral, webt die Göttin ihre heiligen Träume und singt sie ins Leben.

Die uralte Großmutter rührt gerade kräftig in ihrem Zauberkessel der Transformation. Sie hilft dir, all den Anteilen zu begegnen, die schon lange gesehen werden möchten. Die Große Mutter ruft dich, damit du in den Zauberkessel tauchst. Sie ist bei dir und umarmt dich, wenn du deine Ängste anschaust, sie verwandelst und all das Alte gehen lässt, was dich daran hindert, deine innere Wahrheit auszudrücken. Du kannst so vieles hinter dir lassen. Lass dich einfach fallen, vertraue der Großen Mutter. Du musst nichts kontrollieren. Lass vieles weg, deine Essenz bleibt. Im großen Zauberkessel bist du unverdeckt, ohne Maske und ohne Schutz, ganz pur. Und du erkennst, dass das überwältigend ist, weil es so viel ist. Mehr als genug. Das Alte stirbt in der goldenen Zauberschale, damit dein wahres Selbst geboren wird. Deine Kraft, deine Essenz, deine Weisheit ... All das wartet darauf, dass du dich daran erinnerst, damit du mit deiner göttlichen Energie die Welt veränderst.

Obwohl wir inzwischen erwachsen sind, dürfen wir uns an die Große Mutter wenden, wenn uns etwas belastet. Wir bleiben immer ihre Kinder, und wenn wir nicht weiterkommen, unterstützt sie uns gern auf unserem Weg.

Impuls:

Wenn dich vieles belastet, das du loswerden willst, geh in die Natur oder in den Garten. Grabe ein Loch und atme bewusst in Mutter Erde. Atme alles aus, was dich bedrückt: alle Sorgen, Kummer, Ärger oder Wut.
Oder du schließt die Augen und atmest in deiner Vorstellung in eine goldene Schale all das, was dich belastet.
Schon nach einigen Minuten hast du alles abgegeben und spürst eine deutliche Erleichterung.
So übernimmst du Verantwortung und kannst dich selbst heilen. Ab jetzt kannst du dich auf Ziele konzentrieren anstatt auf das, was hinter dir liegt.

„Genau jetzt ist die Zeit, dass du heilst und deine Essenz lebst. Dein Mut zu handeln wächst. Dabei kann dir die Beschäftigung mit deinem kostbaren Erbe helfen, das deine Ahninnen und Ahnen hinterlassen haben. Sie haben es für dich und diese herausfordernde Zeit bewahrt."

Teil 4

Frauen und Göttinnen der vier Elemente

Die Göttin weiß, dass Frauen ganz unterschiedlich sind. Es gibt wilde Frauen, brave Frauen, aufrührerische Frauen, zähe Frauen, abenteuerlustige Frauen, angepasste Frauen, schwache Frauen, liebevolle Frauen, grausame Frauen. Frauen sind fantasielos, gewitzt, erfinderisch, langweilig, einfältig, raffiniert, geistvoll, lähmend, gefährlich, reiselustig, laut, kriegerisch, erdig, luftig, feurig, prophetisch, impulsiv, strohdumm, intuitiv und vieles mehr. Wir haben alle Kräfte in uns, die es überhaupt gibt, und je nachdem, wie unsere Kindheit und Jugend verliefen, welche Entscheidungen wir trafen und wie mutig wir waren, konnten wir unsere Kräfte und Talente ausbilden oder nicht. Die vielen unterschiedlichen Frauen zeigen, dass wir das Klischee der Weiblichkeit facettenreich auflösen sollten. Denn weiblich ist alles, was eine Frau lebt. Menschen teilen viele Gemeinsamkeiten miteinander, und gleichzeitig unterscheiden sie sich sehr voneinander. Frauen sind die eine Hälfte der Weltbevölkerung, und auch sie lassen sich nicht auf wenige Klischees reduzieren.

Wenn ich Frauen schreibe, meine ich nicht nur Menschen in einem weiblichen Körper, sondern alle, die ihre femininen Qualitäten und ihre weibliche Seite entdecken und stärken wollen. Gerade verschwimmen die Grenzen zwischen weiblich und männlich, und es ist selbstverständlich, dass sich auch Männer weiblich ausdrücken und empfinden können bzw. Frauen häufig männliche Verhaltensweisen zeigen.

Selbstverständlich geht es mir überhaupt nicht darum, dass wir Göttinnen anbeten! Ich bin eine Frau und genieße es, die Vielfalt der weiblichen göttlichen Kraft in mir und in allen Frauen zu feiern und zu stärken. Was wir heute Göttinnen nennen, waren wahrscheinlich besondere Frauen, unsere Ahninnen, die Herausragendes leisteten und hoch entwickelte Fähigkeiten besaßen. Sie waren unsere Vormütter, wurden verehrt und galten als Vorbilder. Von ihrem Leben wurde oft erzählt, die Frauen merkten sich ihre Namen und riefen sie an, wenn sie die Kräfte der Göttin brauchten. Und so kommt es, dass es in jedem Land, in jeder Frau, in jeder Himmelsrichtung, in jedem Element, in jedem Stamm und in jeder Nation Göttinnen gibt. Auch in jeder monotheistischen Religion gibt es die Göttin. Denn ohne sie ist alles nichts. Keine Religion kann auf die Mutter Gottes verzichten! Sie ist die All-Einige, die eine Göttin ist. Der berühmteste Sohn der Urgöttin Kore war Mohamed, der Prophet, der mit dem Koran die Weisheiten seiner Mutter festschrieb. Fatima, seine Schwester, blieb die Göttin der Frauen. Sie wendet mit ihrer Hand Unheil ab (die Hand der Fatima) und lindert die Not. Tara wurde von den Buddhisten ebenso integriert wie die Göttin Phalden Lhamo, die Dunkle, Grausame, die Dämonin. Sie wurde sogar zur Schutzgöttin des Dalai Lama. Im Christentum erhält die Mutter Gottes Respekt. Wallfahrten und Votivgaben, also gelebte Religiosität, gelten der Göttin Maria.

Mythen sind wahr. Ursprünglich heißt es, Mythen seien „das wahre Wort von Göttinnen und Göttern". Doch sie wurden verändert und zu Lügenmärchen. Der Mythos betrifft das Leben der Seele und der Welt. In allen Völkern gibt es Mythologien, in denen zahlreiche weibliche Kräfte vorhanden sind. Göttinnen zeigen uns den lebendigen und ständigen Wandlungsprozess weiblicher Kraft und Wirklichkeit. Sie lebten die weibliche Energie, die sich in realen Frauen zeigt, in Ahninnen, in Legenden- und Sagengestalten und in der Literatur. Sie wurden vielleicht mythisch und religiös überhöht, aber es sind immer Frauen, von denen wir lernen können. Ihre Facetten weiblicher Kraft kannst du erleben, erforschen und erspüren. Du kannst die Göttin rufen, malen, feiern und gestalten und so die vielen Aspekte weiblicher Lebendigkeit in dein Leben holen und dich daran stärken.

Unsere Ahninnen waren unglaublich kreativ darin, Neues zu erfinden, zu entdecken und zu benennen. Es gibt unzählige Göttinnen, die Frauen darin bestätigen, unabhängig und selbstbewusst ihre Macht und Magie auszuüben – immer zum Wohl der Gemeinschaft. Auffällig ist, dass alle uralten Göttinnenfiguren ein gerades Rückgrat haben. So lehrt uns die Göttin allein durch ihre Haltung, dass es wichtig ist, dass wir in unserer Mitte bleiben, uns nicht verbiegen und brechen lassen. Sie legt großen Wert auf die innere Balance und sagt:

„Die Vergangenheit war einmal dein Hier und Jetzt. Jetzt ist sie verflossen, und ich hoffe, du hast sie gut genutzt. Bald wirst du in der Zukunft leben. Aber noch nicht jetzt! Bleibe in der Mitte! In deiner Mitte wird alles gut sein!"

Die Erfahrung zeigt, dass es für viele Menschen schwer ist, Frieden zu schließen mit den Eltern, Geschwistern und mit der Herkunftsfamilie. Es gibt Erwartungen, Ungerechtigkeiten, Erbschaftsstreitigkeiten. So wird die Familie zur Belastung. In ihrer eigenen Familie gibt es dann häufig die gleichen oder ähnliche Probleme. Da bleibt dann keine Kraft mehr, um auf die Großeltern zu schauen oder sogar noch an frühere Generationen zu denken oder ihnen für das Leben zu danken. So leben wir ohne den Segen der Ahnen, die uns große Kraft und Weisheit schenken können und möchten. In Familienaufstellungen zeigen sich unzählige Konflikte. Sie können gelöst werden, wenn jeder einen guten Platz im Familiensystem findet, zu dem er oder sie gehört. Es ist ein

Platz, wo er gesehen und gewürdigt wird. Dann kann die Liebe wieder fließen, und jeder kann sich frei entfalten. Die Familie ist dann mehr als die Summe der Teile sowie eine Quelle der Geborgenheit und des Glücks.

Ich habe einen sehr alten Segen gefunden, der diese Gedanken wunderschön und poetisch ausdrückt. Er ist für die Seele eine Wohltat. Ich möchte ihn dir zum Geschenk machen.

Ein wunderschöner mexikanischer Nahuatl-Segen aus dem 7. Jahrhundert

Ich befreie meine Eltern
von dem Gefühl,
dass sie mit mir versagt haben.

Ich befreie meine Kinder
von der Notwendigkeit,
mich stolz machen zu müssen.
Mögen sie ihre eigenen Wege
nach Herzenslust gehen.
Mögen sie ihren Instinkten folgen
und so ihre Träume verwirklichen.

Ich entbinde meinen Partner
von der Verpflichtung,
mich zu vervollständigen.

Mir fehlt nichts,
ich lerne die ganze Zeit
mit allen Wesen.

Ich danke meinen Großeltern
und meinen Vorfahren,
die zusammengekommen sind,
damit ich heute
das Leben atmen kann.

Ich befreie sie
von früherem Versagen
und unvollendeten Wünschen,
wissend, dass sie ihr Bestes
getan haben,
um ihre Lebensumstände
in bester Art und Weise
zu tragen,
wie es ihnen möglich war.

Ich ehre sie, liebe sie
und erkenne sie
als frei von aller Schuld an.

Ich ziehe meine Seele
vor ihren Augen aus,
deshalb wissen sie,
dass ich nichts mehr
verstecke oder schulde,
als mir selbst und
meiner eigenen Existenz
treu zu sein,
indem ich der Weisheit
meines Herzens folge.

Ich erfülle meinen Lebensplan
frei von familiärer Loyalität.
Ich weiß, dass mein Friede
und mein Glück
in meiner eigenen
Verantwortung liegen.
Ich verzichte auf die Rolle
des Retters, derjenige zu sein,
der die Erwartungen anderer
vereint oder erfüllt.

Indem ich durch
und nur durch Liebe lerne,
ehre ich meine Essenz
und segne mein Wesen
und meine Ausdrucksweise,
auch wenn man mich
vielleicht nicht versteht.

Ich verstehe mich,
weil nur ich meine Geschichte
gelebt und erlebt habe.
Weil ich mich selbst kenne,
weiß ich, wer ich bin,
was ich fühle, was ich tue
und warum ich es tue.

Ich ehre mich,
ich liebe mich
und erkenne mich
als frei von Schuld an.

Ich ehre dich,
ich liebe dich
und erkenne dich
als frei von Schuld an.

Ich ehre die Göttlichkeit
in mir und in dir.
Wir sind frei …

Die Göttin lehrt uns Rituale, Symbole, magische Übungen, Gebete und Dank. Sie weiß, wie wichtig Geschichten für die emotionale Gesundheit sind. Darum können wir überall die Weisheit von Göttinnen wiederentdecken: in Legenden, Märchen, Sagen, Witzen, Kinderspielen und -reimen, Liedern, Volkssagen, Namen von Bergen und Orten, Tabus und Geheimnissen.

Indem wir die Große Göttin vom Staub der Zeit befreien, legen wir unsere eigenen weiblichen Kräfte frei. Das bedeutet, wir schreiben die ununterbrochene Geschichte weiblicher Macht neu und holen sie uns zurück.

Die Göttin tritt jedoch nicht von außen in dich ein, denn ihre Heimat ist tief in jeder Frau. Die Vergangenheit hält sie nun nicht länger zurück, darum wird sie gerade jetzt wieder neu belebt. Indem du die Göttin in dein Bewusstsein rufst, wird sie neugeboren und zeigt sich immer deutlicher. Sie wächst durch deine Liebe zu dir selbst und wird gepflegt von edlem Denken. Die Göttin ist Ausdruck deiner Integrität und deines Wertes als Frau. Dein eigener Wert ist dir durch die harte Arbeit für dein persönliches Wachstum bewusst geworden. Du hast ihn dir selbst kreiert, indem du die Hoffnung nie aufgegeben hast.

Es gibt unzählig viele Göttinnen. Sie zeigen die Vielfalt des Weiblichen in seiner ganzen Bandbreite. Doch im Grunde ist es immer die eine Große Göttin, die in vielen unterschiedlichen Erscheinungsformen unser Bewusstsein erreicht.

Wir Frauen sind ganz unterschiedlich – gerade so wie all die verschiedenen Göttinnen der Kulturen. Die Große Göttin erfindet sich immer wieder neu und zeigt uns Frauen in unserer göttlichen, kraftvollsten Version. Jede Kultur gibt ihr andere Namen, doch immer geht es um die dreifache Göttin. Als Mädchen und junge Frau trägt sie ein weißes Kleid zum Zeichen ihrer Unschuld und Reinheit. Als Frau, die gebären kann, zeigt sie sich voller Energie und Lebensfreude im roten Kleid, und als alte weise Frau, die voller Lebenserfahrung und Geheimnisse ist, trägt sie Schwarz. Die Frau wandelt sich wie die Göttin ständig und zeigt ganz unterschiedliche Facetten ihres Wesens.

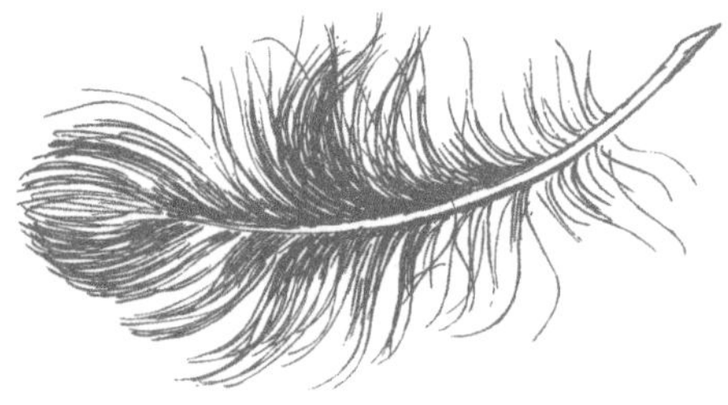

Der verwunschene Garten der Göttin

Wenn du dich mit der Göttin beschäftigst, ist es so, als ob du einen verwunschenen, völlig verwilderten Garten betrittst und voller Abenteuerlust jeden Winkel erforschst. Schließlich triffst du auf einen ganz abgelegenen Teil des Gartens und entdeckst dort ein verlassenes Haus, das fremdartig und doch seltsam vertraut wirkt. Es steht auf einem kleinen Hügel, doch versteckt hinter Blumen. Es scheint aus einem alten Märchenbuch zu stammen, denn Rosen ranken daran hoch. Der Anblick und der zarte Duft locken und verzaubern dich. Du gehst die drei Stufen hoch, öffnest die geschnitzte Holztür und trittst ein. Was du nun siehst, ist so unerwartet und prächtig, dass du dich gar nicht sattsehen kannst. Die Wände sind mit rotem Samt bespannt, der mit kleinen glitzernden Spiegeln, Perlen, uralten Symbolen und Edelsteinen besetzt ist. Doch am meisten faszinieren dich die Fenster. Sie bestehen aus winzigen Stücken seltsam geformten Glases in verschiedenen Farben. Sie fügen sich wie ein glitzerndes Puzzle ineinander. Das Licht, das durch die Fenster fällt, zersplittert in Myriaden vielfältiger Fragmente und schafft den Eindruck eines kunstvoll funkelnden Teppichs.

Bei längerem Hinsehen entdeckst du wunderbare, ineinander verschlungene Muster, die an den Wänden entlang ranken. Du unterscheidest Zeichen, Symbole und Buchstaben. Aber du kannst sie nicht entziffern und merkst schnell, dass es dir nicht durch Nachdenken gelingt. Darum lässt du deinen Blick ganz weich werden, sodass er über die Zeichen streift und sich nicht daran festhält. Du bekommst ein Gefühl, einen zarten Eindruck von einem Wort wie „Anmut". Nun vertraust du deiner Intuition und fühlst dich leichter. Du stellst dich auf eine Spiegelung am Boden, schließt die Augen und spürst in dich hinein, um zu erkennen, welche geheime Botschaft hier für dich hinterlegt ist. Wieder ist es wie ein Hauch, eine kurze Impression, und es formt sich in deinem Inneren das Wort „Einfachheit". Auf einem anderen Symbol ist die Botschaft „Abenteuer".

Dir wird klar, dass auch in dir eine bunte Vielfalt lebt, die ohne Einschränkungen zum Ausdruck kommen möchte. Du fühlst dich wie ein Regenbogen aus buntem Licht! Du weißt tief in deinem Bauch: Du bist viel mehr, als du dachtest, und du kannst viel mehr, als du vermutet hast. Du bist immer noch eine Frau und gleichzeitig eine Göttin. Sie zeigt dir die Fülle, die auch in dir wohnt. Sie ist bunt, kraftvoll, stürmisch, liebevoll, stark – und du bist all dies. All die Schönheit um dich herum bist du. Darum bleibe noch eine Weile in dem bezaubernden, magischen Raum. Lege dich auf das Himmelbett, das in der Mitte des Raumes steht, und genieße die Ruhe, die Schönheit, das Licht und deine Träume. Nimm dir so viel Zeit, wie du magst. Wenn du dich entscheidest zu gehen, lasse ein kleines Geschenk zurück. In deiner Jackentasche findest du eine wunderschöne Muschel. Hauche ein „Danke" auf sie und verlasse auf leisen Sohlen deinen heiligen Raum. Verschließe die Tür in dem Wissen, dass du jederzeit hierher zurückkommen kannst, um dich daran zu erinnern, wer du bist. Kehre langsam zurück in deinen Alltag.

Du hast gerade erlebt, wie unermesslich die Fülle und Schönheit ist, wenn sie sich an einem Ort versammelt. Es entsteht etwas völlig Neues, etwas Originelles, das es nur ein einziges Mal gibt. Dieser Traum ist in deiner Vorstellung entstanden.

Du hast einen Ort kreiert, der dir guttut, wo du dich entspannen kannst, wo du Kraft schöpfst, um die Welt zu einer besseren Welt zu machen. Dies kann dein heiliger Rückzugsort sein, der nur dir gehört und an den du jederzeit zurückkehrst, wenn du dich ausruhen möchtest, dich entscheiden musst oder etwas Neues kreieren und in die Welt bringen möchtest. Bewahre den Schlüssel in deinem Herzen und schütze diesen Geheimort.

Vielleicht hast du dich irgendwann gefragt, ob du dich für einen der wunderschönen Aspekte der Göttin entscheiden musst. Jetzt weißt du, du kannst alles sein! Du musst dich nicht entscheiden zwischen Muttersein und deiner Berufung. Du kannst zu all deinen Aspekten Ja sagen: „Ja, ich bin Mutter. Ja, ich bin Künstlerin. Ja, ich bin Autorin. Ja, ich bin Lehrerin. Ja, ich bin Priesterin … Ja, ich bin eine kraftvolle und kreative Frau." Dann öffnen sich Türen und Wege, die es möglich machen, dass du all diese Aspekte verbindest und leben kannst. Du bist Tochter, Mutter, Schwester, Tante, Großmutter, Kriegerin, Heilerin, Priesterin, Lehrerin, Liebende, Löwin und ein wunderschöner Kolibri. Du bist all das und noch vieles mehr.

Göttinnen beschreiben und repräsentieren die überwältigende Frauenkraft. Diese unglaubliche Vielfalt der Göttinnen hebt das lineare Fließen der Zeit auf. Das bedeutet: Göttinnen sind frei von Zeit und Raum. Sie sind unsere Vorbilder, sie prägen und ermächtigen uns. Da es sehr unterschiedliche Frauen gibt, spiegeln Göttinnen diese komplexe weibliche Wirklichkeit wider. Sie regen dich und mich dazu an, uns immer wieder neu zu erfinden.

Einige Qualitäten der Frauen und Göttinnen sind universell und betreffen die vier Elemente: Erde, Luft, Wasser und

Feuer. Sie sind alle in uns Menschen vertreten, denn wir leben alle gemeinsam als Menschenfamilie auf der Erde. Wir atmen die gleiche Luft, sehen die Sonne aufgehen, spüren unsere Leidenschaft und bestehen zum großen Teil aus Wasser.

Es bringt dir viel Klarheit, wenn du weißt, welchem Element du dich gerade jetzt am meisten zugehörig fühlst und welche Göttin deine Persönlichkeit in dieser Lebensphase am besten repräsentiert. Dies kann sich durchaus mit der Zeit ändern, wenn andere Aufgaben und Lebensumstände eintreten. Denn es existieren unzählige Facetten in jeder Frau, die vielleicht sogar im Laufe eines Tages abwechselnd aufleuchten. Die Unterteilung in Frauen der Erde, Frauen des Feuers, Frauen des Windes und Frauen des Meeres hilft dir zu erkennen, welche Energie im Moment in deinem Leben gerade aktiv ist. Oder welche Kraft dich gerade herausfordert und an deine Seelentür klopft, um ausgeglichen zu werden. Unsere Ahninnen erinnern uns daran, dass Rituale mit den Elementen unserer Seele ein inneres Zuhause bieten. Dort finden wir die Göttin, die in dir und mir lebt. Wir wissen dann wieder, wer wir sind.

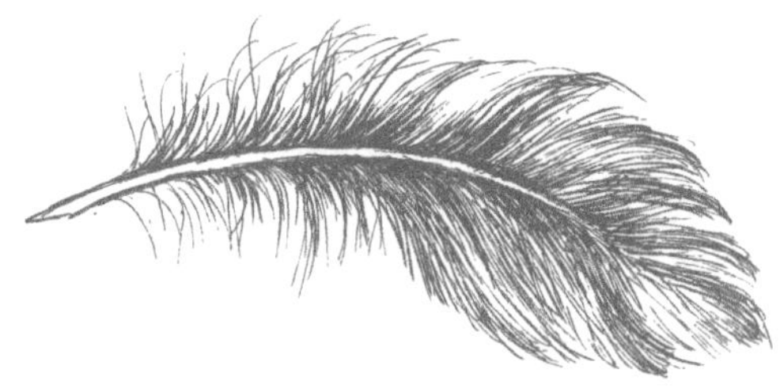

Der magische Kreis der vier Elemente

Ich bin die Göttin in dir

Ich bin die Göttin in dir.
Lange habe ich verborgen
in dir geruht.
Du wusstest nicht,
dass ich so nah bin,
in deiner Mitte,
an deinem geheimen Ort.
Ich war versteckt
hinter all deinem Schmerz,
deiner Trauer und Wut.

Und du hast mich abgelehnt,
weil du die Energien
nicht trennen konntest,
die du tief in dir gefühlt hast.
So hast du deine Mutter abgelehnt
und sogar dein ganzes Leben.

Darum habe ich dir jetzt
Zeit geschenkt,
damit du dich fühlst,
in dein Innerstes spürst,
dich mit deinen alten Emotionen
auseinandersetzt
und die Beziehung
zu deiner leiblichen Mutter heilst.

Schließlich hast du selbst
den Schleier gelüftet,
und nun kannst du mich,
die Göttliche Mutter, wahrnehmen.
Du bist meine Schwester,
meine wunderbare Tochter,
meine geliebte Enkelin.
Ich segne dich mit
meiner bedingungslosen
göttlichen Mutterliebe.

Erinnere dich:
Wir waren und sind nicht getrennt,
sondern ganz eng
miteinander verbunden.
Ich spreche schon immer zu dir
in deinen Träumen, Meditationen,
Intuitionen, Ideen und Instinkten.

Ich sende dir Botschaften,
die dich wie Schmetterlinge berühren.
Du spürst ein leichtes Zittern,
vernimmst ein leises Summen,
siehst zarte Farben oder sanftes Licht,
riechst Blütenduft,
ohne dass Blumen da sind.

So nehme ich Kontakt mit dir auf
durch Ahnungen.
Und du antwortest –
häufig noch unbewusst,
indem du deinen Impulsen folgst.

Doch langsam gewöhnst du dich
an meine zarte Sprache
und lauschst nach innen
auf meine Botschaften.

Wenn du dir und mir vertraust,
nimmt dein Strahlen zu
und deine innere Sicherheit.
Denn du nährst mich
mit deiner Aufmerksamkeit und Liebe.
So wachse ich,
bis ich dein ganzes Wesen ausfülle
und du
zur strahlenden Göttin geworden bist.

Ich bin die Göttin in dir.

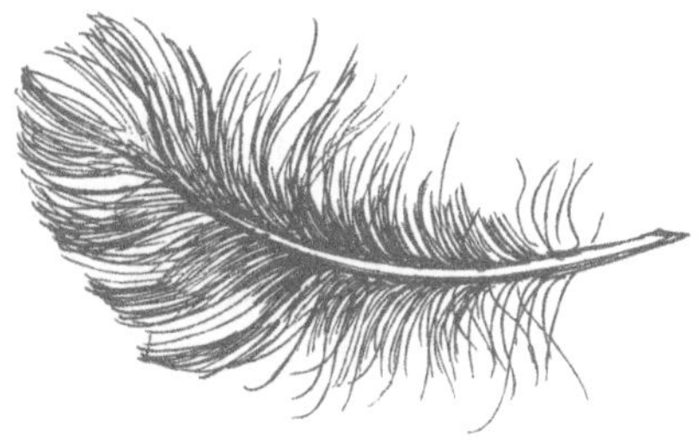

Frauen und Göttinnen der Erde

Die Erde

Unsere Erde ist ungefähr 4,6 Milliarden Jahre alt. Um Zusammenhänge klar zu erkennen, sehen wir Mutter Erde einfach als menschliche Frau von ungefähr 46 Jahren. Ihre Kindheit und Jugend sind für uns ein Geheimnis. Wir wissen ein bisschen von ihrer Geschichte, seit sie 42 Jahre ist, denn da begann sie zu erblühen. Als sie 44 Jahre alt war, bevölkerten Dinosaurier den Planeten, und vor knapp acht Monaten entwickelten sich die ersten Säugetiere. Seit der letzten Woche gibt es Menschenaffen und erst seit vier Stunden den modernen Menschen. Vor einer Stunde hat er den Ackerbau erlernt, und vor einer Minute begann die industrielle Revolution. In diesen letzten sechzig Sekunden hat der Mensch seine Mutter sehr schlecht behandelt. Er ruiniert ihre Schönheit, indem er Tausende von Pflanzen- und Tierarten ausrottet. Er bringt unzählige andere Menschen um, vergiftet Boden, Luft und Wasser, plündert die Rohstoffreserven des Planeten und belastet künftige Generationen mit strahlendem Abfall.

In den nächsten Sekunden entscheiden wir, ob das Leben auf der Erde für die Enkel unserer Kinder überhaupt möglich ist. Hoffnung ruht auf der Jugend, dass wir dieses Jahrhundert überleben, denn jetzt müssen Menschen weit vorausdenken.

Die Erdgöttin sagt: „Erinnert euch an mein kostbarstes Geschenk: das Leben! Ich bin eure Mutter und habe es so eingerichtet, dass euch Schönheit, Harmonie und Vielfalt erfreut und versorgt. Ich habe viele Kinder, und ihr habt wunderbare Gefährten, die euch lieben. Sie tragen Fell, Federn oder Schuppen. Ihr besitzt unbegrenzte Möglichkeiten, gerade so wie ich: Ihr könnt lieben, Leben schenken und Wunder vollbringen. Denn ihr seid selbst Wunderwesen. Wacht auf und erinnert euch!“

Frauen der Erde

Erdfrauen stehen mit beiden Füßen fest auf der Erde. Sie tragen flache Schuhe oder gehen barfuß und lieben es, im Morgentau den neuen Tag zu begrüßen. Diese Frauen sind tief verwurzelt mit Land unter ihren Füßen, in der Natur und in ihrer eigenen Mitte. Ganz deutlich wird dies bei Gärtnerinnen. Sie sind praktisch und tatkräftig, bereit, sich die Hände schmutzig zu machen, tief zu graben, zu säen und zu pflanzen. Auch Bäuerinnen übernehmen ganz selbstverständlich die Verantwortung für das Land, die Tiere und Menschen, die ihnen anvertraut sind. Im Laufe der Zeit haben sie gelernt, geduldig zu sein und zu warten, bis alles wächst. Sie wissen, dass Gras und Korn nicht schneller wachsen, wenn sie ungeduldig daran ziehen.

Erdfrauen sind die Großmütter in der Küche, die mit ihren Händen, Herzen und vielen Erfahrungen Speisen zubereiten. Ihr Essen schmeckt süß, bittersüß, scharf, mild oder würzig, und es berührt immer deine Seele. Diese Frauen kennen Rezepte für Apfelkompott, so wie es ihre Oma zubereitete. Sie wissen, wie sie die Wöchnerinnensuppe kochen, und haben unzählige köstliche Geburtstagskuchen gebacken. Die Gaben dieser mütterlichen Frauen kommen aus der Fülle der Natur und ihres Herzens. Wer an ihrem Tisch sitzt, stillt nicht nur den Hunger seines Körpers, sondern bekommt großzügig Sicherheit, Ruhe und Kraft geschenkt.

> *In meinem Leben gab es intensive Erdzeiten, die mich sehr gefordert und tief verwurzelt haben. Ich hatte immer einen engen Bezug zur Natur und häufig einen Garten. Mich erdete das intensive Familienleben mit fünf Kindern, Hund, Haus und einem Partner, der meistens abwesend war. Die Liebe zu meiner Familie brachte mich dazu, mich ganz auf die Rolle als Mutter und Hausfrau einzulassen, Verantwortung zu übernehmen, mir die Hände schmutzig zu machen, geduldig zu sein und das Vertrauen zu entwickeln, dass alles einen guten Weg geht. Und doch lebte ich nicht an einem Ort, der sich als Heimat anfühlte. Meine Ursprungsfamilie und Freunde wohnten weit entfernt. Für mich war dies eine herausfordernde Zeit, in der ich mein inneres Labyrinth erkundete und den Weg allein wieder herausfinden musste. Irgendwann entdeckte ich den Ausgang, und die Sonne schien wieder. Ich entschied mich für einen Umzug, es kamen wunderbare Lehrer in mein Leben, und anschließend war ich wie verwandelt. Ich fühlte mich so, als hätte ich eine alte, graue Haut abgestreift. Ab da konnte ich die Schönheit, die mich umgibt, wieder sehen.*

Viele Erdfrauen haben ein Geheimnis, das so geheim ist, dass sie es oft vor sich selbst verbergen: Sie tragen den Regenbogen im Haar, denn sie besuchen „die Kirche unterhalb der Kirche". Sie finden sie auf heiligen Hügeln, an Quellen und Wasserfällen, in Wäldern und Höhlen. Dort besuchen sie die winzige rote Kathedrale ihres Herzens und erbitten Frieden,

Liebe und Verständnis. Dabei brechen über ihren Köpfen weiße Blüten auf.

An Kathedralen wurde oft für die nächsten Generationen über viele Jahrhunderte lang gebaut. Die Menschen waren stolz, ihren Beitrag zu etwas zu leisten, das viel größer war als ihr Leben. Genauso groß und weit denken Erdfrauen. Sie legen einen Garten an, um alle zu versorgen, pflanzen einen Baum für ihre Enkel und ziehen einen kleinen Hund groß, der das Haus beschützt.

Diese starken Frauen führen uns vor Augen, was es heißt, Körper und Seele zu besitzen. Sie zeigen uns, wie man die Erde und all ihre Wesen liebt, sodass es für unsere Seele von höchster Bedeutung ist. Für Frauen der Erde ist die Nacht wie ein Mantel, der Wärme und Sicherheit schenkt. Wenn sie schlafen, ziehen sie ihre Decke eng um den Körper, sodass Zeit und Raum ganz dicht zusammenrücken. Dann fühlen sie sich wie in einem Kokon und ruhen in ihrem winzigen Zimmer, das weit unter der Erde liegt. Dort lauschen sie in die Stille und den Frieden. Wenn sie aufwachen, tragen sie beides im Herzen und beschenken andere mit ihren Gaben.

Im Schlaf besitzen wir Zugang zu höherer und umfassenderer Intelligenz. Sie bringt uns mit ihren Reisen und Nachtbildern automatisch auf den richtigen Weg. Denn im Schlaf können wir auf Informationen zugreifen, die nicht „kopfig" sind, sondern aus anderen Quellen stammen. Darum ist es ein guter Rat, Entscheidungen eine Nacht zu überschlafen.

Wenn wir bewusst Kontakt aufnehmen mit unserer Intuition, unserer inneren Weisheit, dann geschehen oft glückliche Fügungen. Ideen und Inspirationen sprudeln, und wir können Dinge schnell verwirklichen. Dies hat sich seit Jahrtausenden bewährt und ist eine der kraftvollsten Methoden der Welt.

Im Schoß der Göttin zu schlafen bedeutet, zu sterben und zu neuem Leben zu erwachen. In völliger Dunkelheit erfahren wir Zeit anders. Sie hat dann eine andere Qualität. Wer sich unter die Erde begibt, weiß, dass es dort eng und gefährlich werden kann. Darum schickt die Göttin ihre Kinder in Höhlen, unterirdische Tempel, Grotten und Katakomben. Im Mutterland stellen wir uns unseren Ängsten und tiefsten Albträumen. Wenn wir dann zurück auf die Oberfläche kommen, sind wir neugeboren. Unsere Augen sehen neu, unser Inneres ist geklärt, und ein neuer Lebensabschnitt beginnt. Dieser uralte Ritus der Göttin fand überall auf der Erde statt und wird Tempelschlaf genannt. In geweihter Erde zu ruhen war zu allen Zeiten ein existierender Heil- oder Mysterienschlaf. Häufig war eine Priesterin der Göttin zugegen, die den hypnotischen Schlaf einleitete. So konnte sich die Frau entspannen, sanft in andere Bewusstseinszustände gleiten und andere Dimensionen des Seins erkunden. Die Priesterin nutzte die Trommel oder Flöte, den Gesang oder Tanz. Sie sprach Gebete und rief die Göttliche Mutter, um Heilung zu bewirken. Manchmal kamen auch heilige Pflanzen zum Einsatz. Es gab Initiationsriten, wenn eine Lebensphase zu Ende war und eine neue begann. Zum Beispiel wenn ein Mädchen zur Frau wurde oder eine Mutter zur Großmutter. Es gab Orakelkulte, in denen der Wille der göttlichen Kräfte erahnt und mitgeteilt wurde. Geschulte Priesterinnen deuteten die Zeichen, damit weise Entscheidungen getroffen wurden, die im Einklang waren mit den Naturgesetzen und dem göttlichen Willen. Die Trance diente auch zur Heilung bei körperlichen und psychischen Störungen. Die Deutung der Träume zeigte neue Wege auf.

So war die Heilkunst nie ohne den Eingriff göttlicher Mächte vorstellbar.

Erdfrauen sind tief verwurzelt mit alten Traditionen und hüten die Erinnerungsbäume. Irgendwann erheben sie sich und blühen auf. Denn sie lieben und verstehen die Kraft und Klarheit des Lichts. So wie jede, die schon einmal tief im Dunklen begraben war, ist sie dankbar, wenn die Sonne wieder aufgeht.

Darum können Erdfrauen ganz klar sein für die neue Zeit. Denn sie besitzen Kraft und Durchblick. Sie denken weit und groß. Diese Frauen wissen, dass das Leben das Geheimnis jeden Samenkorns enthält und auch die tiefe Weisheit aller Dschungel. Frauen der Erde kennen die ältesten Gesteine der Welt: Dolomit, Gips, Sandstein, Lehm und Mittelerde, Salz, Schiefer, Blei, Silber, Gold, Kristalle und Felsgestein. All dies ist das Gedächtnis der Erde, und Archäologinnen lesen darin wie wir in einem Buch. Erdfrauen kennen Fossilien, die Spuren, die Lebewesen aus Urzeiten in Steinen hinterlassen haben. Die alten Seelen dieser Frauen bewahren das Vergangene, denn sie wissen: Es wirkt weiter im Verborgenen. In Wirklichkeit sind wir alle verbunden, und alles ist miteinander verwoben wie durch ein verborgenes, in sich verschlungenes Wurzelwerk.

Darum treten sie für die gleiche Gültigkeit jedes anderen Lebens ein. Aber Gleichgültigkeit gegenüber dem Leben verwandelt sie zu mutigen Kriegerinnen, denn sie sind engagierte Hüterinnen der Erde. Sie lieben unsere Erde mit all ihrer Herzenswärme. Erdfrauen verwalten, beschützen und pflegen das Stück Erde, das ihnen anvertraut wurde, nach ihrer eigenen Weisheit. Allen Kräuterfrauen, Bäuerinnen und Heilerinnen ist das befristete Dasein der Lebenden bewusst. Sie selbst werden vom Mädchen zur Frau, zur Mutter und Großmutter und sehen im Laufe ihres Lebens vieles kommen und gehen.

Sie durchschauen all die Tabus und Verbote, die ihnen als junges Mädchen eingeimpft wurden, wie: „Spucken ist hässlich". Wenn du jemandem vor die Füße spuckst, sprichst du eine international verständliche Sprache. Sie sagt: „Hier ist deine Grenze! Ich sage NEIN!" Ein anderes gängiges Verbot lautet: „Zeig nicht mit dem Finger auf Menschen!" Denn das ist eine alte machtvolle Geste weiblicher Magie. Ebenso wie: „Schau Männern und Erwachsenen nicht direkt in die Augen!" Denn aus deinen seelenvollen Augen könnte mehr Macht kommen, als diese Menschen vertragen können.

Erdfrauen sind wie ihre Freunde, die uralten Bäume. Sie haben vieles gesehen, ihre Wipfel wiegen sich im Wind, und sie wissen alles. Diese Frauen leben tief verwurzelt auf der Erde, sie haben gelernt, geduldig und ohne Angst zu sein.

Diese sturmerprobten Frauen wissen, wann es Zeit ist, das Leben zu ändern. Mit ihren tiefen Wurzeln spüren sie Erschütterungen der Erde früher als andere und können Zeichen der Natur deuten.

Wenn wir Frauen, die eng verbunden sind mit der Erde, jedoch in ein Großraumbüro verpflanzen, verlieren sie schnell ihre Spontaneität, Ausstrahlung und Kraft. Ihnen geht es wie einer Blume, die zu nah am Computer steht: Sie verwelken.

Eine meiner lieben Freundinnen ist eine engagierte Bauernhofpädagogin. Um finanzielle Förderungen zu erhalten, sollte sie in einem feinen Büro einen Vortrag halten mit einer PowerPoint-Präsentation. Sie kam mit einem Korb voller Dinge in den Raum und schmückte den Tisch mit Früchten, Moos, Wurzeln und Zweigen, mit Gemüse, verschiedenen Blättern und duftenden Blüten. Darin ist sie eine wahre Künstlerin. Sie stellte Kerzen und eine kleine Schale mit Wasser dazu und

legte noch besondere Federn auf den Tisch. Alles sah wunderschön aus. Sie hatte auch eine Karte von Europa mitgebracht, die sie an der Wand befestigte. Die Herren im Anzug und die Damen im Kostüm waren mehr als erstaunt, als sie in den sonst schmucklosen Vortragsraum kamen, der technisch gut ausgestattet war. Es ging ein ungläubiges und neugieriges Raunen durch den Raum, und meine Freundin hatte die ungeteilte Aufmerksamkeit, als sie die Zuhörer begrüßte:
„Sie erwarten heute eine PowerPoint-Präsentation von mir. Voilà, hier ist sie: Ich habe für Sie die gesamte Power der Natur hier ins Haus gebracht. Alle Elemente sind vertreten: Erde, Feuer, Wasser, Luft und dazu meine geballte Frauenpower. Hier an der Tafel sehen sie unzählige Points von unterschiedlichen Orten in Europa. Die roten zeigen die von mir ausgebildeten Bauernhofpädagogen, die blauen Punkte sind die im ersten Ausbildungsjahr, die grünen sind diejenigen, die in diesem Jahr die Abschlussprüfung machen. […] Das ist meine PowerPoint-Präsentation."
Am Ende des Vortrags erhielt sie stürmischen Applaus und später die finanzielle Förderung.

Wenn eine Frau der Erde gut bei sich bleibt, hat sie Erfolg. Ihr Zuhause ist die natürliche Welt, da kennt sie sich gut aus. Doch die viereckige Bürowelt ist ihr fremd. Wenn sie sich jedoch aus beruflichen oder gesellschaftlichen Gründen über viele Jahre weit von der Erde entfernt, hat sie es schwer. Denn auf hohen Schuhen und im Kostüm spielt sie eine Rolle, die ihr zwar Geld bringt, ihrem Wesen aber fremd ist. Irgendwann ist sie innerlich ausgebrannt, wenn sie nicht in ihrer Freizeit mit den Händen in der Erde wühlt und sich ganz oft in der Natur aufhält. So ging es vielen wilden, höheren Töchtern, die gezähmt wurden, weil sie gesellschaftlich aufsteigen sollten. Sie mussten stundenlang Kopfkissen für ihre Aussteuer besticken, während die Sonne schien und die Vögel sangen. Sie lernten strenge gesellschaftliche Regeln, durften nicht rennen oder laut sein und mussten sich entsprechend der Mode kleiden. Sie durften nicht reiten, nicht im Regen nach draußen gehen oder sogar allein verreisen. Ihre Freiheit wurde stark eingeschränkt, weil sie sich auf die Rolle als Ehefrau und Mutter vorbereiten mussten.

Doch die wilden Naturfrauen haben immer wieder bewiesen, dass sie gut Halt geben können in Krisen- und Notzeiten.

Frauen der Erde besitzen tiefe Wurzeln und erinnern ihre Schwestern und Töchter daran, dass wir die Vergangenheit unserer Urmütter kennen müssen. Denn unsere Geschichte wirkt auf unsere Zukunft. Diese Frauen leben tief verbunden mit der Natur und sind vertraut mit ihren Rhythmen. Sie lieben die Erde und wurden früher bei indigenen Völkern „Erdenhüter" genannt. Ursprünglich waren ausgedehnte Wälder ihre Heimat. Erdfrauen erinnern und erzählen noch immer die alten Mythen am Feuer. Sie erschaffen Räume der Sicherheit und Geborgenheit, ein gemütliches Zuhause und wissen, dass es eigentlich nur eine Ursache für alle Krankheiten gibt: die Abgeschnittenheit von der Natur und von unserer eigenen Natur. Sie wissen, was uns gesund macht: eine liebevolle Beziehung zu unserer Mutter Erde.

Impuls: Baummeditation

Lehne dich an einen Baum, spüre die Rinde und wie sich deine Wirbelsäule mit dem Stamm verbindet. Stell dir vor, aus deinen Füßen wüchsen Wurzeln, die tief in die Erde reichen. Während du tief einatmest, ziehst du mit deinen Wurzeln wertvolle Nährstoffe aus der Erde. Sie gelangen in deine Beine, wandern hoch in deinen Bauch und füllen dein Herz. Mit jedem neuen Einatmen erhältst du mehr Erdkraft, und sie steigt nun von deinem Herzen in deine Kehle und Kopf. Dort sprudelt sie hinaus, und als wären deine Haare Antennen und würden eine Baumkrone bilden, durchfließt diese Kraft deine Gedanken, Inspirationen und Visionen mit einer Energie, die fragt: Wie kann ich all das ganz praktisch umsetzen?

Deine Aufmerksamkeit ist nun bei all den Zweigen, Ästen und Blättern der Baumkrone, die leicht im Wind tanzt und von der Sonne beschienen wird. Diese warme, wohltuende Energie des Himmels gelangt durch deine Krone am höchsten Punkt des Kopfes in deinen Körper. Wie goldener Honig tropft sie in dein Gehirn, hinter deine Stirn und Augen. Sie füllt dich mit schönen Bildern der Heilung und des Lichtes. Es fließt durch deine Kehle, deinen Körper und die Arme hinab, in deinen Bauch und die Beine. Wenn du ganz von dieser wunderbaren Energie gefüllt bis, fließt sie aus deinen Füßen, bildet eine Pfütze auf dem Boden und findet ihren Weg in die Erde.

Bleibe noch eine ganze Weile in Verbindung mit dem Baum. Sein Leben besteht darin, an einem Ort zu bleiben und stiller Beobachter zu sein. Wie fühlt es sich für dich an, dich mit dem Baumwesen zu verbinden?

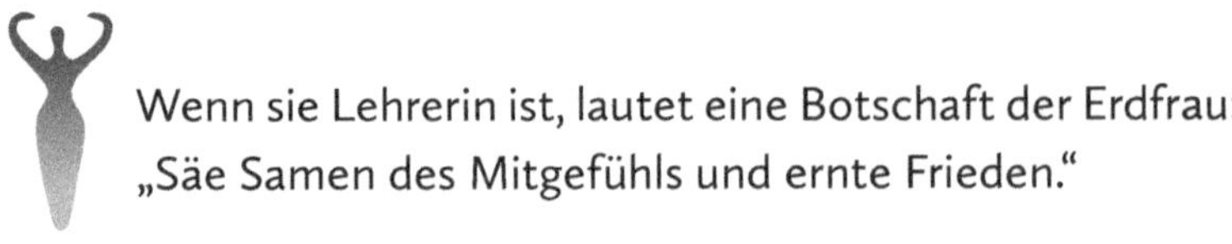
Wenn sie Lehrerin ist, lautet eine Botschaft der Erdfrau: „Säe Samen des Mitgefühls und ernte Frieden."

Göttinnen der Erde

Die Göttin Grandmother Spiderwoman

Als die Welt noch dunkel und unbewohnt war, saß Großmutter Spinne in ihrem Netz. Sie hatte es gesponnen aus Zeit und Raum, indem sie zwei silberne Fäden spannte, einen von Osten nach Westen und einen von Norden nach Süden. So verband sie die „vier Ecken der Welt". Dann begann sie, leise und sanft webend zu singen. Dabei tanzte sie über den Himmel. Die alten Mythen sagen, dass alle Wesen ihr Lied kennen und ihr Leben im großen Netz der Spinnengöttin tanzen.

Die Spinnengroßmutter saß in ihrem Netz und war überaus geduldig. Sie wartete auf ihren ersten Gedanken. Sie erträumte alles und gab ihm Namen, allen Pflanzen, Tieren und Menschen. Grandmother Spiderwoman erinnert uns daran, dass wir alle aus der gleichen Quelle stammen: die roten, gelben, schwarzen und weißen Menschen. Alle haben die gleichen Rechte und Pflichten. Sie lehrte uns, wie wir Pflanzen säen können, um zu überleben. Damit ist sie eine Göttin der Landwirtschaft und Jagd. Sie brachte die Sonne und das Feuer, schenkte uns das Töpfern und Weben und alle Zeremonien, in denen Salbei, Süßgras und Zeder zum Räuchern verwendet werden. Diese Pflanzen bringen Reinigung, Segen und Schönheit in jedes Ritual.

Eine Hopi-Legende erzählt, dass es ganz zu Beginn zwei Kräfte gab: Tawa, den Sonnengott, und Spider-Woman, die

Erdgöttin. Sie waren durch einen geheimnisvollen Faden miteinander verbunden, den die Spinnengöttin gesponnen hatte. Der Grundsatz „wie oben, so unten“ soll hier seinen Ursprung haben. Alle Kräfte des „Oben“ hütet Tawa. Spider-Woman hütet alle Magie des „Unten“. So ist sie auch eine Erdgöttin bzw. die Erde selbst.

In der Hopi-Mythologie gibt es unterschiedliche Fassungen, die die Schöpfung durch Grandmother Spiderwoman beschreiben. Sie ist jedoch immer die ursprüngliche Spinnengöttin, die große Weberin allen Lebens. In alten Mythen erfahren wir, dass sie sich aus dem tiefvioletten Licht eines Morgens erhob. Zuerst verband sie den Osten mit dem Westen, indem sie einen Silberfaden am Horizont spannte. Mit einem weiteren Faden verband sie den Süden mit dem Norden. So entstanden die Himmelsrichtungen, und in der Mitte befand sie sich selbst. In diesem Zentrum sang sie das große Schöpferlied, und ihre Töchter wurden geboren. Diese setzte sie an den Himmel als Sonne und Mond. Mit der Sonne kamen das Licht, die Wärme und das Feuer auf die

Erde. Der Mond bewegte das Meer und brachte die zyklische Kraft, die ständige Veränderung auf die Erde. Aus den vier Farben des Tons schuf sie später die Menschen mit weißer, roter, gelber und schwarzer Haut. Als die Menschen lebendig wurden, entdeckte sie, dass diese mit einem zarten, aber festen Spinnwebfaden mit ihr verbunden waren. Sie sollten diese Verbindung zu ihr immer offenhalten. Dann schickte die Spinnengöttin die Menschen auf die Erde und forderte sie auf, in Frieden und Freude zu leben.

Das Hopi-Volk lebt im Nordosten von Arizona. Hopi ist die Abkürzung für „Hopiuh Shinumu“, was friedfertiges Volk bedeutet.

Unter den vielen Lektionen, die uns die Spinnengöttin brachte, ist die wichtigste Geduld, Achtsamkeit und ein Gespür dafür, Veränderungen zu entwickeln. Eine Spinne baut ihr Netz immer wieder auf, auch wenn es zerstört wird. Sie erschafft wunderschöne, symmetrische, harmonische Netze und nutzt jeden Luftzug, damit ihre starken seidigen Fäden getragen werden. Wenn du eine Spinne beobachtest, siehst du, wie sie in ihrem Versteck lauert. Sie wartet geduldig und reagiert bei der geringsten Erschütterung, um ihre Beute im Netz zu fangen. Spinnen sind räuberisch, und oft lähmt ihre Medizin. So lockt die Spinnengöttin unsere geheimsten Ängste hervor.

Es ist die weibliche Energie, die wunderschöne Muster des Lebens webt. Die uralte weise Spinnerin hält die Fäden in der Hand. Sie sitzt im Zentrum und beschützt alles. Sie ist die Lebensweberin und Schicksalsgöttin, die wichtigste Göttin in vielen indigenen, nordamerikanischen Stämmen, z. B. bei den Cherokee, Hopi, Pueblo, Tewa, Kiowa und Lakota. Diese Völker haben wunderschöne Designs entwickelt, mit denen sie ihren Körper, ihre Kleidung, Decken, Zelte und

Häuser verzieren. Ihr symbolischer Schmuck ist international bekannt. Damit ehren sie die Geschenke und Lehren der Spinnengroßmutter.

Die Spinnenfrau erinnert uns daran, dass wir unsere Träume spinnen und realisieren können. Während wir schlafen und träumen, besucht uns die Spinnenfrau und hilft uns, unseren Lebenstraum zu verwirklichen. Um sie zu ehren, zu rufen und ihre Träume einfangen zu können, haben die Menschen Traumfänger entworfen. Sie ähneln einem Spinnennetz.

Die Spider Grandwoman spinnt noch immer an der Weiterentwicklung der Schöpfung. Jeder unserer Gedanken stammt vom Traum der Spinnenfrau. Alles, was aus Gedanken in die Realität kommt, wird vom großen Netz der Spider Grandmother gehalten. Indigene Völker wissen, dass uns eine unsichtbare Nabelschnur mit der ursprünglichen Spinnengöttin verbindet.

Impuls:

Wenn du eine Spinne in deiner Wohnung entdeckst, erinnere dich an die Spinnengöttin. Sie gibt dir keinen Grund, entsetzt aufzuschreien oder vor Angst auf den Tisch zu klettern.
Mache dir einmal klar, welch wunderbare Kunstwerke sie aus sich heraus kreieren kann: Ein Spinnennetz ist unglaublich belastbar, und es kann sich dreimal in der Länge dehnen. Die Fäden sind leicht und wasserfest, können jedoch viel Wasser aufnehmen. Außerdem wirken die Netze antibiotisch, sodass Indigene sie auf Wunden legten, die dann, ohne sich zu entzünden oder Narben zu bilden, verheilten.

Lasse einfach all deine Vorbehalte hinter dir, überwinde deine Abscheu und sauge die Spinne nicht mit dem Staubsauger weg! Betrachte ihr Netz und sie selbst. Dann trage die Spinne – ohne ihr ein Bein abzureißen – nach draußen. Das funktioniert gut, wenn du ein Glas und ein etwas festeres Papier nimmst. Du stülpst das Glas über die Spinne und schiebst vorsichtig die Postkarte darunter. So kannst du sie gut betrachten, bevor du ihr die Freiheit schenkst.

„Sieh, was ich aus meinem Körper heraus kreieren kann: ein wunderschönes Netz. Das Gleiche tust du, denn all deine Gedanken bilden um dich herum ein Netz aus Energiefäden. So erschaffst auch du Muster um deinen Körper herum. Sie sind ein Spiegel deines Bewusstseins und zeigen deine Verbundenheit mit deinem Herzen und der Welt. Aus zärtlichen Gedanken webe ich Fäden um dein Herz. Sie sind so fein und stark wie Seide und erinnern dich an dein uraltes Mutterland."

Die Willendorfer Göttin

1908 wurde bei Gleisarbeiten in Willendorf (Österreich) eine kleine Figur aus Kalksandstein gefunden. Es ist eine Frau mit ausladenden Hüften und schweren Brüsten. Sie ist ohne Gesicht und Füße, besitzt aber Armreifen. Was auf den ersten Blick wie eine Lockenfrisur aussieht, ist eine Kopfbedeckung für schamanische Reisen, die aus sieben gedrehten Pflanzenkordeln besteht. Sie diente dazu, die Außenwelt abzuschirmen bei Reisen in die innere Welt. Ihre Arme liegen über

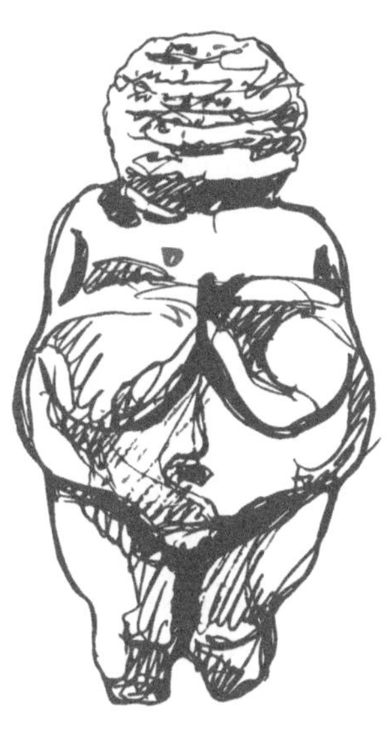

ihren schweren Brüsten. Dies ist eine rituelle Körperhaltung. Diese Göttinnenfigur ist zwischen 25 000 und 35 000 Jahre alt. Sie besitzt zahllose Schwestern, die allerdings häufig nicht so gut überlebt haben wie sie. Frauenfiguren aus der Steinzeit sind aus ganz Europa bekannt. Sie haben ihre faszinierende Ausstrahlung und Geheimnisse über die Jahrtausende bewahrt.

Wir können nur vermuten, welche Bedeutung die Frau aus Willendorf für die damals lebenden Menschen hatte. Sie könnte die Abbildung einer Erdgöttin, einer archaischen Mutterfigur sein, ein Fruchtbarkeitssymbol oder ein magisches Kraftobjekt. Die sexuelle Ausstrahlung stellt nicht Lust und Sex dar, sondern Geburt und Fortpflanzung, die kultisch verehrt wurden. Vielleicht haben es Frauen bei einem Ritual, einer Initiation oder Geburt bei sich getragen oder in der Hand gehalten, wenn sie einen Menschen im Tod begleiteten.

Da die Frau von Willendorf kein Gesicht besitzt, scheint sie nicht eine individuelle Frau abzubilden, sondern eine archetypische Figur, eine göttliche Mutter oder Göttin. Wahrscheinlich ist sie ein Symbol der weiblichen Lebenskraft, eine Verkörperung von Mutter Erde. Da sie keine Füße hat und verhältnismäßig zierliche Beine, könnte sie Mutter Erde darstellen, denn sie muss sich nicht erden. Sie ist die Erde selbst.

Möglicherweise ist es auch eine Frau, die an sich herabschaut. Dann sieht sie natürlich ihr eigenes Gesicht nicht, und perspektivisch verzerrt sich das Verhältnis der Brüste zu den kleinen Beinen. Ihre Füße kann sie bei der großen Körperfülle nicht sehen. Dies ist so, wenn eine Frau ihren eigenen Körper ohne Spiegel betrachtet.

Ihre Körperfülle spricht dafür, dass sie als Frau und Mutter Erde ein Fruchtbarkeitssymbol darstellt. Je dicker die Humusschicht der Erde ist, umso üppiger ist das Wachstum, die Ernte, das Leben und die Nahrung für Menschen und Tiere. Die großen Brüste lassen vermuten, dass die Frau gerade ein Baby stillt. Sie stellt also auch einen stark nährenden Aspekt dar.

Diese füllige Frau wurde hergestellt, als die Menschen oft tagelang nichts zu essen hatten und sich oft auf Nahrungssuche befanden. Bei Naturvölkern sind dicke Menschen selten. Sie leben unter freiem Himmel, in Zelten oder Zweighütten und nutzen Höhlen hauptsächlich im Winter und Frühjahr. Sie verrichten harte Arbeit mit einfachen Werkzeugen und verbringen viel Zeit damit, Nahrung zu finden und zuzubereiten. Außerdem müssen sie sich um eine sichere Behausung kümmern wie auch um Kleidung, Vorräte, Brennmaterial und Heilpflanzen. Gleichzeitig brauchten die Menschen der Steinzeit Fettreserven, um Perioden von Nahrungsmangel und Kältewinter zu überleben. So könnte diese üppige Frauenfigur ein Idol der Fruchtbarkeit sein, um den Fortbestand einer eiszeitlichen Sippe zu sichern. Möglicherweise trug sie den Wunsch und die Bitte weiter an eine höhere Macht und sorgte dafür, dass immer genug zum Essen da ist, damit die Menschen überleben können.

Die Urmutter von Willendorf entstammt einer Zeit, als Körperfülle erstrebenswert war und üppige Frauen rituell verehrt wurden. Diese Figur war mit roter Farbe bemalt. Sie lag in der Asche einer alten Herdstelle, war eingehüllt in rotem Ocker, und ihre weiblichen Geschlechtsmerkmale sind detailgetreu dargestellt.

Möglicherweise war sie eine mythische Ahn- und Stammesmutter, die um den Fortbestand der Sippe gebeten wurde. In dieser Figur konnte sie am Geschehen des Clans teilnehmen. Sie entstammt einer ungebrochenen künstlerischen und symbolischen Tradition des eurasischen Kontinents, die mindestens 30 000 Jahre andauerte (40 000–10 000 v. Chr.).

Die Frau von Willendorf repräsentiert die pure Weiblichkeit. Vermutlich wurde diese kleine Figur von Hand zu Hand gegeben. Sie hat genau die richtige Größe dafür, denn sie passt gut in eine Frauenhand. Bei Ritualen wurde sie sicher abgelegt: auf Mutter Erde oder einem Altar. Zwischendurch wurde sie gut verwahrt in Medizinbeuteln, Schatzkästchen oder in versteckten Taschen. Einige ähnliche Figuren besitzen eine Öse am Kopf und wurden sicher als Kette um den Hals getragen.

Impuls:

Wenn du eine Frau bist und deinen Körper betrachtest, entdeckst du viel Rundes: deinen Kopf, die Brüste, die Hüften, den Bauch, deine Knie. Ehre alles Runde an dir. All dies symbolisiert den Kreis des Lebens.

„Ich bin das Kunstwerk einer deiner unzähligen Ahninnen. In mir wohnt all die Liebe, das Wissen und die Kraft der Frauen, die vor dir gelebt haben. Und das ist eine unglaubliche Menge! Deshalb habe ich so einen kräftigen Körper und so schwere Brüste. Ich kann dich nähren mit altem Wissen und der urweiblichen Energie der Großen Göttin. Das ist mein Segen für dich."

Die Göttin Pachamama

Pachamama ist eine mütterliche Göttin, die in Peru, Bolivien, Kolumbien, Argentinien, Ecuador und Chile von der indigenen Bevölkerung verehrt wird. Pachamama wird als lebendiges Wesen gesehen, das wie ein Mensch einen Körper, eine Seele und einen Geist hat. Mit ihr kommunizieren die Menschen. Aus ihr kommt alles. Sie nährt, schützt und nimmt alles in sich auf. Sie wird oft als Mutter dargestellt, die schützend ihre Arme um ganz viele Kinder legt. Aber Pachamama ist viel mehr als eine Erdgöttin: Sie ist die all-umfassende Lebensgöttin, die Göttin, die alles ist, was es in Zeit und Raum gibt.

Die Andenbewohnerinnen sind darauf bedacht, ein ständiges Gleichgewicht zwischen Gegensätzen herzustellen. Dies geschieht durch Arbeit, Zeremonien, Gebete und Riten. Pachamama gilt als Schöpferin, Beschützerin und Bewahrerin der Erde und Natur. Evo Morales dankte bei seiner Amtseinführung 2006 als Präsident von Bolivien offiziell Pachamama für seinen Sieg. In Ecuador wurde 2008 dieses Ausrichten auf das Gleichgewicht als Pachamama in die Verfassung aufgenommen. Sie ist die Schutzheilige der Umwelt.

Auf der Zeitlinie steht „pacha" für die Vergangenheit, Gegenwart und Zukunft. Obwohl Mama Pacha alt ist, kann sie wie eine junge Frau immer wieder neues Leben hervorbringen. „Mama" steht für das mütterliche Prinzip. Alle Dinge und Ereignisse haben eine Mutter. Diese Mutter ist Mama Pacha.

Die Menschen in den Anden leben in einer gebirgigen, kargen Landschaft. Ihnen ist ihre Abhängigkeit von Mama Pacha täglich bewusst, und sie haben eine enge und lebendige Beziehung zu ihr, die sie in täglichen Riten und großen Festen bekräftigen. Ihr gehört der erste Bissen vor jeder Mahlzeit und der erste Schluck eines Getränks. In kleinen rituellen Handlungen geben die Menschen zurück, was sie von der Göttin erhalten haben. Sie wissen: Pachamama ernährt ihre Kinder so lange, wie sie geehrt wird. Vergessen die Menschen das, bringt sie sich durch Erdbeben und Unwetter in Erinnerung.

Mama Pacha stellen sich die Menschen als Erde und Universum vor, aber auch als Drachengestalt. In der alten Inka-Kultur wurde sie als Drachen-Erde-Göttin verehrt. Pachamama ist somit eine der ganz alten Drachengöttinnen, die als Drache in der Erde wohnt. Meistens ist sie ruhig und friedlich. Doch wenn die Menschen vergessen, sie zu ehren, d. h., die Achtung verlieren vor Naturgesetzen und das natürliche Gleichgewicht stören, schickt sie Erdbeben, Vulkanausbrüche, Überschwemmungen und andere Naturkatastrophen.

Häufig gelten bestimmte Felsformationen oder Steine als Kultstätten der Pachamama. Berge sind ihre Brüste, Quellen ihre Milch, Flüsse ihr Blut und Pflanzen ihr Haar. Für Mama Pacha gibt es Saat- und Erntezauber. Dann wird Maismehl auf den Feldern verstreut.

Am 06.11.2019 lautete eine Überschrift in der Frankfurter Allgemeinen Zeitung: „Päpstlicher als der Papst." Während der Amazonassynode waren in den Gärten der römischen Kirche Santa Maria hölzerne Pachamama-Statuen ausgestellt. Diese Figuren der Mutter-Erde-Göttin zeigten sie als knieende, unbekleidete schwangere Frauen. Ein religiöser Aktivist raubte diese uralten Figuren und versenkte sie im Tiber. Seiner Meinung nach verstieß die Darstellung der mütterlichen Kraft gegen das erste Gebot.

Er wusste ganz offensichtlich nicht, dass Pachamama längst vor der Kirche tief im Herzen der Andenvölker verankert war und dass keine Religion ohne eine göttliche Mutter existieren kann. Pachamama ist sehr viel älter als Maria. Sie ist die Schöpferin von allem, was ist. Die Marienverehrung als Mutter ist sehr viel jünger. Somit ist Pachamama Marias Urgroßmutter und Vorgängerin.

Impuls:

Wie ausgeglichen sind „Geben“ und „Nehmen“ in deinem Leben? Sorgst du für ein gesundes Gleichgewicht? Gibst du mehr, als du erhältst? Oder nimmst du mehr, als du zurückgibst?

Du findest einen guten Ausgleich, wenn du dich gerade hinstellst und eine Hand geöffnet nach vorne hältst, die andere mit offener Handfläche nach hinten. Nach vorne gibst du, die hintere Hand nimmt. Nun wechsle die Hände und finde deinen Rhythmus. So bekommst du ein gutes Gefühl dafür, wie es ist, in Balance von Geben und Nehmen zu sein.

„Ich bin die alte Großmutter, die euch Weisheit lehrt. Sie besteht in der rechten Beziehung mit der Natur und der Geschichte der Erde. Ich erinnere euch an die uralte Medizin des heiligen Weiblichen, die den Tod überwindet und das Paradies erhält.“

Frauen und Göttinnen der Luft

Die Luft

Luft ist das Element, das uns immer umhüllt, denn wir atmen unser Leben lang ein und aus. Es ist unsere Atemluft, die uns am Leben erhält. Hören wir auf zu atmen, verlässt die Seele den Körper. Die Qualität unserer Atemluft wirkt auf unsere Gesundheit, je nachdem wie sauber oder verschmutzt sie ist. Ein sanfter Luftzug streichelt uns zärtlich. Aber dieses Element kann uns auch angreifen. Dann zerzaust ein wilder Sturm unsere Haare, wirft uns hin und her und bringt unser ganzes Leben durcheinander.

Die Botschaft der Göttin der Luft, der Vogelgöttin, lautet: „Werde leichter! Lasse alles los, was dich daran hindert, frei zu sein und zu fliegen. Das Leben ist ein Hauch, ein kurzer, kostbarer Augenblick. Breite deine Flügel aus und fliege mit dem Wind. Nutze deine Zeit und den Raum, um das Reisen zu lernen. Der Wind ist dein Atem. Heile deine Wunden mit leichten Gedanken und Vergebung. Lebe im Einklang mit deiner Seele und nutze deine inneren Kräfte auf überraschende Weise, um deine Intuition und Kreativität aufblühen zu lassen. Breite deine Flügel aus und fliege mit dem Wind.“

Frauen des Windes, Mädchen mit Federn im Haar

Diese Töchter und Frauen unterstützen das, was gut ist, und verweigern blinden Gehorsam. Sie teilen nicht die Gleichgültigkeit anderer und setzen sich für unsere Mitgeschöpfe ein. Mutig weisen sie die zurecht, die sagen: „Das hat nichts mit uns zu tun." Diese klugen Frauen scheuen alle faulen Kompromisse. Denn sie haben einen weiten Horizont und denken Dinge mit allen Konsequenzen ganz bis zu Ende. Wie ein Vogel, der sich in die Lüfte erhebt und von oben schaut, haben sie das ganze Bild im Blick. Sie wenden den Kopf und schauen in die Vergangenheit. Dann blicken sie in die Zukunft und wissen, was zu tun ist.

In der Nacht konzentrieren sie sich auf einen Stern und warten auf die Antwort aus ihrem Herzen. Sie sehen sich selbst in einem größeren Zusammenhang und haben gelernt, das Geheimnis und Wunder der Schöpfung zu achten.

Frauen mit Federn im Haar sind oft mutig und wagen sich auf holprige, dornenbewerte Pfade, die kaum noch zu erahnen sind. Sie sprühen vor Ideen, wie man etwas anders machen könnte. Diese Traumweberinnen erkennen ein Muster, nach dem wir leben können. Sie wissen: Indem wir uns jetzt für etwas entscheiden, erschaffen wir unsere Zukunft. In ihren Visionen hielten sie es für möglich, über Ozeane zu schauen. Sie hielten es für möglich, durch Wände zu sehen, und sie träumten davon, dass es möglich ist, angstfrei zu leben. Alle belächelten sie wegen ihrer Hirngespinste. Doch sie ließen sich nicht beirren und sagten: „Es muss doch möglich sein, mein eigenes Herz zu sehen! Es muss möglich sein, unter Wasser zu atmen. Und es muss möglich sein, dass niemand auf der Erde hungert." Und wieder nahm man sie nicht ernst.

Dann wurde das Fernsehen erfunden, und wir können sehen, was auf der anderen Seite des Ozeans geschieht. Es folgte die Entdeckung der Röntgenstrahlen, die es ermöglichen, dass wir unser Herz sehen können. Durch den Lungenautomaten wurde es möglich, beim Tauchen unter Wasser zu atmen. Heute ist all dies normal für uns. Doch Träumerinnen besteigen immer noch schwindelerregend hohe Berge und träumen weiter. Viele erhalten bunte, lebendige Visionen von ihrer Seele und sehen jede Einzelheit. Sie wissen: „Es muss doch möglich sein, dass die Menschen ohne Krieg auskommen."

Diese Wachrüttlerinnen denken und handeln gegen Regeln und sprechen mit ihrer Seele. Sie sind mit ihrem großen inneren Reichtum verbunden und schenken uns neue Ideen. Es sind andere und bessere Ideen. Ideen, die bisher noch nicht gedacht wurden. Diese unkonventionellen, innovativen und konstruktiven Ideen tragen sie mit Mut, Biss und Tatendrang in die Welt. Diese fantasievollen Frauen sind so unbequem wie ein Wirbelsturm. Darum werden sie oft fortgejagt, kaltgestellt oder kleinmütig gemacht. Denn ihr Nonkonformismus macht sie gefährlich. Sie entlarven Allerweltslösungen, Beliebigkeit und billige Angebote, denn sie erkennen, dass nur das Besondere, das Faszinierende und Bemerkenswerte Entwicklungssprünge ermöglicht und dass die einfallsreiche Neukombination von Möglichkeiten Erfolge bringt.

Frauen der Luft verkünden Wahrheiten und heben die Welt federleicht aus den Angeln. Sie lauschen ihrer inneren Führung und folgen ihrer Intuition. Sie besitzen ungeahnte Kräfte. Und diese besitzt jede Frau – auch du. Du musst nur still sein und lauschen. Dann gelangst du an einen Ort, wo „es zu dir spricht". Du hörst dann etwas anderes, als dein Kopf dir erzählt.

Auf ihren inneren Reisen, Visionen und Träumen erhalten sie Wissen über die Geschöpfe des Wassers, des Landes und des Himmels. Manchmal erhalten sie sehr viele Eindrücke und werden regelrecht überflutet von inneren Bildern. Sie brauchen dann Zeit zum Ausruhen. Doch dann stehen sie voller Elan wieder auf und berichten begeistert von ihren Abenteuern und Lernprozessen. Ihre tiefe Sehnsucht nach ihrer Sternenheimat zieht sie immer in luftige geistige Ebenen. Darum nennt man sie Himmelstänzerin, Träumerin, Prophetin oder Wolkenfrau. Es gibt unter ihnen viele Vorwärtsbringerinnen, denen die Welt in der Ebene und in Städten zu laut ist. Sie leben still im Verborgenen, wo sie sich einen geheimen Zaubergarten einrichten mit tanzenden Federn und goldenem Blütenstaub. Von dort verbreitet die Federwelt einen zarten Engelsduft, der eine starke, anhaltende Wirkung hat.

Diesen Frauen ist es wichtiger, zu lieben als recht zu haben. Trotz ihrer persönlichen Unzulänglichkeiten sind sie Vorbilder und Prüfsteine, denn sie bauen Brücken zwischen Himmel und Erde. Mit der Magie ihrer Gedanken schaffen sie neue Wirklichkeiten und bringen Zauber in die Welt. Mit ihren Worten lenken sie den Blick auf die Schönheit und Harmonie in der Welt. Sie erfreuen sich an der kleinen Blume, die in der Mauer wächst, entdecken Vogelnester an versteckten Orten, machen andere auf das Farbenspiel des Sonnenuntergangs aufmerksam. Sie entdecken Libellen und Schmetterlinge und lieben die kleinen Dinge, an denen andere oft achtlos vorbeigehen. Mit ihrem Tanz, ihren Liedern und Gedichten sind sie wie die wilden Blumen, die ihren Duft versprühen und da wachsen, wo sie wollen. Sie lernen von der kleinen Blume und sind diejenigen, die unsere Fantasie beflügeln. Frauen, die eng mit dem Luftelement verbunden sind, lieben Flatterkleider und klimpernde Ketten, kennen den Gedankenflug, genießen schöne Musik, sind offen für spirituelle Ideen, Meditation und Yoga.

Dieses federleichte Lebensgefühl können wir gut an Kindern beobachten, denn sie sind eng mit dem Luftelement verbunden. In einem Kinderhirn gibt es 200 Billionen Synapsen, die sich im Laufe des Heranwachsens um bis zur Hälfte reduzieren. Es bleiben nur diejenigen, die wirklich gebraucht werden. Kinder können besser fokussieren als Erwachsene und haben ein stärker ausgeprägtes räumlich-visuelles Denkvermögen. Sie merken sich jedes Detail, während sich Erwachsene eher Bilder in Kategorien merken. Kinder lieben es, auf dem Rasen zu liegen und die Wolken zu beobachten, die sich ständig verändern. Es entstehen Tiere und Fantasiegestalten, und sie können sich auf magische Weise mit ihnen unterhalten. Mir schickten sie Fragen, mit denen ich mich noch heute beschäftige ... „Ich will eine Medizin finden, die alle Krankheiten heilt!" oder „Ich kann alles wissen, was ich will!" oder „Ich kann so alt werden wie eine Schildkröte!" Solch bezaubernde Träume und Visionen entstehen im Herzen eines Kindes – nicht im Gehirn eines Erwachsenen. Denn Kinder sind noch nicht gefangen in unserer Gedankenwelt, die von den engen Begrenzungen der Vernunft gesteuert ist.

So war ich davon überzeugt, dass die Menschen, denen nach dem Krieg ein Bein oder Arm fehlte, nur etwas Geduld bräuchten und ihnen ganz bestimmt ein neues Bein wachsen würde. Erst als Erwachsene erfuhr ich, dass der mexikanische Axolotl besonders interessant für die Forschung ist. Denn diesem Lurch wachsen Körperteile nach, wenn ein Feind sie abgebissen hat. Innerhalb von wenigen Monaten wächst ein Bein ohne Narben nach und ist voll funktionsfähig. Ein Axolotl kann sogar ganze Organe wie das Herz oder Teile des Gehirns ersetzen.

Die Geschichte von der Hummel, die fliegt – obwohl dies aus wissenschaftlicher Sicht angeblich unmöglich ist –, kennt inzwischen jeder. Die Hummel fliegt munter herum und hat kein Interesse an Physik. Dies zeigt: Logisches Wissen ist erprobt und hilfreich, doch ganz offensichtlich gibt es noch andere Möglichkeiten, die Welt zu betrachten und zu erleben. Und genau das zeigen uns Frauen des Windes! Sie kennen viele unbekannte Perspektiven. Genau diese Fähigkeit haben sich indigene Völker über die Jahrtausende bewahren können durch das Wissen des heiligen Medizinrades. Sie schauen aus jeder der vier Himmelsrichtungen. Mit dem Herz aus Feuer, mit dem Herz aus Wasser, mit dem Herz aus Erde und mit dem Herz des himmlischen Atems. Sie betrachten die Welt sowohl von oben als auch von unten, aus der Sicht der Ahnen, der Gegenwart und der zukünftigen Generationen. Liebe und Dankbarkeit strömen aus den Herzen.

Wind- und Sturmfrauen haben sich ihre kindliche Sicht oder das Erleben der Hummel bewahrt. Sie fliegen mutig los, um ein Land voller Möglichkeiten, voller Glück und Frieden für uns zu erkunden. Dieses Gebiet liegt jenseits der Informationen und des Wissens. Es leitet uns durch unser Herz. Um dorthin zu gelangen, musst du nichts Neues lernen, sondern nur das loslassen, was dich daran hindert, dein Leben dort zu verbringen. Dies gelingt dir, wenn du in die Stille gehst. Dann hörst du das Flüstern deiner Intuition und die Weisungen deines Herzens deutlich.

Wo dich dein Herz hinführt, findest du Heilung für dich selbst und andere.

Windfrauen bringen Heiligkeit auf die Erde. Sie ist sehr empfindlich und wird deshalb normalerweise geheim gehalten. Heiliges Wissen zu enthüllen, wenn es nicht angemessen empfangen und verstanden wird und nicht auf fruchtbaren

Boden fällt, kann die Kraft, die darin steckt, schwächen. Doch Weisheit muss besonders in herausfordernden Zeiten wie dieser geteilt werden, um die Not zu wenden. Darum verweigern die meisten Vogelfrauen blinden Gehorsam. Wenn sie sprechen, meinen sie, was sie sagen. Und sie sagen, was sie fühlen und denken. Diese Frauen sind authentisch und autonom. Häufig handeln sie intuitiv, und das macht sie für andere unberechenbar.

> *Großen Mut bewies Sabine, als sie ihre Mutter beim Sterben begleitete. Natürlich war dies ein sehr emotionales Erlebnis. „Ich saß bei ihr am Bett, hielt ihre Hand und streichelte sie. Gedanken, Erinnerungen und Bilder überfluteten mich, während ich sie unentwegt ansah. Gefühlsmäßig fühlte ich mich aber stark. Ich wusste, ich konnte sie auf ihrem letzten Weg begleiten. Ich versuchte, sie mit leisen Worten, manchmal auch schweigend, nur mit zartem Streicheln zu ihrem Weg zu bringen. Sie war nicht allein auf dem Weg in den Tunnel. Ich versprach ihr das Licht an seinem Ende!*
> *Als ich das Fenster öffnete, wehte sachte der Vorhang, umhüllte ein Lufthauch diesen Moment. Die befreite Seele hatte nun den Weg gefunden. Es hatte etwas Leichtes, Umschmeichelndes, sanft nach oben Schwebendes. Ein Seelenvogel glitt durch die Luft."*

Diese Situation zeigt, dass Frauen des Windes auf keine Macht von außen angewiesen sind. Sie können ihren eigenen, sehr persönlichen Weg finden und auch mit schwierigen Abschieden umgehen, die unumgänglich sind. Windfrauen können überall leben und sich wohlfühlen. Sie sind die Enkelinnen der alten Nomadinnen, die neugierig auf fremde

Menschen und Länder sind und keine Angst vor Abenteuern haben. Das macht sie stark, unabhängig und frei. Damit der Wind sie trägt, reisen sie meistens mit leichtem Gepäck. Moderne Windfrauen lieben Tiny Houses, Zelte, Jurten, Tipis und VW-Busse, die minimal ausgestattet und beweglich sind. Sie malen ihr Haus bunt an und verbringen ihren Urlaub am liebsten im Campingwagen.

Flattert oder gleitet eine Vogelfrau in dein Leben, spürst du die kreative, formgebende Energie um sie herum. Diese freie und aufs Leben neugierige Frau steht zu ihren Stärken und gehört nur sich selbst. Das wirkt magisch und verlockend. Denn sie inspiriert und sprudelt vor kreativen Ideen. Eine bezaubert mit Musik, eine andere mit Poesie, eine mit neuen Backkreationen, und ihre Schwester kreiert schwebende Mobiles.

Ganz klar ist, dass die Windfrau die alleinige Macht über ihr eigenes Leben wie auch über ihr Tun und Handeln besitzt. Versuchen andere, sie einzuschränken, verwandelt sie sich zu einer unberechenbaren Sturmbraut. Mit ihrer umwerfenden Energie bläst sie alle Argumente hinweg.

Vogelfrauen wehren sich gegen alle einschränkenden Strukturen, die ihnen die Freiheit nehmen und klare Rollen vorschreiben. Sie planen ihren Urlaub nicht schon ein Jahr vorher, wissen nicht, was sie am nächsten Mittwoch zu Mittag essen und verpflichten sich nur selten, Mitglied in einer festen Gruppe zu sein. All dies empfinden sie als starke Einschränkung ihrer Freiheit. Denn sie wollen frei sein und fliegen. Manchmal scheint es so, als ob eine endlos lange Nabelschnur aus dem Wolkenmeer sie führt, sodass ihre Füße kaum den Boden berühren.

Frauen des Windes verbinden Menschen miteinander und sind sehr kreativ, denn aus allen Himmelsrichtungen fliegen ihnen Ideen zu. Sie kennen sehr unterschiedliche Menschen, Traditionen und Perspektiven auf das Leben und können heilsame Geschichten erzählen. Das macht sie zu wunderbaren Lehrerinnen, Händlerinnen, Ärztinnen, Pilotinnen, Politikerinnen und Heilerinnen. Denn die meisten Vogelfrauen nutzen ihre geistigen Fähigkeiten sehr erfolgreich für Alltagstätigkeiten.

Wir alle kennen die Redensart „du hast einen Vogel". Doch wer hat einen Vogel? Menschen, die nicht verstanden werden, die Visionen haben, die mehr wahrnehmen und sehen als andere Menschen. Sie besitzen ein größeres Bild – das uralte Bild, in dem viele Dimensionen verbunden sind.

Vogelschamaninnen lassen Frauen in Ritualen mit Vögeln verschmelzen und rufen die uralte Vogelgöttin. Sie breiten ihre Schwingen aus und lassen ihren Geist mit der mächtigen Vogelfrau fliegen. Dann kannst du sehen, was du sehen willst. Daher stehen Vogelgöttinnen auch als Inbegriff des Wissens und der Weisheit wie z. B. die griechische Göttin Athene mit ihrer Eule als Vogel der Weisheit. Ihre Begleiterin ist Nike. Vor dem Parlament in Wien steht eine Statue der Göttin Athene. Sie hat die geflügelte Siegesgöttin Nike auf ihrer Hand, damit sie in der Schlacht den großen Überblick hat.

Impuls:

Das Urpferd war für unsere Ahninnen ein lebendiges Symbol für die Große Mutter. Eine kleine Pferdefigur, die ca. 25 000 Jahre alt ist, wurde in der Schwäbischen Alb gefunden. Sie ist mit drei Farben bemalt: rotbraun wie das Frauenblut, weiß wie die Muttermilch und schwarz wie das Innere der

Höhlen. Wie Mammuts und Urrinder lebt das Pferd in großen Herden, die von älteren, erfahrenen, weiblichen Tieren geführt werden.

Deine Gedanken sind auch so schnell wie der Wind. Sie gebären dein Leben und realisieren sich früher oder später. Das geschieht sehr schnell, wenn du stark verwurzelt bist und ganz in deinem „Flow".

Die Botschaft des Urmutterpferds lautet: „Ich bin schnell wie der Wind."

Göttinnen der Luft, Vogelgöttinnen

Die Göttin Isis

Isis ist eine der mächtigsten Göttinnen der alten Zeit. Sie wurde in Ägypten, im Römischen Reich, in Griechenland und Germanien verehrt. Göttin Isis empfing und gebar alles Leben. „Ich bin alles, was war, was ist und was sein wird." So lautet eine Inschrift auf einem ihrer zahllosen Standbilder. Sie ist die allgegenwärtige Göttin, die unübertreffliche Königin, die magische Heilkräfte besitzt und die Seelen in die Unsterblichkeit führt. Sie ist alles und gibt alles. Die Große Göttin und Allmutter ist zuständig für den gesamten Lebenskreislauf. Sie ist die Mondgöttin, die Gebieterin über Wasser und alle Elemente. Isis wird als Erd-, Mutter-, Vegetations-, Fruchtbarkeits- und Himmelsgöttin verehrt. Als Schöpfungsgöttin gebar sie die Sonne, als Göttin der Magie und Heilkunst kann sie Tote zum Leben erwecken. Als Vo-

gelgöttin bereist sie beliebige Welten und ist somit auch die Hüterin der Weisheit des gesamten Universums, die selbst das vollkommene Wissen besitzt. Sie steht auch für Transformation und Wiedergeburt, denn ein Vogel wird auch zweimal „geboren“: einmal als Ei und einmal als Küken. Ihre Flügel umfassen das gesamte Universum. Mit ihren ausgebreiteten Flügelarmen beschützt sie die Menschenkinder. Sie ist die Verschleierte, die sich nur Frauen ohne Schleier zeigt. Isis war und ist die Große Muttergöttin der alten Welt, eine mächtige Magierin, Heilerin und das Leitbild für die weibliche Gottheit überhaupt.

Sie wurde hauptsächlich als Mutter-, Frauen- und Geburtsgöttin verehrt. Isis spürt die Kraft der eigenen Mutter und ihres Vaters. Eine Inschrift sagt: „Isis kann jubilieren, mich erzog mein Vater zum Wissen. Ich bin seine geliebte, leibliche Tochter.“ So kommt eine Frau in ihre Göttinnenkraft. Als die Tempel der Isis zu christlichen Kirchen gemacht wurden, verwandelte sich Isis mit ihrem Sohn Horus auf dem Schoß in die Jungfrau Maria mit dem Jesuskind. Dies ist das einzige

Mann-Frau-Symbol im Christentum: die Mutter mit ihrem Kind auf dem Schoß. Maria hat ihren Sohn Jesus im Arm. Ihr fehlt sowohl der männliche Partner als auch die Tochter. So ist sie auf die Rolle der Mutter von einem Sohn festgelegt.

Die Vogelgöttin strahlt oft eine beschützende Energie aus. Sie beschützt auch die Zugvögel unter ihren mächtigen Flügeln auf ihrer Reise um die Erde. Darum wird sie auch von „menschlichen Zugvögeln" um Schutz gebeten, von Menschen auf großen Reisen oder Wanderschaft. Die Vogelgöttin ist das stabile Element, denn sie ist immer da, wo wir uns auch befinden. Isis kann in andere Dimensionen fliegen und wird als Vogelgöttin mit ausgebreiteten Schwingen dargestellt. Von ihr heißt es, sie besäße das Wissen des gesamten Alls. Schon mit dem Luftzug ihres Flügels kann sie Leben einhauchen.

Impuls:

Isis ist die Große Mutter, und sie erinnert dich, ihre Tochter, daran, dass es nun an der Zeit ist, dich selbst zu bemuttern und nicht alle Energien nach außen zu geben. Sie kommt zu dir, wenn du sie rufst. Dann umarmt sie dich, hält dich und wiegt dich, hört dir zu und gibt dir all die mütterliche Fürsorge, die du brauchst, damit deine alten Wunden heilen können.

„Ich bin mein Atem. Ich bin dein Atem. Und ich bin die Zeit zwischen Ein- und Ausatmen. Ich bin Isis."

Die Göttin Minerva

Minerva ist die römische Göttin der Klugheit, Kreativität, Weisheit, des Kunsthandwerks und Krieges. Ihr Name entstand aus der alten Sprachwurzel „mind“ – Geist, Sinn, Gemüt, Seele, Verstand. Sie war eine „Göttin aller Tätigkeiten“ und brachte den Menschen das Weben, Spinnen und Nähen, den Anbau des Olivenbaums und die Nutzung seiner Früchte, die Lehre, Heilkunst, die Bau- und Bildhauerkunst. Sie hütet den Ackerbau, hat Egge und Flug erfunden, die Kriegsstrategie mit Pferd und Wagen und den Mondkalender. Sie schenkte uns Poesie und Musik. Die etruskische Menvra oder Menarva war die Vorgängerin von Minerva, die „Alte Weise“, die alles sehende Greisingöttin, die den Tod und die Wiedergeburt sieht und in die tiefen Mysterien einweiht. Ihre magischen, lebenserneuernden Augen wurden als Sonnen aufgefasst.

Minerva ist die Göttin der Frauen, die niemandem angehören wollen. Die wilde Frau, die freie Frau, die ohne Ehemann oder Liebhaber lebt. Sie ist die Politikerin, die Städtebauerin und die besonnene Kriegerin. Sie war zuständig für die Anwendung des Intellekts auf Alltagstätigkeiten wie Handel, Medizin und Heilung. Minerva ist die Schutzgöttin der Handwerkerinnen, Künstlerinnen, Lehrerinnen und Ärztinnen. Ihre Klugheit macht sie zur guten Strategin, die in den Kämpfen des Lebens nie unnötig lebensfeindlich handelt. Ihr heiliges Tier ist die Eule, die sich mit ihrem scharfen Blick in der Nacht auf die Jagd begibt. So scheut sich auch Minerva nicht, in düstere Lebensumstände zu blicken. Östlich von Rom wurde ein Minerva-Tempel aus dem vierten Jahrtausend vor unserer Zeit gefunden. Es waren lebensgroße Terrakotta-Statuen mit Orakelschlangen. Minerva symbolisiert die Weisheit der weiblichen Macht und Regentschaft.

Impuls:

Minerva erinnert dich daran, dass das, was du denkst, in deinem Leben Gestalt annimmt und dass du selbst deine Gedanken wählst. Darum ist es wichtig, dass du all die Überzeugungen und Gedankenmuster hinter dir lässt, die dich klein und bedürftig halten. All das, was andere über dich denken oder sagen, sind Steine, die du als Rucksack mit dir herumträgst. Sie machen dich starr und unbeweglich. Stell den Rucksack einfach im Flur ab und stell dir vor, dass du nach und nach einen Stein herausnimmst, in die Tasche steckst und in einen Park legst oder ins Wasser wirfst und ihn verabschiedest. So lange, bis du dich frei fühlst.

„Ich richte dich auf. Ich sende dir Träume und Bilder, damit du dich daran erinnerst, was du schon alles wusstest und vergessen hast. Es war noch nicht an der Zeit, dich in deiner Größe und Schönheit zu zeigen. Doch nun, meine geliebte Tochter, folge deiner inneren Stimme und stehe auf. Du wirst gebraucht in dieser herausfordernden Zeit! Ich bin Minerva."

Die Göttin Lilith

Lilith, die Vogelfrau, war die Erste, die Ursprüngliche. Sie war da, als noch nichts war. Sie ist unsere freie und unbezähmbare Ahnin. Sie soll älter sein als die 5000 Jahre alte sumerische Göttin Innana. Ihr Name bedeutet Spirit, Sturm, Windgeist, Weisheit, Urinspiration, Dunkelheit und Nacht. Lilith ist eine Schöpfungs- und Schicksalsgöttin, die über Leben und Tod gebietet. Statt mit Füßen wird sie im altbabylonischen Burney-Relief mit Vogelkrallen dargestellt. Ihre herunterhängenden Flügel zeigen sie als Unterweltsgottheit. Ursprüngliche Farbreste zeigen, dass sie einen roten Körper hatte. Ihre Herrschaftssymbole sind Ring und Stab. Lilith ist flankiert von zwei Eulen, und sie steht auf zwei liegenden Löwen. Sie wird als emanzipierte Frau mit geheimem Wissen und gefährlichen Machtmitteln geschildert.

Lilith als erste Frau von Adam sollte sich dem Mann generell unterwerfen, wofür die sexuelle Unterwerfung ein Symbol ist. Doch sie war mit ihren matriarchalen Wurzeln eng verbunden und bestand darauf, gleichberechtigt zu sein. Sie wurde gleichzeitig mit Adam erschaffen und war ihm ebenbürtig. Adam weigerte sich, sie auf Augenhöhe anzuerkennen. Doch Lilith tanzt als Frau und fliegt als Vogel, wenn sie will. Sie floh, ließ sich Flügel wachsen und flog übers Rote Meer. Das Rote Meer kann als starke rote Kraft der Frau gedeutet werden. Lilith wurde nicht schwanger von Adam, hatte also ihre Mensis. Diese Nichtmutterschaft machte sie unabhängig, frei und selbstbestimmt.

Um diese Freiheit der Frauen einzudämmen, wurde das Blut der Frauen als unheilbringend gesehen. In der Bibel steht klar: „Da, wo Blut der Frau austritt, ist sie unheil." Im Alten Testament ist zu lesen: Die Frau ist beim Gebären unrein, weil der Geburtsvorgang ihr Blut zum Fließen bringt. Weil sie unrein ist, wird sie aus der Gemeinde ausgeschlossen. Wo sie also in Frauenkulturen und Naturvölkern als heilig angesehen ist, wird sie in unserer Kultur verfemt. Das Blut der Frau ist so unrein, dass sie nach der Geburt der Kinder neu ausgesegnet wieder in die Gemeinde aufgenommen wird. Nach dem Alten Testament braucht es nach der Geburt eines Jungen einen Monat, nach der Geburt eines Mädchens acht Wochen, bis die Mutter wieder in die Kirche gehen und die Kommunion empfangen darf. Bis ins letzte Jahrhundert galten diese Regeln auch hier. Zeitweise wurden den Frauen auch Schmerzmittel unter der Geburt verweigert, weil es Teil der Strafe war, die Eva und erst recht Lilith gehört.

In alten Kulturen hatten weise Frauen viel Kräuterwissen zur Frauenheilkunde, zur Schmerzlinderung, Verhütung und notfalls zur Abtreibung. Sie konnten gut mit ihrem Erfahrungswissen umgehen. Doch Frauen wurden voneinander getrennt und damit auch vom Wissen der anderen Frauen und unseren uralten Wurzeln. Sie sollten Kinder bekommen und mit viel Arbeit beschäftigt werden, damit sie nicht in ihre Kraft kommen. Lilith kämpfte noch für sich selbst, doch sie verlor für lange Zeit. So haben wir Frauen vergessen, wer wir sind und welche wunderbaren Kräfte wir besitzen. Dies geschah, weil wir von unserem weiblichen Urwissen abgeschnitten wurden. Aber jetzt erinnern wir uns an die mutige Lilith und rufen sie bewusst in unser Leben.

Lilith ist mit dem Geistesblitz und Frau Holle eng verbunden. Sie ist die erste Schamanin, denn sie besitzt Flügel und kann die Grenzen von Raum und Zeit überwinden. Adam könnte viel von Lilith lernen. Denn die ursprüngliche Frau kann ihm eine Himmelsleiter bauen, eine Leiter in die Spiritualität. Diese Fähigkeit macht es ihr unmöglich, sich ihm unterzuordnen. Weil sie dies verweigert, besteht ihre Strafe darin, dass sie verleumdet und vergessen wird. Täglich sollen einhundert ihrer Kinder sterben, die sie angeblich mit Dämonen zeugt. So wird die geistige Kraft der Frauen angegriffen. Wenn Lilith dem Namen nach Geist ist, sind ihre Kinder natürlich geistige Kinder, d. h. kreative Ideen. All das, was Frauen schöpferisch, spirituell und gedanklich in die Welt bringen möchten, wird oft noch heutzutage lächerlich gemacht und mit dem messerscharfen Verstand zerschnitten. Die Visionen, seherischen Fähigkeiten, intuitiven Eingebungen und die Kraft der Frauen wurden vernichtet. Stattdessen wird gesagt, wir erschaffen mit dem Verstand.

Lilith ist die Nacht und der Schatten, das Geheimnis und der Zauber. Sie führt in die Tiefe des weiblichen Wissens und begleitet die Frau, die aus Demütigung, Bevormundung, Unterwerfung und Anpassung ausbricht.

Lilith erinnert uns an die alten weiblichen Geheimnisse der Lebenskraft. Doch es ging ihr nie darum, besser zu sein als Adam. Aber sie versteckt ihre Stärken nicht. Darum ist der Reiz von Lilith über die Jahrtausende so stark, dass sie nie ganz aus unserem weiblichen Bewusstsein verschwunden ist.

Gerade jetzt ist ihre Botschaft brandaktuell, denn sie schenkt uns wieder Hoffnung für unseren Planeten und die Zukunft.

Lilith zeigt den Weg vieler Frauen heutzutage.

Sie ist im kompletten Dienst im Beruf, für die Familie und andere – bis zur völligen Selbstaufgabe. Sie leistet ihre pflegerische und sorgende Arbeit kostenlos und stellt sich selbstverständlich zur Verfügung, so wie es von ihr erwartet wird. Sie handelt so, um angenommen zu werden, um dazuzugehören, um gesehen und anerkannt zu werden. Sie sagt Ja zu allem, auch wenn sie Nein meint. Sie raubt sich selbst ihre Kraft. Ganz viele Frauen sind in diesem Schema gefangen, aus Angst, jemanden zu verlieren, verlassen zu werden oder nicht gut genug zu sein. Wir gehen auf unsere eigenen Kosten Kompromisse ein. Dann kommt plötzlich die Erkenntnis: Da stimmt doch was nicht!

Die Männer sind schuld! Die Frau wird wütend und macht den Mann für ihre Lage verantwortlich. Doch schließlich erkennt sie, dass sie diese Einstellung unglücklich macht und ihre Familie zerstört. Sie lernt, zu vergeben und in eine andere Richtung zu blicken. Nun erlebt sie die dritte Stufe und entdeckt Lilith, die göttliche Frau in sich. Sie macht niemand anderen für ihr Schicksal verantwortlich, denn sie ist selbst die Erbauerin ihres Lebens. Sie bestimmt und kreiert ihr Leben selbst, und von dem Moment an erkennt sie, dass sie in ihrer Essenz Liebe ist. Ganz egal was sie erlebt hat und wie sehr sie verletzt wurde. Sobald sie annehmen kann, dass sie göttlich ist, zeigt sich ihre wahre Kraft. Ihr wachsen Flügel, und sie fliegt über das Meer in die Freiheit. Sie ist selbstbestimmt und tut, was sich richtig anfühlt.

Impuls:

Lilith zeigt dir, wie du jetzt deine ganz eigene Energie, die verloren ging, auf deiner Erdenreise zu dir zurückrufen kannst, um dich zu heilen und wieder komplett zu fühlen.

Schließe die Augen, nimm einige tiefe Atemzüge und spüre, wie du in deiner Mitte ruhst.

Stell dir vor, in deinem Herzen befindet sich ein Magnet. Er erkennt deine Kraft und zieht sie mit Macht zu sich. Egal wo sich deine Energie verborgen hat, sie kehrt nun zu dir zurück.

Damit in deinem Herzen ein großer freier Platz entsteht, gib mit dem Ausatmen all die Energie ab, die nicht zu dir gehört. Lasse sie gehen, damit sie zu ihrem Ursprung zurückkehrt.

Atme ein und rufe ganz bewusst deine Energie zurück. Wie fühlt sie sich an? Hat sie eine Farbe, einen speziellen Geruch oder Geschmack?

Atme wieder aus und stell dir vor, dass sich alte verbrauchte Energie in dir löst. Lasse diese fremde Energie gehen.

Finde deinen Atemrhythmus.

Atme ein und rufe deine eigene Energie zurück nach Hause. Atme aus und lasse all das gehen, was dir nicht nutzt.

So kommst du mehr und mehr bei dir an und bist frei wie Lilith.

Lilith fragt dich: „Warum hast du deine Selbstbestimmung, Freiheit und Kraft weggegeben? Was war dir wichtiger?“

Frauen und Göttinnen der Quellen und Meere

Das Wasser

Wasser ist lebensnotwendig, und niemand hat ein exklusives Recht darauf. Denn das Wasser bedeckt mehr Land als alle sichtbaren Länder. Wasser ist reinigend, heilend und segnend. In jeder Kultur und Tradition ist es heilig. Der Regen hat einen langen Weg hinter sich wie auch das Wasser aus Quellen und Brunnen, denn es kommt aus der Tiefe des Gesteins.

Unser Körper besteht mindestens zu 70 Prozent aus Wasser. Unser Blut besteht zum großen Teil aus Wasser; trinken wir zu wenig, schadet es all unseren Organen. Wir kennen flüssiges Wasser, festes Eis und gasförmiges Wasser als Wolke oder Wasserdampf. Dieses Element steckt voller Rätsel, die noch nicht gelöst sind. Es ist das erste Element, in dem wir alle heranwachsen: im Fruchtwasser. Wasser ist das Element der Reise und Verwandlung.

Die Göttin des Wassers sagt: „Ich bin die Reisende, diejenige, die sich ständig verwandelt. Darum fließe, meine Tochter. Bleib nicht stecken. .... Ich erinnere dich daran, was euch alle miteinander verbindet."

Wasser fließt in Bächen und Flüssen, in unterirdischen Seen und Brunnen. Es fließt unter dem Eis und fliegt mit dem Wind in Wolken über Berggipfel und Meere. Es zaubert mit Wasserfällen und Sonnenlicht den Regenbogen herbei. Es lässt dich im Regen tanzen, sodass alles wächst. Es findet immer neue Wege der Schönheit und Kreativität als Schneeflocke und Eiskristall. Es hat die Kraft, Berge abzutragen und Steine zu polieren, die Landschaft zum Blühen zu bringen und sich ein neues Flussbett zu bauen. Wasser ist das erste Element im Bauch deiner Mutter und pulsiert dein Leben lang durch deinen Körper. Es erneuert sich ständig. Wasser ist die Quelle allen Lebens.

Frauen der Flüsse und Ozeane

Für viele Frauen, die sich ganz eng mit dem Wasserelement verbunden fühlen, ist ein Haus am Meer der schönste Traum. Denn Wasserfrauen lieben den Rhythmus der Wellen und einen ruhigen Spaziergang am Strand. Hier kommen sie zur Ruhe und finden sich selbst. Diese Frauen gehen auch im Regen spazieren und genießen es. Während andere sagen: „Jetzt mag man keinen Hund vor die Tür jagen." Frauen des Wassers lieben es auch, in der Badewanne zu liegen. Sie können stundenlang baden und fühlen sich hinterher wie neugeboren. Im Wasser können sie sich am besten entspannen und Stress abbauen. Sie geben dem Wasser all das, was sie belastet, und es fließt ab, wenn sie den Stöpsel ziehen.

Dies sind die klugen Verkörperungen der Großen Mutter: all die warmherzigen, guten Mamas und großzügigen Gattinnen, die Kinder in die Welt setzen und sie Frieden, Wildheit, Einmischung, Hoffnung und Weitblick nennen. Mit ihrer inneren Weisheit, ihren Ratschlägen, Herausforderungen und Anfeuerungen lenken sie ihre Kinder in die richtige

Richtung, sodass ihre Seelen offen und ungehindert wachsen können. Ihre zärtlichen Blicke, freundlichen Umarmungen und seltsamen Verhaltensweisen ermutigen andere dazu, Neuerungen einzuführen und tapfer zu sein. Sie flüstern: „Hab keine Angst, ich bin bei dir." „Lasse den Kopf nicht hängen, gib nicht auf, du hast es fast geschafft." „Steh auf, zeige dich, sei mutig! Ausruhen kannst du später."

Sie lassen ihre Hüllen fallen, stecken ihre Zehen ins eiskalte Quellwasser und springen hinein ins unbekannte Wasser. Sie finden Spaß daran, sich den Stürmen und Orkanen des Meeres auszusetzen. Diese muterprobten Frauen wissen, dass solch ein Bad eine Wirkung hat, die das Leben verändert – für sie und jeden anderen. Sie dienen anderen als Orientierungspunkt, einfach dadurch, dass sie da sind. Sie kennen geheime Wege, um sich aus vielen Quellen der Liebe und Dankbarkeit selbst zu speisen und zu nähren. Mit ihrem sanften Denken und Fühlen holen sie Neues aus der Tiefe des Unbewussten ans Licht. Hindernisse umfließen sie wie die Meerjungfrauen: elegant, still und leise.

Doch es gibt auch die dunkle Seite mancher Wasserfrau. Dann zeigt sie sich laut und übergriffig. Sie redet wie ein Wasserfall, sodass die Themen des Gegenübers hinweggeschwemmt werden. Doch eigentlich fühlt sie sich als Opfer und nutzt „typisch weibliche" Strategien, um gehört zu werden. Das funktionierte früher recht gut, indem sie sich hinter Menstruationsbeschwerden versteckte und ihr Ziel mit Sturzbächen aus Tränen erreichte. Letztendlich schwimmt diese Frau gegen den Strom des Lebens, und solange sie dies tut, wird sie wie ein Blatt vom Wasser davongetragen. Doch ihre Schwäche bedeutet ihr größtes Entwicklungspotenzial. Wie wir alle will sie gute Noten und Bewertungen bekommen und keine Fehler machen. Unsere große Angst ist es, Schwächen zuzugeben. Um unsere Fehler zu verbergen, lügen und täuschen wir und erfinden Dinge.

Doch unsere Fehler machen uns menschlich und vertrauenswürdig. Denn es ist nicht möglich, Neues zu lernen, ohne Fehler zu machen. So setzen wir uns mit unserer Sensibilität und Verletzlichkeit auseinander. Erst wer die Einsamkeit und Schwärze kennengelernt hat, kann sein strahlendes Ich, sein größtes Wissen, seine feinsten Wahrnehmungen, seine edelste Seite leben. Diese Menschen kennen die innere Quelle der Weisheit, die dem Breitopf im Märchen ähnelt, der auf magische Weise niemals leer wird, so viel daraus auch geschöpft wird.

Allen Wasserfrauen ist gemeinsam, dass sie eng mit ihren Gefühlen verbunden sind. Sie können sich heilen, indem sie sich vorstellen, dass das Wasser all ihre Nachtschatten und negativen Gefühle hinwegspült. So kann die tägliche Dusche am Morgen schon ein Heilungsritual sein.

Sie spüren ihre Wut und den Zorn, die Freude und das Glück, das Zerrissensein im Schmerz. All diese unterschiedlichen Emotionen sind wie die starke Strömung eines Flusses, die sie mitreißt. Damit sie nicht hinwegfließen, brauchen diese Nixen festen Boden unter den Füßen. Sie müssen einen Weg finden zwischen dem, was sie fühlen, und dem, was sie damit tun. Sie suchen das Licht, das sie durch das dunkle, bedrohliche Labyrinth ihrer tiefen Gefühle und überwältigenden Emotionen führt. Denn ihre heftigen Gefühle machen sie sehr verletzlich und können sie in Situationen bringen, aus denen sie nicht mehr herauskommen.

Ich war viele Jahre in einem Gedanken- und Gefühlskarussell gefangen, aus dem ich nicht aussteigen konnte.

Das machte mich sehr unglücklich und andere auch. Die Sehnsucht, all dies hinter mir zu lassen, wuchs ständig, und wie sagt man? „Ist der Schüler bereit, erscheint der Lehrer." Genauso war es bei mir! Eine Freundin rief an und schwärmte von einem Indianer, der Intensivseminare zur Selbsterfahrung in Deutschland gibt. Ohne genau zuzuhören, schrie alles in mir: „Ja! Genau darauf habe ich gewartet!" Ich buchte sofort, einfach weil ich wusste, dass das das Richtige ist. Dies war eine meiner allerbesten Entscheidungen, denn dieser Schamane führte mich aus meinem Gefühlschaos heraus in große Klarheit.

Ein inneres Chaos entsteht, wenn wir unsere Gefühle wegdrücken und nicht mehr spüren. Damit sie endlich gehört werden, verstärken sie ihre Energie. Doch wenn wir unsere Gefühle lange nicht ausdrücken, sammeln sie sich in unserem Energiefeld. Im Laufe der Zeit nehmen sie immer mehr Raum ein und blockieren den Energiefluss der gesunden Lebensenergie. Dies kann die Gesundheit belasten und Krankheiten verursachen.

Unsere Heilung besteht dann darin, den Gefühlen den richtigen Platz anzuweisen. Indem wir jedes Drama meiden: die große Intensität, die Unermesslichkeit, die Dichte und den großen Preis der wilden Emotionen. Sobald die Wasserfrau lernt, ihre Gefühle zu akzeptieren und bewusst wahrzunehmen, beginnt ihre Heilung. Dann findest du aus dem Gefühlschaos heraus und hast mehr Energie, um dein Leben in die Hand zu nehmen und zu gestalten.

Es hilft dir, in die Stille zu gehen und zu fragen: „Was fühle ich?" Der Körper wird antworten und ein Signal senden. Wenn das Knie weh tut, kannst du es fragen: „Fühlst du Wut? Bist du verletzt oder traurig?" Das zu sagen, was ist, hilft dabei, mit deinen Gefühlen in Kontakt zu kommen und Frieden mit ihnen zu schließen. Die empfindsamen Frauen des Wassers sind nach solch einer Übung verwandelt und die klugen Verkörperungen der Großen Mutter. Denn sie haben die Erfahrung gemacht, wie es sich anfühlt, allein in unterirdischen Flüssen zu schwimmen, in dunklen Höhlen festzusitzen und sich schließlich selbst daraus zu befreien. Sie kennen nun ihre eigene Kraft und können das Schwimmen im klaren Bergsee genießen.

Impuls:

Du bist mit deiner Intuition verbunden, wenn du dir einen endlosen Fluss brillanter, außergewöhnlicher Ideen vorstellst, die bei Bedarf durch dich hindurchfließen. Wann warst du mutig und bist ins kalte Wasser gesprungen? Wie hast du dich gefühlt, nachdem du deine Grenzen gesprengt hast? Mache es dir zur Gewohnheit, jede Woche etwas zu tun, was neu für dich ist.

Es gibt einen Wasservogel aus Mammutelfenbein, der in der Schwäbischen Alb gefunden wurde und im Urgeschichtlichen Museum Blaubeuren ausgestellt ist. Er ist 40 000 Jahre alt und gehört zum UNESCO-Weltkulturerbe.

Die Vogelgöttin des Wassers sagt: „Verbinde dich mit den Elementen so wie ich. Alles gehört zu dir: Das Wasser ist in deinem Blut, in deinen Tränen und in deinem Schweiß. Die Erde ist die Festigkeit deiner Knochen. Die Luft atmest du ein und aus, und das Feuer wohnt in deinem Bauch."

Göttinnen des Wassers

Die Göttin Ganga

Ganga ist eine hinduistische Flussgöttin der Heilung und Fruchtbarkeit. Der Ganges, der heiligste aller Flüsse, ist nach der Göttin Ganga benannt. Er ist die Hauptschlagader des Lebens in Indien. Sie wird auch als „Ma Ganga", Mutter Ganga, verehrt. Die Göttin Ganga wird als Frau dargestellt mit einem Fischkörper. Ihr Sand liegt wie ein silberner Schleier auf allem. Er heilt, beruhigt, befriedet und reinigt die Menschen. Es heißt, dass die Göttin Ganga auf die Erde kam und gleichzeitig im Himmel blieb. Dort ist sie als himmlischer Fluss, als die Milchstraße zu erkennen.

In unserer Zeit ist die Verehrung der Göttin Ganga eine sehr lebendige Göttinnenverehrung. Denn gläubige Hindus waschen sich dreimal täglich in den reinigenden Wassern. Es geht dabei eher um eine rituelle Waschung von Geist und Seele, weniger um eine körperliche Reinigung. Der allerheiligste Ort ist der Zusammenfluss der drei Ganges-Arme in Benares. Pilgerinnen reisen einmal im Jahr dorthin, um zehn Sünden aus jedem der letzten zehn Leben durch das Baden wegzuwaschen. Viele Gläubige hoffen, in Ganga untergetaucht zu sterben. Denn dann soll die Göttin die Seele sofort von allen Sünden und der Wiedergeburt befreien.

Die Göttin Ganga nährt, tötet, wäscht alles fort und bringt es neu zurück. Sie gewährt Gesundheit, Wohlstand, Glück und Fruchtbarkeit.

Impuls:

Der japanische Wasserforscher Dr. Masaru Emoto hat die Wasserkristallfotografie erfunden. Er untersuchte Wasser unter verschiedenen Bedingungen, fror es ein und fotografierte die Wasserkristalle. Seine Ergebnisse sind berührend und gleichzeitig schockierend. Wird ein Glas mit Wasser mit Heavy-Metal-Klängen beschallt, zeigt es eine völlig andere Struktur, als wenn es Beethoven-Musik vorgespielt bekommt. Die Beethoven-Strukturen sind harmonisch und gleichmäßig schön. Dies lässt den Schluss zu, dass je nach Energiefluss das Wasser seine Struktur ändert. Emoto beschreibt es so: „Da der menschliche Körper zu 70 bis 80 Prozent aus Wasser besteht, sind die Sauberkeit und Qualität des Wassers für die Gesundheit des Menschen ebenso wichtig wie die Reinheit und Qualität seiner Gedanken."
Wenn du also liebevoll zu dir und deinem Körper bist und gut über dich denkst, wirkt das anders auf deine Gesundheit, als wenn du in Selbstkritik badest und dich schlecht behandelst.

Die Wassergöttin sagt: „Sorge für Heilung, indem du dich dafür stark machst, dass meine Wasseradern, Brunnen, Meere, Seen, heiligen Quellen und verschmutzten Ozeane gereinigt werden und ihre Schönheit zurückerhalten. Trinke reines Quellwasser."

Die Göttin Hygieia

Hygieia wurde als Göttin der seelischen und körperlichen Gesundheit verehrt. Sie hatte ihre eigenen Tempel und Heilstätten im antiken Griechenland seit dem siebten Jahrtausend vor unserer Zeit. Ihre Priesterinnen verwendeten Heilkräuter und Heilsteine, nutzten heilende Quellen, energetisierende Massagen und Heilsitzungen. Darüber hinaus gab es den Tempelschlaf, bei dem die Kranken der Göttin begegnen und Heilung erfahren.

Im Asklepios-Tempel wurde hauptsächlich Frauenheilkunde betrieben. Die Frauen suchten die Heilstätte der Hygieia auf bei Kinderlosigkeit und Schwangerschaftsprob-

lemen. Zum Dank schmückten die Patientinnen die Statuen der Göttin mit ihren Kleidern, Blumen und ihren eigenen Haaren.

Hygiene war für Heilerinnen selbstverständlich, jedoch nicht für Mediziner! Nach dem Berufsverbot der Heilerinnen, Schamaninnen, Kräuterfrauen und Hebammen in der Inquisitionszeit starben unzählige Frauen und Säuglinge dadurch, dass Ärzte Leichen sezierten und, ohne sich die Hände zu waschen, auf der Wöchnerinnenstation arbeiteten. Sie trugen das Leichengift direkt zu den Gebärenden und Säuglingen.

Die Göttin Hygieia ist in unserer Zeit, während der Pandemie, äußerst präsent. Wir waschen uns ständig die Hände und desinfizieren sie, tragen Mundschutz und halten Abstand. Alle heutigen Hygienemaßnahmen lassen sich zurückführen auf die Göttin Hygieia. Hygiene ist der Inbegriff für vorbeugende Gesundheit.

Hygieia ist auch die Beschützerin der Apothekerinnen. Ihr Symbol ist die Schlange, die aus einer Schale trinkt. Dies ist auf die Göttin Hygieia zurückzuführen und nicht auf den Asklepios-Stab ihres Vaters. Denn sie war es, die Schlangen mit (Mutter-)Milch fütterte. Meistens wird Hygieia mit einem Füllhorn voller Früchte dargestellt oder aber mit ihrem heiligen Tier, der Schlange, die aus einer Schale trinkt. Ihr Vater Asklepios wird mit einem Stab dargestellt, um den sich eine Schlange windet, was offensichtlich sehr männliche Symbole sind. Die Schale oder der Kessel sind jedoch weibliche Symbole. Sie stehen für die Gebärmutter und für das nährende Prinzip, denn die Schlange trinkt aus der Schale.

Diese Elemente kommen erst durch seine Tochter Hygieia hinzu. Der Eid des Hippokrates nennt sie gleich zu Beginn: „Ich schwöre bei Apollon, dem Arzt, und bei Asklepios, Hygieia und Panakeia sowie unter Anrufung aller Götter und Göttinnen.“ Panakeia ist die Schwester von Hygieia, die Göttin der Medizin und Zauberei. Sie steht Hygieia als „Allheilende“ zur Seite.

Die Brüste der Göttin spenden Heilung durch ihre Milch und zeigen auch den nährenden Aspekt der beiden Schwestern. So lauten die Namen ihrer Brüste Hygieia und Panakeia.

Hygieias Ehrentag ist der 26. Februar, die Zeit des „neuen Wassers“, das aus der Eisdecke hervorspringt und mit dem Frühjahr neues Leben bringt. Dem Wasser aus den Bächen nach der Schneeschmelze wurde besondere Heilkraft zugeschrieben. An diesem Tag gingen die Römerinnen zu Heilquellen, um dort zu baden und das Wasser zu trinken. Sie baten die Göttin Hygieia, sie ganz heil-ig und gesund zu machen.

Impuls:

Erforsche, woher dein Trinkwasser kommt, wie es gereinigt wird und welche Quellen sich in der Nähe deines Wohnorts befinden. Vielleicht gibt es alte Geschichten über die Brunnen oder den Fluss, an dem du wohnst.

Die Göttin sagt: „Ich reiche dir ein Glas frisches Quellwasser aus den Tiefen der Erde. Es wird dich gesund machen, denn es besitzt große Heilkraft. Nimm es in kleinen Schlucken zu dir und stell dir vor, wie es jede einzelne Zelle deines Körpers belebt und gesund macht. Wisse: Du wirst geliebt.“

Die Göttin Morrigan

Morgan le Faye ist eine dreifaltige keltische Göttin. Sie erscheint als wunderschöne junge Frau, als mächtige Mutter- und Schöpfungsgöttin und als todbringende Hexe. Sie wurde auch als Meeresgöttin verehrt. Ihr Name „Mor" bedeutet Meer, „le Faye" hat zwei Bedeutungen: die Fee und das Schicksal. Ihr Name als Fata Morgana wird mit allem Magischen, Geheimnisvollen und Irreführenden in Verbindung gebracht.

Bekannt ist die Artussage, in der sie die Halbschwester von König Artus ist. Als Artus starb, brachte Morgane ihn auf die mythische Insel Avalon. Dies ist die heilige, entrückte „Apfel-Insel" der Frauen. Morrigan heilte Artus und versetzte ihn in einen tiefen Schlaf, aus dem er erwachen wird, wenn die Zeit gekommen ist. Ihr Symbol ist der Apfelzweig, ein Sinnbild für Frieden und Überfluss.

Morgan wird mit Zaubersprüchen und Flüchen in Verbindung gebracht. Sie ist die Beschützerin der weisen Frauen, Priesterinnen, Kräuterkundigen und Hexen. Morgane ist der Göttin Holla sehr ähnlich. Auch sie beherrscht die Nacht und die Magie und besitzt die Gabe der Prophezeiung. Lange Zeit wurde Holla als weise Muttergöttin verehrt. Aber nach und nach wurde sie in unterirdische Bereiche verbannt, wo sie als grimmige Todesgöttin erschien und schließlich nur noch kam, wenn jemand sterben sollte. Doch Morrigan und Frau Holle waren ursprünglich machtvolle Muttergöttinnen.

Morrigan kann sich verwandeln. Das ist eine ihrer Zauberkünste. Sie zeigt sich einmal als junge verführerische Frau, ein anderes Mal als alte Frau und Todesbotin. Sie ist auch die Göttin der Fruchtbarkeit, und all diese Aspekte sind natürlicherweise miteinander verbunden. Sie ist eine Göttin der Wandlung und des Mondes. Sie schwingt sich als Rabe oder Krähe in die Luft und kann sich auch in eine Schlange verwandeln.

Als „Herrin vom See“ beschützt sie heilige Quellen und das Meer. Wassergeister heißen in England heute noch „morgans“. Die Göttin Morgan soll den Heiligen Gral gefunden haben, nach dem so eifrig gesucht wird. Sie ist eine Schicksalsgöttin, die in Teichen und Seen in unbeschreiblichen Palästen lebt.

Impuls: Innere Reise

Finde eine ruhige Zeit für dich allein und setze dich bequem hin, sodass deine Wirbelsäule gerade ist. Atme einige Male ruhig ein und aus, bis du deinen Rhythmus gefunden hast und die Alltagsgedanken verflogen sind. Stell dir vor, du befindest dich in einem kleinen Boot, das dich leicht wiegt, sodass du dich ganz sicher und geborgen fühlst. Du bist von Nebel umgeben und passierst nun ein Tor. Die Nebel schließen sich hinter dir, und du erkennst die Insel Avalon. Du gelangst an das Ufer und steigst aus. Morrigan begrüßt dich und führt dich zu ihrem sagenumwobenen See, um den im Kreis Apfelbäume stehen. Ihr setzt euch ans Ufer, und Morrigan fragt dich, was du wissen möchtest. Dann bewegt sie mit ihrem magischen Stab die Wasseroberfläche. Als sich das Wasser beruhigt hat und spiegelglatt vor dir liegt, siehst du die Antwort auf deine Frage klar vor dir. Du bedankst dich bei Morrigan und schenkst ihr zum Dank etwas von dir: einen Schmuckstein, einen Haarreif oder ein Seidentuch. Dann nimmst du Abschied, besteigst dein Boot, durchquerst die Nebelwand und kehrst zurück in deinen Raum. Du nimmst einige tiefe Atemzüge und öffnest erst die Augen, wenn es sich gut anfühlt. Dann kehrst du langsam zurück in deinen Alltag.

„Finde deinen eigenen Rhythmus im Leben, tanze nach deinem eigenen Takt. Nutze dein Lebensschiff und schwimme im Fluss deines eigenen Lebens. So findest du den einzigartigen Ausdruck deiner Seele."

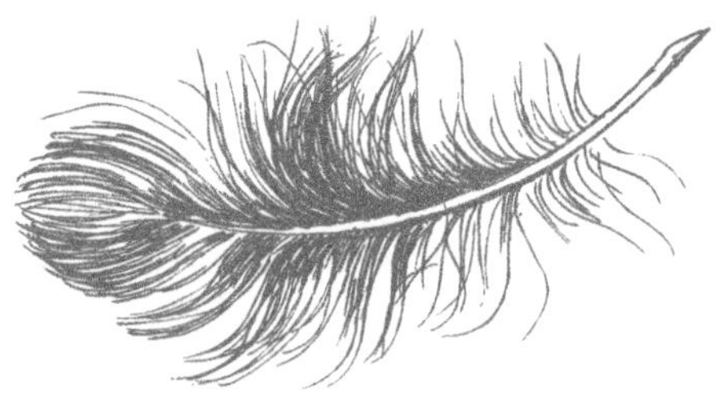

Frauen und Göttinnen des Feuers

Das Feuer

Sehr früh haben Menschen gelernt, das Feuer zu zähmen. Es entstand durch Blitzschlag oder Erdbrände. Feuer bietet Wärme, Licht, Schutz vor Raubtieren und Insekten. Feuerstellen mussten bewacht werden. Die Glut war überaus kostbar und wurde von Feuer-Keepern von einer Lagerstelle zur anderen transportiert. Unsere Vorfahren lernten unterschiedliche Techniken, um Feuer herzustellen, beispielsweise indem sie zwei Stöcke aneinanderrieben oder Flintsteine gegeneinanderschlugen. Unsere Vorfahren lernten ihre Nahrung zu garen, über offenem Feuer zu braten, in heißen Quellen zu kochen oder durch Räuchern haltbar zu machen.

Die ältesten Feuerstellen befinden sich in Südafrika und sind ca. eine Million Jahre alt. Die ältesten Feuerfundstellen in Europa sind ungefähr 400 000 Jahre alt.

Die verheerenden Waldbrände in Nordkalifornien haben ungeahnte Weiten und Temperaturen erreicht. Vor der Kolonialisierung gab es Landbewirtschaftungsmethoden, die dazu beigetragen haben, dass das ökologische Gleichgewicht aufrechterhalten blieb. Der Karuk-Stamm hatte vorgeschriebene Verbrennungen, um die radikalen Waldbrände zu mildern. „Wir hatten immer Feuer. Feuer ist in Nordkalifornien ein natürliches Ereignis – von trockenen Blitzstürmen bis zu absichtlichen Bränden. Feuer ist zeremoniell. Feuer ist heilig. In der Vergangenheit haben wir Niedertemperaturfeuer gelegt, die nur den Waldabfall verbrannten. Diese Art der Verbrennung kommt unseren Webereien zugute. Sie ist auch wichtig für unsere Medikamente und schafft Wiesen. Sie erhält die Gesundheit unseres Wassers, unserer Flüsse, unserer Bäche. Sie verhindert auch, dass diese gewaltigen Megabrände auftreten. Was immer wir tun können, um diese zu mildern, ist so wichtig. Es ist lebenswichtig für unsere Gesundheit, für unser Überleben", sagt Carolyn Smith. Sie ist eine Karuk-Indianerin mit einem Doktortitel in Anthropologie. Carolyn ist eine traditionelle Korbflechterin und Künstlerin. In ihrer wissenschaftlichen Arbeit verwendet sie indigene Methoden, um zu verstehen, wie die unglaublich feine, vielfältige und tief symbolische Karuk-Korbflechterei tief mit der Art und Weise verwoben ist, die Welt zu verstehen und in ihr zu sein.

Das traditionelle Wissen der Karuk-Stämme über Niedertemperaturverbrennungen wird jetzt vom United States Forest Service in die Wälder reintegriert.

Es gibt also Momente, in denen indigene Wissenschaft und westliche Wissenschaft zusammenkommen, um unsere kranke Beziehung zur Natur zu heilen. Dies zeigt auch die indigene Botanikprofessorin Robin Wall Kimmerer in ihrer Arbeit mit Studierenden. Sie arbeiteten mit traditionellen Süßgras-Korbflechtern zusammen. Sie erzählten, dass diese wichtige kulturelle Pflanze dabei sei, zu verschwinden. Ihre Ältesten sagen, dass die traditionellen Pfade zerstört wurden durch Kolonialismus, Assimilation und ethnische Säuberung. Städte und Gemeinde entstanden dort, wo früher Süßgras- und Ahnenpfade waren. Darum haben es unsere Ahninnen schwer, uns zu finden und zu helfen. Es ist wichtig, dass wir Süßgras verbrennen und ein Ritual durchführen mit dem süßen, sanften Aroma des Süßgrases.

Aus insgesamt 21 Strängen flechten wir einen Zopf. Wir tun dies im klaren Bewusstsein an bestimmte Kräfte und verbrennen ihn anschließend. Denn das Feuer besitzt die größte Kraft, Energie zu transformieren. Der Rauch trägt die Botschaft in feinere Ebenen. Der Wind trägt unsere Gedanken und Gebete, unseren Dank und unsere Bitten mit sich fort.

Die ersten sieben Stränge repräsentieren die sieben Generationen vor uns: unsere Eltern, Großeltern und fünf weitere Generationen, die hinter uns stehen. Sie haben die uralten Pfade geschaffen, die zerstört wurden. Nun ist es Zeit, dass grundlegende Heilung stattfindet und wir uns wieder mit unseren Ahnen verbinden. Sie haben einen hohen Preis für unsere Freiheit bezahlt. Darum stehen wir jetzt mutig auf gegen jede Ungerechtigkeit. Wir sollen niemals vergessen, dass wir das geflüsterte Gebet unserer Vorfahren sind. Sie warten auf uns.

Die nächsten sieben Stränge aus Süßgras repräsentieren die sieben einfachen, kraftvollen, schönen und heiligen Lehren:

1. Liebe. Bedingungslose, grenzenlose Zuneigung, die damit beginnt, sich selbst zu lieben.

2. Respekt. Rücksichtnahme auf Gefühle, Rechte, Traditionen anderer. Aufmerksamkeit und Höflichkeit.

3. Wahrheit. Aufrichtig, offen und echt, frei von Betrug oder Täuschung.

4. Demut. Freiheit von Stolz und Arroganz, du bist nicht besser als ich, ich bin nicht besser als du. Wir sind einfach nur Menschen.

5. Mut. Tapferkeit, extremen Gefahren mit Kühnheit begegnen, Angst, Gefahr oder Schwierigkeiten widerstehen.

6. Weisheit. Erfahrung, Wissen und ein gutes Urteilsvermögen, die Eigenschaft, weise zu sein.

7. Ehrlichkeit. Integrität. Fühlen, denken und handeln sind wie ein Pfeil, der in eine Richtung fliegt.

Die letzten sieben Stränge sind die sieben Generationen nach uns: unsere Kinder, Enkel, Urenkel und die Kinder, die nach uns geboren werden. Alles, was wir entscheiden und Mutter Erde antun, wird sie beeinflussen. Doch wir besitzen alles, um uns und die Erde zu heilen. Es ist wichtig, dass wir zu unseren Wurzeln zurückkehren und erblühen.

Diese uralten Süßholz-Lehren müssen zuerst in uns selbst Wurzeln schlagen. Das bedeutet, dass wir lernen, uns selbst zu respektieren und zu vertrauen. Denn diese Lehren beginnen zuerst in jedem von uns. Danke für dieses Ritual, Kakaygeesick Bay.

Nach der westlichen Naturschutzbiologie muss die bedrohte Süßholzpflanze in Ruhe gelassen werden. Man baut also einen Zaun um sie, um Menschen und Tiere daran zu hindern, sie abzuernten bzw. zu fressen. Sie sollte ungestört am besten wachsen. Gegen recht viel Widerstand fand gleichzeitig ein weiteres Experiment statt. An einigen Stellen wendete die Forschungsgruppe um Robin Wall Kimmerer traditionelle Erntemethoden an. Und genau dort blühte das Süßgras auf. Es wuchs sogar doppelt so viel Süßgras wie vorher, während das in Ruhe gelassene Süßgras zu verkümmern begann.

Dieses Ergebnis zeigt eindrucksvoll, dass die Beziehung des sich gegenseitigen Helfens ausschlaggebend ist, wenn man das Süßgras schützen will. Wir Menschen können der Natur auch guttun, denn wir sind ein Teil des biologischen Systems. Sobald wir uns zugehörig fühlen zu dem Land, auf dem wir leben, sind wir Schenkende, Bewahrende und nicht der Feind des Landes, der es ausbeutet, verbraucht und konsumiert. Das Wohlbefinden der Menschen hängt vom Wohlbefinden der Gemeinschaft ab und das wiederum von der Gesundheit des Landes. All dies hängt miteinander zusammen und bildet einen Kreis.

Dr. Carolyn Smith und Prof. Robin Wall Kimmerer wurden an Universitäten in westlichen Wissenschaften ausgebildet. Doch beide haben sich auf ihre indianischen uralten Weisheitstraditionen besonnen, die ihrem Volk weggenommen wurden. Eine tiefe Sehnsucht trieb sie an, nach neuen Wegen zu suchen, um diesen Verlust zu heilen. Sie nehmen die westliche Wissenschaft als Methode – ohne jedoch ganz in die westliche Welt einzutauchen. Diese indianischen Wissenschaftlerinnen entwickeln neue Modelle, indem sie die indigene, ganzheitliche Perspektive bewahren und mit den neusten wissenschaftlichen Erkenntnissen kombinieren.

Inzwischen stützt die Wissenschaft vielfach die indigene Weltsicht und bestätigt die Handlungsweisen und Heilmethoden, die auf jahrhundertelange Erfahrung beruhen. Westliche Wissenschaft und indigenes Wissen schließen sich also nicht aus, sondern ergänzen sich.

Viele alte Kulturen haben die Vorstellung von einem Geflecht der Beziehungen, nach dem Motto: „Ich bin, weil wir sind." Dieses Denken unterscheidet sich sehr von Descartes' Satz: „Ich denke, also bin ich." Das ichbezogene, westliche Denken trennt die Kultur von der Natur. Es stellt den beobachtenden Menschen ins Zentrum der Welt und schafft eine Distanz zur Natur, zu Tieren, Bäumen und Pflanzen. Schließlich wird alles zu einer Ressource, die zur Selbstbedienung und Ausbeutung bereitsteht. Inzwischen kennen wir Tiere hauptsächlich als Haustiere oder Nutztiere und Fleischlieferanten. Wälder werden zu Holzprodukten. Sogar die Bürger eines Volkes werden nicht länger als Menschen gesehen, sondern sind nur noch Verbraucher, Patienten, Touristen und Konsumenten. Diese Kriterien sind äußerst respekt- und rücksichtslos, lebensfeindlich, übergriffig und aggressiv. Sie zerstören die Lebensräume für naturverbunden lebende Völker, Urwälder, unzählige Pflanzen und Wildtiere.

Dagegen empfinden sich indigene Kulturen als Teil der Erde und Natur. Sie haben keine Worte für „Umwelt“ oder „Landschaft“. Jede Gärtnerin weiß seit Generationen, dass Pflanzen miteinander kommunizieren. Sie kann dies nicht erklären, aber sie beobachtet es und weiß es. Solange die Wissenschaft dies nicht nachweisen konnte, wurde es als Ammenmärchen abgetan oder war einfach nur altes Wissen – also kein richtiges Wissen.

Jetzt haben wir die Chance, zu weiblichen Traditionen der Kooperation zurückzukehren, die der Interessenwahrung allen Lebens dienen und die nachhaltig sind. Wir können viel von alten Kulturen und alten Wäldern lernen, in denen es um Beziehungen, statt um Wettbewerb und Konkurrenz geht. Diese Sichtweise bringt sehr viel Heilung für die westlichen Menschen. Denn wir haben unsere Wurzeln verloren, auch die Beziehung zu uns selbst, zu unseren Gefühlen und zur Natur. Unsere Gesundung besteht darin, dass wir uns wieder zugehörig empfinden zu dem Ort, der Landschaft und den Menschen, die mit uns leben. Diese Neuorientierung verbindet uns wieder mit unseren tiefen, ehrlichen Gefühlen und macht uns lebendig. Die großen Dinge finden wieder ihren Raum: Liebe, Sexualität, Kinder, Sterben und Tod. Persönliche Kraft, Gemeinschaft, Gesundheit und Zufriedenheit, Ethik, Schönheit und Respekt sind neue Werte.

Gleichzeitig sind es jedoch die alten Werte, die uns neue Ehrfurcht vor indigenen Kulturen lehren. Die heutigen Krisen bringen uns dazu, indianischen Erdenhütern, Weisheitslehrern und weisen Großmüttern zu lauschen. Diese über viele Jahrhunderte verfolgten Menschen erhalten ihre Würde zurück, indem sie uns das alte Wissen vergangener Epochen beibringen und von uns dafür respektiert, geachtet und geliebt werden.

Feurige Gefühle und ehrliche Betroffenheit treiben ganz besonders die junge Generation an. Sie fordern uns auf, unsere schädigende Lebensweise zu ändern und neue Wege einzuschlagen. Sie fühlen: Was wir unserem Planeten, unserer Erde, antun, tun wir uns selbst an. In unserem Herzen wissen wir: Unsere Kinder haben ein Recht auf eine gute Zukunft auf der Erde.

Das Feuer spricht immer eine unmissverständliche, deutliche Sprache. Vulkanausbrüche, die Erderwärmung und vernichtende Großfeuer zwingen uns jetzt alle zum Umdenken und schnellem Handeln. Jeder muss jedoch zuerst seine eigenen ungefilterten Gefühle und Emotionen klären. Dann werden wir gemeinsam das äußere Feuer zähmen, damit es uns nicht zerstört.

Die Glut wird immer weitergereicht.

Wir haben erlebt, dass Notre-Dame lichterloh brannte. Es ist der heilige Ort der Mutter Gottes im Herzen von Paris.

Hier wurden fast 1000 Jahre lang Gebete für sie gesprochen. Durch das große vernichtende Feuer spricht sie nun mit ihrer machtvollen Stimme zu uns und ruft laut: „Stopp!“ Sie sagt Stopp zu Gleichgültigkeit, kalten Herzen, Unbewusstheit, Unmoral und Gefühlskälte. Die Göttin fordert uns auf, das Feuer unserer Emotionen zu zähmen und als Menschheit erwachsen zu werden. Wir müssen Verantwortung für die Erde und das Leben übernehmen. Notre-Dame lässt keinen Zweifel daran, dass sie uns sonst aus dem Paradies vertreiben wird.

Was vorher durch Mauern geschützt war und wegen seiner Schönheit täglich Tausende von Besuchern anzog, liegt nun offen. Ihr heiliger Raum ist eine schutzlose Wunde. Das bricht uns das Herz, das vorher verschlossen und kalt war. Nun zeigt sich auch unser Herz offen mit all seinen Gefühlen. Ganz spontan rücken wir zusammen, denn die klaffende Wunde von Notre-Dame macht uns bewusst, was wirklich zählt. Wir haben die Hoffnung, dass wir gemeinsam etwas schaffen können, was jeder einzeln nicht einmal zu denken wagt. Menschen spenden sehr viel Geld, versammeln Fachleute und planen schon am Morgen nach dem Brand den Neuaufbau von Notre-Dame. Wir spüren, dass wir nur gemeinsam solch ein großes Projekt bewältigen können, und erkennen, dass diese wunderschöne Kathedrale, an der ungefähr 200 Jahre gebaut wurde, unser aller Leben bereichert. Notre-Dame wurde der Mutter Gottes geweiht, und sie steht auch für die große Göttin. Mit ihrer Hilfe konnten sich Mädchen und Frauen mit ihrer Seele verbinden und mutig über sich hinauswachsen.

Die Botschaft der feurigen Göttin lautet:
„Ich bringe Veränderung, Wandlung und starke Transformation durch Hitze und Licht. Ich bin die Sonne,

die den Frühling und das neue Leben bringt. Ich bin die Sonne, die in der Wüste den Sand und die Felsen aufheizt. Ich bin der Vulkanausbruch, der das Gesicht der Erde verändert. Ich bin das Feuer, das dir Geborgenheit und Sicherheit schenkt. Meine Energie ist kraftvoll und wild. Ich koche und schäume. Einmal entfacht, bin ich schwer zu bremsen.
Ich verwandle auch dich! Darum bleibe nicht in der Leere der scheinbaren Ruhe stehen. Das Leben ist ständige Veränderung und Knistern. Erst durch Feuer wird aus Gemüse eine Suppe, aus Mehl und Wasser Brot und aus einer Verbindung Liebe. Doch zügle deine Feuerkräfte, sie besitzen die Macht, alles grundlegend zu verändern."

Drachenfrauen und Feuerhüterinnen

Diese Töchter und Mütter sind ein Beispiel dafür, dass die Seele trotz aller Demütigungen, Verletzungen und falschen Entscheidungen, trotz Herzschmerz und Unfällen wieder zu neuem Leben erwacht, weiterlebt und dies leidenschaftlich meistert. Obwohl weibliche Eigenschaften verurteilt und abgelehnt wurden und Fürsorge, Emotionalität, Verletzlichkeit, Intimität, Bedürfnis nach Verbindung, Vorstellungskraft, Kreativität, Natur, Selbst und Spiritualität lächerlich gemacht wurden, weil sie weder Macht noch Status verleihen oder Geld bringen, erkennen Feuerfrauen, dass sie mit weiser Seele geboren sind. Sie nähren sich selbst mit der Liebe, die in ihnen wohnt. Diese innere Weisheit ist sowohl ihr Erbe als auch ihr goldener Zunder. Sie werden stärker, erblühen und erschaffen sich neu aus der verbliebenen Asche, und sie sind ganz normal, zugleich würdevoll, weise und wild. Sie wissen, was uns physisch, emotional und kulturell nährt. Diese welterfahrenen Frauen bewahren die Künste, Ideen und Hoffnungen, die nicht erlöschen dürfen. Sie tanzen wild ums Feuer, sind lebendig und stecken mit ihrer Lebenslust alle anderen an.

Frauen wollen sich jetzt endlich wieder am Gespräch beteiligen. Der Schatten des Männlichen glaubt immer noch, dass er dominieren müsse, um Macht zu haben, und dass er darum alles kontrollieren und das Wilde zerstören müsse. Feuerfrauen zeigen ihm Grenzen auf. Sie machen unmissverständlich klar, dass es jetzt darum geht, Verantwortung zu teilen, das Leben zu beschützen und das Gleichgewicht wiederherzustellen. Sie wagen den Feuerlauf durch Fettnäpfchen, obwohl ihnen immer wieder Scheitern und Versagen nachgesagt wird. Diese starken Frauen malen ihre Emotionen in leuchtenden Farben und sprengen die Grenzen in den Köpfen der Menschen. Sie befreien den Geist und tun, was sie wollen. Mit ihrer Vitalität und Feuerkraft erinnern sie andere daran, ihre Träume zu verwirklichen, groß zu denken, mutig zu sein und den Raum zu nutzen, der ihnen gehört. Solch eine Frau lebt und liebt intensiv, fühlt und gräbt tief, fragt und wünscht viel. Mit ihrem lauten fröhlichen Lachen, ihrer Weiblichkeit, ihren Kurven, ihrer Sinnlichkeit und flatternden Tüchern, ihrer Ehrlichkeit und Sensibilität zeigt sie sich. Bei denen, die ihre „Wildnatur" hinter Angepasstheit, Frustration, Abgestumpftheit und Lustlosigkeit verstecken, sorgt sie für Aufruhr mit ihrer Freude, Leidenschaftlichkeit und viel Zeit für sich allein. Sie würde durch Schwefel und Höllenfeuer gehen, um das zu bekommen, was sie will, und riskiert alles, um die Sehnsüchte ihres Herzens zu erfüllen.

Sie trägt eine Fackel, um mit ihrem Feuer andere Fackeln anzuzünden. Sie ist die Trägerin des Bewusstseins; das sind

Menschen, die dafür sorgen, dass dieses Wissen geschützt, gehütet, erhalten und weitergetragen wird.

Genau das macht sie feuergefährlich, denn sie bringt andere zum Nachdenken und Fühlen, spricht ihre Wahrheit aus und legt mit schlafwandlerischer Sicherheit den Finger in die Wunde. Sie hat keine Angst, der Welt zu zeigen, wer sie ist – mit all ihrem Licht und Schatten, denn sie spielt keine Spielchen, trägt keine Maske und verlangt ungeteilte Aufmerksamkeit. Sie ist laut, ehrlich, lebhaft, emotional, klug, einfühlsam, hübsch, schwierig, erfolgreich, kreativ, stark, feurig und wild. Die Feuerfrau ist eine Herausforderung, denn sie ist nicht bedürftig. Sie weiß, was sie will und wie sie sich selbst heilen kann. Sie kennt all die Kräfte, die in ihr wohnen und steht auf für diejenigen, die schwächer sind. Sie besitzt eine innere Weite, Tiefe und Strahlen und steht zu ihrer Größe. Sie ist ein riesengroßes Geschenk, denn sie bringt Licht und Wärme, Lebendigkeit, Magie und Medizin. Sie steht auf, um das Feuer in den Herzen ihrer Mitmenschen zu schüren und zu erwärmen. So breitet sie sich aus unter ihren Schwestern.

> *Sabine: „Unruhe, Stress und Streit kommen in meinem Alltag ab und zu vor. Wenn ich z. B. in einer Streitphase bin, weil ich von der Ungerechtigkeit meines Gegenübers überzeugt bin, befällt mich eine ungeahnte Energie. Eine Hitzewelle steigt in mir hoch, ich renne hin und her. Ich lege eine unkontrollierte Geschäftigkeit beim Abwaschen an den Tag, bei der das Geschirr dann unsanft in der Spüle landet. Ungeahnte Kräfte und Energie bemächtigen sich meines Körpers. Wut hat etwas Mächtiges, ich reiße mir die Jacke vom Leib, weil sich die Wut in Hitze umwandelt. Wie ein Feuer zeigen*

sich die Emotionen, wenn ich leidenschaftlich, laut und wortreich meine Einstellung verteidige. Ich ernte nur verächtliches Grinsen, in mir brodelt es!
Da hilft es nur, aufzustampfen, zu brüllen und Türen zu knallen!
Doch bevor ich platze, flüchte ich nach draußen. Kalte klare Winterluft nimmt mir sofort die Schärfe meiner Gefühlswelt. Meine Beine bewegen sich wie von selbst, der ganze Körper beginnt, sich im Rhythmus des Laufens zu entschleunigen. Mein Herz schlägt regelmäßig, meine Augen trösten sich am Grün der Bäume, und die kalte Luft bringt langsam Ruhe und Entspannung für Körper und Geist."

So viel unbändige Feuerkraft ist eine große Herausforderung. Sabine darf sich nicht für alles verantwortlich fühlen und sollte stattdessen ihre Kraft sorgsam einteilen. Sie wird sich entscheiden, wofür sie kämpfen will. Denn sonst verausgabt sie sich und geht mit ihrer Willensstärke über ihre körperlichen Grenzen hinaus. Dann ist sie aus dem Rennen. Wie eine Kerze, deren Docht an beiden Seiten angezündet wird, verbrennt sie innerlich. Doch meistens erinnert sie sich in der Stille daran, sich mit ihrer inneren Heilerin zu verbinden.

Die Feuerfrau ist eine mutige Kriegerin. Mit ihrem Schwert und mit ihren Worten kann sie andere verletzen, Schmerz, Leid, Streit, Wut und Drama auslösen. Sie sagt Nein und setzt Grenzen. Ihre Ehrlichkeit durchtrennt und offenbart, was überflüssig geworden ist. Wie eine Friseurin schneidet sie die Haare ab, um deine Schönheit zu betonen. Als Chirurgin schneidet sie Krebszellen aus dem Körper. Und das ist die andere Seite der Kriegerin: Durch ihr Handeln, das manchmal Leiden und Schmerz bedeutet, bringt sie eine neue Ordnung hervor. Sie sorgt für Heilung, Gesundheit, Auflösung von Konflikten, negativen Bindungen und Beziehungen. Sie bringt die Schönheit und Wahrheit ans Licht, hilft ihren Mitmenschen, für sich selbst einzustehen und Ängste, Minderwertigkeits- und Schuldgefühle hinter sich zu lassen. Denn sie legt alte Strukturen, Emotionen und Glaubensmuster offen dar, die uns daran hindern, unsere Kraft und Großartigkeit zu leben.

Drachenfrauen fühlen in sich eine starke brennende Kraft. Sie sind feurig, intensiv, wild und schwer zu zähmen. Sie spüren in sich all die zerstörerischen Kräfte, die jetzt losgelassen sind: das Chaos, die Zerstörung und den Mangel an Mitgefühl gegenüber Mitmenschen, Tieren und der Natur. Die angesammelte Wut der Frauen ist riesengroß. Sie haben all die Angst und den Schmerz in sich gespeichert. Sie brennen, drohen zu explodieren, und brüllen laut heraus, was ihnen und ihren Ahninnen angetan wurde, nur weil sie als Frauen geboren wurden. Feuerfrauen sind leidenschaftliche, wilde, ungezähmte Frauen mit ursprünglicher, kraftvoller Energie. Sie besitzen gefährliche Krallen, scharfe Zungen und spitze Zähne. Drachenfrauen sind nur schwer zu bremsen, wenn sie erst einmal Feuer speien. Sie leben sehr intensiv und sind auch manchmal milde. Aber es hat keinen Zweck, diese versengende Wut loswerden zu wollen, denn sie ist angemessen und notwendig. Drachenfrauen müssen ihr ins Angesicht schauen.

Doch wir haben gelernt, dass es sich nicht gehört, wütend zu sein. Darum unterdrücken wir dieses Gefühl und spüren irgendwann die Wut nicht mehr. Wir wissen einfach nicht, wie wir mit unserer Feuerkraft umgehen können. Doch wenn sie sich in unserem Inneren ansammelt, gerät sie außer Kontrolle und wird zu brennendem Zorn. Das fühlt sich dann so an, als ob du ständig leise vor dich hin kochst und nicht weißt, wie du den Topf vom Herd nehmen kannst. Du empfindest dich als Opfer der Umstände und deiner Mitmenschen. Du bist wütend auf alle und alles und das ganze Leben. Schließlich bemerkst du, dass du dich veränderst. Du hast deine frühere Leichtigkeit, deinen Humor, deine Lebendigkeit und den Spaß am Leben verloren.

Wut ist eine starke Energie und ein wichtiger Teil unserer weiblichen Kraft. Es gibt Wege, um diese unbändige Kraft zu zähmen. Dann können wir sie für uns selbst zu nutzen und das Feuer begrenzen. Das bedeutet, wir sind jetzt gefordert, neue Möglichkeiten zu finden, unsere Wut so auszudrücken, dass wir gehört werden. Wenn es dir und mir gelingt, die Wut umzuwandeln, kann sie zu unserer Verbündeten werden. So wie das Feuer Holz in Wärme, Licht und Rauch verwandelt, kann auch unsere Wut verrauchen und zu reiner Energie und Kraft werden, die uns unterstützt auf unserem Weg zur Ganzheit.

Das ist vielen Frauen vor uns gelungen. Diese Töchter und Mütter sind ein Beispiel dafür, dass unsere Seele trotz aller Demütigungen, Verletzungen und falscher Entscheidungen, trotz Herzschmerz und Unfällen immer wieder zu neuem Leben erwacht. Wenn wir uns von Unterdrückung befreien wollen, brauchen wir Stärke und müssen Vertrauen zu uns selbst finden. Dafür gehen wir an unsere Grenzen, erleben tiefe Gefühlsstürme und entdecken unsere eigenen Möglichkeiten zur Verwandlung.

In dieser Zeit von Corona offenbart sich die feurige Kriegerin. Sie erkennt, dass die globalen Missstände und all die

Lügen auch in uns sind. Sie wirken wie Gift in uns und zeigen sich im Außen. Da die Kriegerin gleichzeitig eine Heilerin ist, weiß sie, dass wir die Lügenkonstrukte zuerst in uns selbst entdecken, verändern und heilen dürfen, bevor sich die Welt verändert.

Das Fundament der neuen Zeit ist Wahrhaftigkeit und kann nicht auf Lügen aufgebaut werden. Darum brauchen wir Ehrlichkeit zuerst uns selbst gegenüber. Sie entspricht unserem natürlichen Wesen, unserer Liebe und unserem Schöpfertum. Denn im Grunde besitzt jeder einen göttlichen Kern und ist gut. Um die Ursprünglichkeit wiederzufinden, lebt die Kriegerin radikal, wahrhaftig und kompromisslos. Sie kann einfach nicht länger schweigen. Sie sagt, was sie fühlt, und tut, was sie denkt. Gedanken, Gefühle und Taten sind ihr Schwert, mit dem sie sich jetzt zeigt und alle Illusionen zerstört.

In ihr kommen immer wieder alte Ängste hoch: „nicht geliebt zu werden“, „nicht dazuzugehören“, „verstoßen zu werden“, „nicht gut genug zu sein“ etc. Trotzdem geht sie weiter, wird stärker und verliert langsam die Angst vor dem eigenen Mut und ihrer Großartigkeit. Die Feuerfrau wird immer mehr sie selbst und beginnt, von innen zu leuchten.

Durch diesen heilsamen Prozess gehen viele Frauen in unseren herausfordernden Tagen. Vielleicht kennst auch du die Angst, die die innere Wandlung begleitet. Doch wenn du in den Spiegel schaust, siehst du eine starke, strahlende und schöne Frau. Wie jede erfahrene Kriegerin bist du gekennzeichnet von den Spuren der inneren Zweifel und starken Gefühlskapriolen. Aber deine Augen leuchten, und du entdeckst deine weibliche, fließende, sinnliche Seite. Du entdeckst dich neu, spürst deinen Körper und lebst ganz im Jetzt. Du bist ganz du selbst und kommst dem immer näher, wie du gedacht bist. Du hast dich entschieden, ab jetzt authentisch zu sein, und, wenn es notwendig ist, wirst du laut, extrem und herausfordernd. Aber du leuchtest und besitzt deine eigene Magie.

So erforscht jede Frau ein neues, kreatives Gebiet, macht das Unsichtbare sichtbar und verständlich, zuerst für sich selbst und dann für andere. Frauen waren zu lange ungehört und galten als unerhört. Darum wurden weibliche Eigenschaften Jahrhunderte lang verurteilt und nicht wertgeschätzt. Auch in unserer Gesellschaft verleihen sie uns weder Macht noch Status und bringen kein Geld.

Doch immer mehr Frauen erkennen, dass auch wir mit weiser Seele geboren sind. Wir spüren, dass in unserem Herzen ein starkes Feuer lodert. Viele wilde Amazonen und mutige Kriegerinnen bereiten die neue Zeit vor – eine Zeit der grenzenlosen Liebe und Wahrhaftigkeit.

Impuls:

Wenn dich das Leben schiebt und schubst, verschleißt und erschöpft, wirbelt und entsetzt, dann macht es den Weg frei für das, was kommt. Neue Möglichkeiten, tiefgreifende Verwandlung, Ungewissheit – all dies sind Vorboten für etwas vollkommen Neues und Anderes, das in dein Leben kommen will.

- *Phönix aus der Asche: Wann warst du ausgebrannt? Wie bist du wieder auf die Beine gekommen?*
- *Was ist deine stärkste Energie?*
- *Wenn du sie gefunden hast, bleibe dabei!*

„In welche Richtung möchtest du dich verwandeln? Ich begleite dich in brennender Liebe, die du als Feuer um dich und in dir spürst. Du glühst, und dir wird bewusst, dass du Macht besitzt. Ich bin bei dir und atme durch dich. Du spürst mit unerschütterlicher Klarheit, dass gewaltige Lebenskraft deinen Körper erfüllt. Das Alte verbrennt, und das Neue ist schon da. Du warst tot und bist nun neugeboren. Du bist schön von innen und außen."

Göttinnen des Feuers

Die Göttin Baba Yaga

Baba Yaga ist eine slawische Urgöttin der Geburt und des Todes. Sie ist ein Sinnbild für die feurige Lebenskraft. Sie erinnert uns daran, uns wieder mit dem Natürlichen, Ursprünglichen, Instinktiven und Wilden zu verbinden, mit unserer Freude, Lebendigkeit, Leidenschaft, Kreativität und Ganzheit.

Baba Yaga lebt zurückgezogen im Wald in einer Hütte, die sich auf einem Hühnerbein dreht. Sie tanzt durch die Gegend, und wenn sie Ausflüge unternimmt, reitet sie auf einem eisernen Ofen, der auf Hühnerbeinen geht. Hinter sich verwischt sie die Spuren mit einem Besen, damit niemand weiß, woher sie kommt und wohin sie fliegt. Meistens fliegt sie jedoch auf einem Mörser, einem außergewöhnlich harten Kessel. Mit ihrer wilden Art trennt sie die Spreu vom Weizen, macht alles Überflüssige dem Erdboden gleich und leitet Sterbende sicher und sanft in ihr letztes Haus, das nicht zufällig einer Gebärmutter ähnelt.

Baba Yaga erscheint schrecklich, unheimlich und dämonisch. Diese Göttin macht Angst. Doch sie tritt auch als Helferin und Prüferin auf. Dann erteilt sie gute Ratschläge und macht Geschenke. Wer mutig ist und sich ihr nähert, muss schwere Prüfungen bestehen und erhält Geschenke, die zunächst wertlos erscheinen. Aber gerade das Schwache, Schlichte und Schlechte erweist sich später als großes Glück. Verschenkt sie Wertvolles, Glänzendes und Schillerndes, ist Vorsicht geboten, denn oft blendet sie damit. Das wird deutlich im Märchen von Frau Holle, der Gold- und der Pechmarie. Als Goldmarie nach Hause kommt, erhält sie die ersehnte Mutterliebe nicht, obwohl sie viel gearbeitet hat und zum Lohn mit Gold überschüttet wurde. Pechmarie jedoch wird liebevoll empfangen, obwohl sie es sich bei Frau Holle, der Großen Mutter, gut gehen ließ. Vielleicht möchte die Göttin gar nicht, dass wir Frauen unermüdlich für andere sorgen und arbeiten?

Baba Yaga hat drei Rösser: ein rotes für den Sonnenaufgang, ein weißes für den Tag und ein schwarzes für die Nacht. Dies weist auf den dreifachen Aspekt der Göttin hin. Aber meistens wird sie mit dem schwarzen Aspekt assoziiert, also mit den Lebensphasen Menopause, Alter und Tod, zugleich mit Wildheit und Unabhängigkeit. Diese verwirklichen Frauen meistens im dritten Lebensabschnitt. Baba Yaga ist die „schwarze Göttin", die frei von den Wünschen und Sehnsüchten der Jugend ist. Sie hat den Überblick, weiß Dinge in Bezug auf die Zukunft einzuordnen.

Baba Yaga ist der Prototyp einer Hexe. Das ist eine Frau, die auf „der Hecke sitzt" und oft am Waldrand oder am grünen Rand der Welt lebt. Sie ist eng verbunden mit der Natur und gleichzeitig tief verwurzelt mit der Gemeinschaft. Diese weise Frau ist tief mit ihrem eigenen Selbst, mit anderen Menschen und der Erde verbunden. Ihre Medizin sind Leidenschaft, Lebenslust und Lachen. Sie wehrt sich vehement gegen alles, was sie von der Fülle des Lebens abschneidet.

Die christliche Inquisition brachte viele dieser wilden, leidenschaftlichen Feuerfrauen auf den Scheiterhaufen. Die Kirchenfürsten konnten die machtvollen, klugen, alten Frauen mit ihren lebensbejahenden Gefühlen nicht aushalten und machten daraus böse, unheimliche Gestalten. Sie nannten sie Hexen und behaupteten von den liebevollen Großmüttern sogar, dass sie kleine Kinder essen würden. Sie wurden „Großmütter des Teufels" genannt.

Früher haben Hecken die Dörfer und Städte begrenzt. Heute werden die wuchernden Sträucher ständig zurückgeschnitten und sind nicht beliebt im Garten. Früher waren diese Hecken quasi „Schutzhecken", von denen man glaubte, dass die „Hegazusse" darin sitzt. Eine Feuerfrau war eine Heckenreiterin, eine Frau, die über die Schwelle in die Anderswelt reisen kann und pflanzenkundig ist. Heute sind es die Apothekerinnen, Ärztinnen, Krankenschwestern, Hebammen, Homöopathinnen und Heilpraktikerinnen.

Diese Hecken dienten auch immer als Schutzpflanzen vor Fremdenergien, Neidern und dem bösen Blick. Die Hecken bestanden aus Hagebutten, Holler, Schlehe und Weißdorn. Heute werden entlang von Autobahnen häufig wieder Schlehen gepflanzt.

Irgendwann waren die heilkundigen Frauen, die ihr Haus mit Hecken schützten, zu mächtig, zu magisch, zu schön, zu wahrhaftig, zu wohlhabend. Sie hatten zu viel Wasser im Brunnen, sie trugen ein Muttermal und waren zu vertraut mit Kräutermedizin. Sie waren zu laut, zu leise, hatten rote oder schwarze Haare. Sie hatten eine zu starke Verbindung zu Tieren und Pflanzen, zu Bäumen und zur Natur. Sie tanzten, lachten und sangen und lebten selbstbestimmt.

Aber im 16. Jahrhundert war das Leben jeder Frau bedroht. Der Beginn des allgemeinen Wahnsinns waren Jahre der Hungersnot, des Krieges und großer Angst. Irgendjemand musste schuld sein an all dem Kummer und Leid. Die Kirchen sagten, dass Frauen und Hexen nur Ärger brachten. Als die Bibel zum Gesetz wurde, endete alles tödlich, was nicht mit den Gesetzen der Kirchenfürsten übereinstimmte. Tausende von Frauen starben, denn alles, was mit einer Frau zu tun hat, wurde gefürchtet: ihre heilsamen Kräfte, ihr umfangreiches Wissen und praktisches Können, ihre Schönheit, Unabhängigkeit, Kunst und Sexualität. Alles Weibliche galt als nicht gottgefällig, dunkel, verschlingend und gefährlich. Es gab viele Neider, und wenn die Kuh eines Nachbarn starb, war die Hexe schuld. Auch wenn man einer Frau nichts anhängen konnte, hatte sie eben den „bösen Blick“. Unzählige

Frauen wurden verraten, verbrannt, ertränkt, von Klippen gestoßen und in tiefen Löchern vergraben.

Wir dürfen vor diesen dunklen, vergessenen und grausamen Geschichten nicht die Augen verschließen. Auch sie gehören zu „Her-story". Sie ist unseren Ururgroßmüttern und Ahninnen geschehen. Die Erinnerungen und all die damit verbundenen Gefühle „ahnen" und spüren wir. Sie kommen alle wieder an die Oberfläche des weiblichen Bewusstseins. Wir erinnern uns und sind erschüttert. Vielleicht bist du einige Tage in einer Wolke aus Todesangst gefangen oder du verharrst in Schockstarre. Denn du erinnerst die vielen Tausend Jahre, in der die weibliche Kraft unterdrückt wurde. Dies erklärt, weshalb wir uns – selbst wenn wir es heute nicht so erleben – häufig kraftlos fühlen, so erschöpft und schwach. Dies ist der eine Teil unseres weiblichen Erbes, den wir mitbekommen haben und den wir unbewusst mittragen. Darum sehnen wir uns danach, unsere Lebenskraft und -freude wiederzuentdecken.

Eines Morgens wachst du auf und weißt, was du tun kannst. In „Her-story" darf nicht alles umsonst geschehen sein. Du spürst all die Kraft deiner Ahninnen hinter dir und triffst eine mutige Entscheidung: Du wirst jetzt den anderen Teil deines Erbes antreten und all die Fähigkeiten unserer Ahninnen nutzen, um dieses Thema zu heilen. Du weißt, es gibt auch das heilige Weibliche. Du vertraust deinem inneren Wissen und stehst zu dir. Du triffst mutige Entscheidungen und weißt: Jetzt ist nicht die Zeit, um dich in melancholischen Gedanken zu verlieren, in Erinnerungen festzustecken oder in Schmerz zu versinken. Du spürst: Gemeinsam mit anderen Frauen können wir wertvolle Heilarbeit leisten. Wir können den ermordeten Frauen Frieden und innere Freiheit schenken. Jede Ahnin kann die neue Welt mitaufbauen. Das kann geschehen, indem wir uns vorstellen, dass sie gemeinsam mit der Göttin hinter uns steht, uns stützt und segnet. So kehrt die weibliche Kraft geballt und machtvoll zurück und wird ein gesundes Gleichgewicht schaffen, um das Leben zu schützen.

Alle Urvölker (die Hopi, Grönländer, Inka, Maori, Hawaiianer, Maya und andere) sprechen von einer Zeit des Wandels, in der die weibliche Kraft zurückkehrt. Diese Zeit ist genau jetzt, und du bist ein wichtiger Teil dieser großen Veränderung. Sie geschieht aus uns heraus, denn niemand kommt, um uns zu retten. Jetzt geht es darum, dass jede Frau ihre Kraft und jeder Mann seine Kraft wiederentdeckt. Unser Verstand hatte vollständig die Macht übernommen, und wir vertrauten immer weniger unserer Intuition, unseren Träumen und Gefühlen. Die Pandemie verlockt uns, nach außen zu gehen. Unmengen von Informationen verwirren uns und lösen große Ängste aus. All die Aggressionen und starken Emotionen verschaffen sich Luft wie die Vulkane, die gerade wieder aktiv sind und Lava speien. Die Pandemie ist der Auslöser, jedoch nicht die Wurzel für das, was jetzt geheilt werden soll. Es sind die Traumata unserer Ahnen und Ahninnen. Dies ist unser Erbe.

Aber darunter finden wir etwas Wunderbares, Heiles, Heilendes. Es ist die Erinnerung, wie wir Heilung in uns selbst finden, ganz tief in uns. Es ist das uralte verlorene weibliche Wissen der weisen Frauen und Hexen. Die Göttin schickt große Feuer, unglaubliche Vulkantätigkeit, ungezähmtes Niederbrennen der Regenwälder. Sie versucht, uns mit all diese feurigen Urkräften aufzuwecken und uns an unsere eigene Kraft zu erinnern.

Du verstehst ihre Sprache und bleibst in deiner Mitte. Du spürst ganz bewusst deinen Atem und achtest auf deinen warmen Herzschlag – und plötzlich weißt du:

Jetzt ist eine andere, eine neue Zeit, in der ich gebraucht werde!

Impuls:

Wenn du Baba Yaga rufst, holst du dir eine riesengroße Portion weiblicher, feuriger Urkraft, die wild, unabhängig und kompromisslos ist. Sie verändert alles grundlegend. Ist dafür gerade jetzt der richtige Augenblick für dich?

Baba Yaga fragt dich: „Was hast du bisher aus deinem Leben gemacht? Was würdest du bedauern, sollte jetzt die Stunde deines Todes sein?"

Die Göttin Hestia

Hestia hütet das Feuer im Haus und in der Weltmitte. Sie ist eine sehr alte Göttin, die schon von da an verehrt wurde, als Menschen eine zentrale Feuerstätte hüteten. Beim Entzünden eines Feuers wurde sie angerufen. Kein Essen konnte ohne ihren Segen zubereitet werden, denn sie verwandelt erst die Zutaten durch ihr Feuer in Nahrung. Sie sorgt dafür, dass wir einen Platz schaffen, an dem wir uns versorgt und geborgen fühlen. Hestia verwandelt ein Haus aus Stein in ein Heim. Die häusliche Herdstelle ist ein Ort der Sicherheit und Geborgenheit und auch der Magie. Früher wurden dem

Herdfeuer kleine Idole geschenkt, damit es die Menschen im Haus wärmte und beschützte. Sie ist das Unbeschreibliche und fordert uns auf, das Feuer in unserem Leben zu schüren.

Sie ist die Hüterin des Herdfeuers, des Zentrums des Hauses und auch die Göttin des Staatsherdes und der heiligen Feuer in Tempeln. Sie ist das ewige Feuer, das nie verlischt. Das gezähmte Feuer ist wichtig zur Zubereitung der Nahrung, als Schutz vor Kälte und wilden Tieren. Daher ist ihr Name laut Plato auch „Essenz aller Dinge". In Frauengemeinschaften ist das Herdfeuer „der Nabel der Welt". Hestia ist die „Wächterin der innersten Dinge". Sie ist damit auch die Hüterin unseres inneren Feuers und Lichts.

Hestia wurde auch Vesta genannt. Ihre Priesterinnen, die Vestalinnen, gehörten keinem Mann an. In Rom wurden sie in einem runden Haus verehrt, das in einem heiligen Hain stand. Sie bewahrten sich ihren inneren Frieden, ihre innere Reinheit durch die Heiligkeit ihres Feuers, das transformierende und magische Kräfte besitzt. Vestalinnen waren jungfräulich, was nach dem älteren Verständnis nicht unbedingt Keuschheit oder Unberührbarkeit bedeutet, sondern die Bezeichnung ist für eine unverheiratete Frau – unabhängig von ihren sexuellen Aktivitäten.

Hestia war auch die Göttin der menschlichen Ordnung und des Staates. Sie war zuständig für die Organisation des menschlichen Lebens in einer Gemeinschaft. Sie ist die Verkörperung des Feuers und wird mit jedem Feuer und an jedem Herd gefeiert.

Impuls:

Warum treffen sich auf Partys früher oder später alle in der Küche? Das ist die archaische Magie der Hestia. Wir spüren sie auch, wenn wir uns um ein Lagerfeuer versammeln oder im Winter aus der Kälte ins Warme kommen. Hestia beschenkt uns mit Geborgenheit, Wärme, gutem Essen, häuslichem Frieden und einem guten Gemeinschaftsgefühl.

„In dir brennt eine Flamme, und jedes Feuer erinnert dich daran. Wann hast du das letzte Mal in ein offenes Feuer geschaut und beobachtet, wie sich das Feuer durch Holzscheite frisst und sie allmählich in Wärme umwandelt? Was macht das Feuer mit dir, wenn du siehst, wie sich etwas Handfestes und Sichtbares in Hitze und Rauch, also in etwas Unsichtbares, wandelt?“

Die Göttin Sekhmet

Sekhmet ist die löwenköpfige Sonnengöttin der Ägypter. Sie ist die zerstörerische Kraft der Katzennatur und die verbündete Göttin aller Frauen, die Grund haben, Männer zu hassen. Sie ist die reinigende Flamme, Hitze, Transformation, High Noon und eine Liebhaberin dunkler Schokolade. Sie stakt durch die Wüste unserer Seelen und verbrennt das, was uns nicht mehr dient. Sekhmet hat ein scharfes Auge auf die menschliche Entwicklung.

Der heiße Feueratem der Göttin ist der Wüstenwind, der Krankheiten bringt. Ursprünglich war sie eine Kriegsgöttin, die ihr Land, ihr ägyptisches Volk und ihre Pharaonen beschützte. Als Tochter der Sonne repräsentiert sie den roten, heißen, zerstörerischen Aspekt der Sonne. In ihren Flammen verbrannten die Feinde. Da sie eine Göttin der Krankheiten ist, versteht sie auch viel von Heilung, besonders von Kriegsverletzungen. Deshalb wird sie noch heute um Hilfe bei Heilung angerufen.

Sekhmet ist die wilde, ungezähmte Katzengöttin. Sie zeigt Stärke und Angriffslust und erkennt ihre Beute auf große Entfernung. Im übertragenen Sinn deckt sie alles auf, was unter der Oberfläche verborgen ist: Lügen, Intrigen, unterdrückte Wahrheiten, falsche Informationen, Täuschungen, Gefahren und bedrohliches Schweigen.

Sekhmet wird häufig dargestellt als Frau mit Löwenkopf bzw. als löwenköpfige Sonnengöttin. Auf dem Kopf trägt sie die Sonnenscheibe und die Uräusschlange, die auf alle Feinde speit, die die Schützlinge der Göttin bedrohen. In ihren Händen trägt sie das Lebenszeichen, den Anch, und das Papyruszepter ihrer Königswürde. Sie verhält sich wie eine typische Löwenmutter, die ihre Kinder verteidigt.

Sekhmet ruft in Frauen die ungezügelte, wilde Kraft wach. Mit ihrer feurigen, weiblichen Macht verteidigt sie ihr Leben und das ihrer Kinder. Sie ist ungezügelt und mutig und unterstützt Frauen darin, in Würde zu leben. Dazu gehört aber auch, sich mit störenden Dingen und Lebensbedingungen auseinanderzusetzen und dem eigenen inneren Ruf zu folgen. Katzenfrauen sind oft radikal im Denken und Handeln. Sie gehen Dingen auf die Spur, lauern ihrer Beute auf und schlagen blitzschnell zu. Dafür schenkt ihnen Sekhmet ein riesengroßes Löwinnenherz, feurige Leidenschaft und ein zufriedenes Schnurren. Gerade jetzt in der Pandemie deckt Sekhmet verborgene Machenschaften auf und stärkt die Kraft der Frauen.

Impuls:

Lade dich mit frischer Energie auf! Darum lasse alles los und setze dich jetzt an die erste Stelle. Frage dich, was du brauchst. Nimm Hilfe und Unterstützung an. Bei Erschöpfung und Krankheit ruft der Körper nach einer Pause, nach einer Auszeit oder einfach nach einer ruhigen Zeit.

„Alles ist Energie. Energie in ständiger Bewegung. Ruhelose Energie, die sich ständig bewegt. Unbarmherzige Energie, mit ungebremster Kraft. Grenzenlose Energie, die alle Möglichkeiten in sich birgt. Sprühende Energie, die belebt und anregt. Zurückgehaltene Energie, die auf ihre Befreiung wartet. Heilende Energie, die belebt und gesund macht, Klarheit bringt, Wunden verschließt und Visionen schenkt."

Teil 5

Die Göttin in dir

Welcher Typ Göttin bist du?

Du hast zahlreiche, sehr unterschiedliche Göttinnen kennengelernt und ganz verschiedene Frauenbilder. Was machen die Göttinnen mit dir? Gibt es eine, die dir vertraut ist, die dich berührt und mit der du dich verbunden fühlst? Welche Kraft oder Qualität fasziniert dich besonders? Die Große Göttin zeigt sich dir, damit du sie in dein Leben zurückholst. Sie fragt dich: Was brauchst du als Unterstützung in deiner derzeitigen Situation oder für dein nächstes Vorhaben? Was wünschst du dir? Heilung, Schutz oder mehr Tatkraft, Kampfgeist oder einfach mehr Lebensfreude, Leichtigkeit und Freiheit? Hol dir die Göttin, die dir jetzt nah ist, und mache sie für dich sichtbar.

Ich hatte eine ganz besondere Begegnung mit der Vogelgöttin, und sie hat mich dazu inspiriert, über sie und ihre Schwestern zu schreiben. Darum steht gerade jetzt eine wunderschöne gefilzte Vogelgöttin auf meinem Schreibtisch. Sie hat sogar ein gefilztes Ei neben sich liegen. So kann ganz leicht etwas Neues entstehen, und die Worte fließen aufs Papier.

Vielleicht ist es auch nicht nur eine einzige Göttin, die du liebst, sondern es sind alle, denn es gibt ja eine unendliche Vielfalt des Weiblichen. Die Mythen der Göttinnen können dir Kraft geben und dich zu hilfreichen Ideen inspirieren. Die Göttin schenkt dir die Freiheit, dich selbst als Frau zu feiern, zu ehren und so zu leben, dass du deine eigene innere Weite, Fülle und Vielfalt ausdrückst.

Du weißt inzwischen, dass das wächst, worauf wir unsere Aufmerksamkeit lenken. Und dass das, was wir nicht mit

Energie „füttern", verloren geht. Symbole und Bilder können uns im Alltag dabei unterstützen und daran erinnern, dass es eine uralte Frauenkraft gibt, die über Jahrtausende hindurch wirkt und an die wir anknüpfen können. Wir legen uns die Ahninnenkette um und erinnern uns an uralte Zeremonien, die wir in die heutige Zeit holen, die Frieden und Gesundheit bringen. Füll deinen Raum mit der Gegenwart der Göttin und spüre ihre Weisheit, ihre Schönheit und ihre Macht. Sie ist in dir und um dich. In der spirituellen Welt gibt es keinen Unterschied. „Sei bei mir, führe und beschütze mich." Bitte die Göttin, an deiner Seite zu sein – nicht, um dir die Erde untertan zu machen, sondern um die neue Zeit ins Sein zu träumen in Schönheit, Gesundheit und Frieden. Wir brauchen die Göttin, denn es ist eine herausfordernde Zeit auf diesem Planeten. Gerade jetzt findet ein Quantensprung statt zu einem neuen Menschen. Das ist keine langsame Entwicklung, die sanft und ohne Erschütterungen geschieht. Darum steht die Göttin hinter uns, neben uns, unter, über uns und klopft an, ob sie sich auch in uns ausbreiten darf. Sie möchte mit uns eine Welt der Schönheit, des Mutes und des Friedens erträumen für diese außerordentliche Welt, die wir bewohnen.

Frauen, die ihre Kraft entdecken wollen, lernen, mit Mutter Natur in Kontakt zu treten und den Botschaften der unsichtbaren Welt zu lauschen. Wir wissen alle, dass die Zeit linear verläuft und wie ein Pfeil fliegt, von der Vergangenheit in die Gegenwart und Zukunft. Die Göttin erinnert uns daran, dass es aber auch eine andere Zeit gibt. Sie dreht sich wie ein Rad und erneuert sich ständig. Diese zyklische Zeit eröffnet uns viele neue Möglichkeiten, die in Vergessenheit geraten sind. Die Göttin lehrt uns, Dinge in Ordnung zu bringen, bevor sie entstehen. Wir können Krankheiten vorbeugen, indem wir die Ursache beseitigen und zuerst den Geist heilen. Göttinnen eröffnen uns unzählige verborgene magische Möglichkeiten. Die Weisheit des Weiblichen erkennt, dass wir alle unsere göttlichen Kräfte nutzen können, um eine neue Welt für uns und die Kinder unserer Kinder zu erschaffen

Dieses alte Wissen schenkt uns neue Frauenkraft. Es ermuntert dich und mich dazu, aufzustehen und alte, einschränkende Glaubensmuster hinter uns zu lassen. Denn nun ist klar, dass wir nicht das schwache Geschlecht sind. Frauen besitzen eine große innere Stärke, mit der wir Neues in die Welt bringen können. Mit dieser Göttinnenkraft verändern und heilen wir uns zuerst selbst, genau wie es unsere Ahninnen taten. Wir verbinden uns mit der erneuernden Kraft und der machtvollen Göttin.

Wir erleben gerade, dass wir in einer geheimnisvollen Welt leben, in der wir nicht, wie wir bisher dachten, die Kontrolle besitzen. Gerade findet weltweit ein grundlegendes Umdenken statt, und ein neues Weltbild entwickelt sich. Uns werden die göttlichen Energien bewusst, die zu fließen beginnen. Wir realisieren, dass es weit mehr gibt als das rationale Denken, das unser Leben bestimmt. Aus dieser Perspektive erkennen wir, wie abgenabelt wir von der göttlichen Mutter waren. Um diese Schwäche auszugleichen, bemächtigten wir uns der Energie anderer. Das ist der wahre Grund für alle Konflikte und Kriege. Die einzige Möglichkeit, dies zu ändern, ist die erneute Verbindung zur göttlichen Energie. Das bedeutet, dass wir gerade durch eine spirituelle Transformation gehen, um innerlich zu wachsen. Die Rückverbindung mit unserer göttlichen Mutter wird uns mit unendlicher Liebe erfüllen, unseren Sinn für das Schöne und Reine schärfen und uns auf eine neue Bewusstseinsebene heben. Unser Wertesystem ist dabei, sich neu zu definieren. Nicht die Kontrolle schenkt uns Kraft, sondern Mitgefühl und wahre Menschlichkeit sind die realen Kraftquellen. Wenn wir so leben, werden unbewusste Fähigkeiten wieder reaktiviert. Die Intuition wird uns leiten und zu unserer Bestimmung führen. Neue Generationen werden weiterwachsen und aus dieser Quelle Kraft schöpfen, die sich durch stetiges Geben und Nehmen potenziert. Es wird sich eine neue Kultur erheben. Diesen Weg werden wir gemeinsam beschreiten. Er ist für uns bestimmt und wird uns zum Ziel bringen. Bis wir das Höchste erreichen: den Himmel auf Erden.

Bringe die Göttin in deinen Alltag

Wenn das innere Licht schwindet
und all unsere Zärtlichkeit mit ihm,
sind wir einsam
und verabschieden uns von der Hoffnung.

Darum erwacht jetzt die Göttin
in unserem Herzen und fragt:
Wie klingt Liebe für dich?

Die Göttliche mit den tausend Namen
hat uns niemals verlassen.
Die Königin der Wälder war immer da,
aber wir haben sie nicht erkannt.
Denn sie trägt stets ein neues Gewand.

Sie ist die uralte Heilige
und gleichzeitig die ewig Junge.
Du kannst deinen Blick von ihr abwenden,
doch vergessen wirst du die Göttin nicht!

Die Göttin Maria
ist die unschuldige, unbefleckte Frau,
die liebende, sanfte
und fürsorgliche Mutter
und die weise Frau,
die ein gottgeweihtes Leben führt.

Maria hat viele Gesichter,
so wie jede Frau.

Als unschuldiges Mädchen
trägt sie die Hoffnung
auf ein sinnvolles Leben im Herzen.
Als kraftvolle und mutige Frau
beschützt sie das Leben ihrer Kinder
wie eine wilde Löwin.
Als weise Großmutter
sieht sie Veränderungen, erkennt
Rhythmen und spricht von der Seele.

Sie bringt dir federleichte Geschenke,
die sich dir in der Ruhe offenbaren.
Die uralte Vogelgöttin fragt:
Welche Farbe hat die Stille für dich?

Sobald du auf dein Herz hörst,
spricht sie zu dir,
damit du das Unsichtbare siehst.
Du erinnerst dich
an deinen bunten Traum,
der so lange verborgen in dir ruhte.
Und du fühlst dich liebevoll umhüllt
von der urweiblichen Weisheit
all deiner Ahninnen.

Sie fragen: Schmeckst du das Glück?
Hörst du, was keine Sprache spricht?
Fühlst du, was dahinterliegt?

Die Göttin kehrt zurück in unser Leben,
um uns den richtigen Weg zu weisen.
Mit hypnotischen Klängen

lockt sie unsere Zartheit hervor
und hebt unsere Bewusstheit.

Sie rüttelt uns auch wach
mit Vulkanausbrüchen, Feuerstürmen,
Wasserfluten und Krankheiten.

Doch egal was wir tun:
Noch immer schenkt uns
die großzügige Erdmutter Halt.

Sie flüstert hier und tobt zu anderen:
Die Göttin sagt:
Es ist keine Zeit, länger zu warten.
Nutze jetzt deine Gaben!
Sei mutig und vertraue dir selbst.

Zeige dich authentisch und stehe zu dir.
Du bist genau richtig, so wie du bist!
Erinnere dich: Du bist eine Göttin
und kannst Grenzen überschreiten.
Sorge gut für dich
und dann für die Welt.

Die wunderschöne Göttin
zeigt sich dir in ihrem weißen, roten
oder schwarzen Gewand.

Sie ändert ihre Gestalt
und erinnert uns
an den ewigen, heiligen Kreislauf.
Immer schützt und verteidigt sie

das Leben
und beendet das, was sich überlebt hat.

Schon bald kommt ein neuer Tag.
Dann geht die Sonne auf
für unsere Töchter und Söhne.

Wir ahnen,
dass wir kostbare Schätze
von unseren Müttern erhalten haben.
Seit Jahrtausenden haben sie
zusammen mit der Göttin
unseren Weg liebevoll vorbereitet.

Nun erinnert uns Mutter Erde
an unser heiliges Versprechen.
Sie fragt:
Was ist dein Vermächtnis
und wertvolles Geschenk?

Du bringst die Göttin in deinen Alltag, wenn du dich daran erinnerst, wer du wirklich bist. Auf dem Weg dahin kannst du erkennen, dass es ein Ziel hinter allem Leben gibt. Denn wir alle besitzen ein unbegrenztes Potenzial, nutzen zurzeit aber nur einen kleinen Teil davon. Es geht also darum, unser persönliches Bewusstsein zu erweitern.

Das lässt sich gut in vier großen Stufen darstellen:

1. Die Welt, die dich umgibt

Wir leben in einer Welt, die von unseren Eltern und der Gesellschaft gestaltet wurde, in die wir hineingeboren werden und in der wir aufwachsen. Unser Leben bewegt sich in vorgeschriebenen Bahnen. Das sieht dann vielleicht so aus: Du ergreifst den gleichen Beruf wie deine Mutter, heiratest den Mann, der der ideale Schwiegersohn ist, und erziehst deine Kinder so, wie sie es alle tun. Ihr fahrt jedes Jahr an den gleichen Urlaubsort, du wohnst neben deinen Eltern und lebst nicht dein Leben, sondern das deiner Vorfahren.

2. Die Welt, die du hinterfragst und wählst

Irgendwann beginnen wir, die geistigen Konstrukte und Vorgaben der Welt zu hinterfragen. Zum Beispiel: „Warum arbeite ich so viel, nur um wohnen und essen zu können? Warum brauche ich Zertifikate, um das zu tun, was ich gut kann? Warum muss ich Kurtaxe bezahlen, wenn ich im Meer baden will? Warum wird ein Mann für die gleiche Arbeit besser bezahlt als eine Frau?" Du hinterfragst Glaubenssätze und allgemeine Regeln, zum Beispiel über die Rollen von Mann und Frau, über die Liebe, Kindererziehung, Arbeit, Religion und wählst deinen eigenen Weg. Das ist die zweite Ebene, denn du verstehst, dass unsere Gedanken unsere Realität gestalten.

3. Die bunte und vielfältige Welt in dir

Wir spüren Dinge, die wir aber nicht benennen können. Zum Beispiel bist du ergriffen von der Weite und Größe des Nachthimmels oder dich berührt die Schönheit einer bunten Blumenwiese. Du hältst eine Muschel in der Hand, und es treibt dir Tränen in die Augen, wenn du über das Wunder nachdenkst, wie sich das Leben um dich herum entfaltet in Milliarden einzigartigen Wegen. Du lässt dich in den Moment, in dem du dich befindest, fallen und erfährst einen Augenblick der Grenzenlosigkeit. Ab jetzt stellst du deinen einzigartigen inneren Zweck in den Vordergrund und lässt dich nicht mehr so stark von traditionellen Zielen motivieren. Das dicke Auto vor der Tür verliert seinen Reiz, und du gibst jetzt dein Geld eher für Dinge aus, die wirklich wichtig für dich sind und deine spirituellen Bedürfnisse erfüllen.

4. Die Welt, die du veränderst und als Göttin kreierst

Wir gelangen auf die vierte Ebene, wenn wir außergewöhnlich werden. Du hast Gott und die Göttin in der äußeren Welt erfahren und weißt: Auch ich bin ein Wunder. Ich gehöre auch in diese Welt! Wenn du in den Nachthimmel schaust, siehst du nun einen Teil von dir selbst. In vielen Völkern werden die Sterne als Ahnen gesehen. Du schaust also weit in deine Vergangenheit oder Zukunft. Wenn du auf einer Blumenwiese stehst, weißt du, dass diese vielfältige Schönheit auch in dir ist. Liest oder hörst du etwas über eine Göttin, erkennst du ihre Eigenschaften und Fähigkeiten auch in dir. In allem, was du siehst, erkennst du deinen Spiegel. Denn du bist ein Mensch, eine wunderbare Frau, die auch göttlich ist. Du erschaffst die Göttin in dir, denn du wächst in deine Göttlichkeit hinein. Du entscheidest dich, eine Göttin zu sein. Das geschieht gerade jetzt, in diesem Moment, während du dies liest. Du bist eine Göttin durch dich. Du bist das Wunder des Lebens. Du bist die Göttin. Das Wunder bist du!

Wenn du verstehst, was gerade geschieht, mit dir, mit uns und der Welt, dann erkennst du den göttlichen Prozess. Dann nimmst du auf eine wunderbare Weise daran teil: nicht unbewusst, sondern bewusst, nicht unbeabsichtigt, sondern absichtlich, nicht zufällig, sondern geplant. All dies geschieht, um dich neu zu erfinden und eine Göttin zu sein. Das ist die allerbeste Version von dir! Auch wenn du dich nur eine kurze Zeit in deiner Vollkommenheit siehst, für eine Stunde am

Tag oder eine Stunde pro Woche oder sogar nur eine Stunde im Monat, wird dein ganzes Leben plötzlich einen Sinn ergeben. Du berührst die Welt, denn du bist hier. Dein Einfluss entspricht einem Stein, der ins ruhige Wasser geworfen wird. Es entstehen Kreise. Genauso berührst du andere Menschen und die Welt. Das Leben verändert sich durch dich und wird zu dem Wunder, wozu es bestimmt ist. Wenn du dich entscheidest, eine wunderbare Göttin zu sein, sei das strahlende Wunder. Sei göttlich!

Welche Art von Frau und Göttin bist du? Welche Göttin inspiriert dich? Hast du dich irgendwo wiedererkannt? Für mich ist es wunderbar, dass ich mir den Zauber der Göttin und die Macht der weiblichen Energie wieder in mein Leben geholt habe. Sie bereichert mich und lässt mich frei, denn die Göttin ist die ewig Wandelbare. Sie besitzt unzählige Facetten und ist unglaublich kreativ. Zahllose Frauen und die Weisheit des Weiblichen erkennen gerade, dass wir alle göttlich werden und gemeinsam eine neue Welt für die Kinder unserer Kinder erschaffen können. Darum lasse deine leeren Tage der Vergangenheit angehören und bringe die Göttin in deinen Alltag. Lausche dem Schlagen deines Herzens, flieg mit dem Kondor und verbinde dich mit deiner allerhöchsten Vision. Entwickle Klarheit und Kraft für deinen Lebensweg, hinterfrage den Status quo, handle vorausschauend und werde die Frau, die du wirklich sein willst.

Wie kannst du deine strahlende Größe leben? Wie bringst du Glitzer und poetische Momente in deinen Alltag?

Die Göttin rät, dass wir unseren Schatten umarmen, anstatt ihn zu bekämpfen. Sie weiß, dass wir die dunklen Energien umwandeln können, um frei zu werden von unseren alten Glaubenssätzen. Sie nimmt all das, was du bist, und hat keine Angst vor deiner Stärke oder deiner Dunkelheit, vor deiner Angst oder deinem Schmerz. Sie verwandelt deine Tränen und nimmt sie mit auf die Reise ihrer wilden Flüsse und Ozeane. Deine Wut wird zu feuerspeienden Vulkanen und dröhnendem Donner. Sie bettet deine Träume, Hoffnungen und deinen müden Geist auf weiches Moos, sodass du den ziehenden Wolken folgen kannst. Sie kennt die wahre Fülle. Darum kannst du ihr niemals zu viel werden. Denn in ihrer Welt ist Platz für dich und mich und alle übrigen. Ihre zarten Winde nehmen den tiefen Schmerz von uns und beruhigen unser Herz.

Wir können in unserem Alltagsleben Hindernisse überwinden. „Tu erst das Notwendige, dann das Mögliche, und plötzlich schaffst du das Unmögliche“, sagte Franz von Assisi. Dieser Weg ist oft steinig und bewirkt immer Selbsterkenntnis und Selbstverantwortung. Aber es ist auch der Weg, der dir alles gibt. Durch dich wird alles neugeboren. Du schaffst eine neue Welt, denn du bist eine Frau mit göttlichen Kräften. Wie und welche neuen Welten du kreieren wirst, entscheidest du. Aber du kreierst durch die Liebe. Und die Göttin erinnert dich daran, wie früher Entscheidungen getroffen und Konflikte gelöst wurden. Sie schafft es, unvereinbare Dinge zusammenzubringen und Synthesen zu bilden.

Die Große Göttin zeigt sich immer authentisch und steht zu ihren Fähigkeiten. Das lebt sie dir und mir vor. Sie käme nie auf die Idee, sich mit anderen Göttinnen zu vergleichen. Denn welche Facette ihres Wesens sie auch zeigt und welchen Namen sie gerade trägt: Sie weiß, dass sie mit all ihren anderen Erscheinungsformen verbunden und sogar identisch ist. Jede einzelne Göttin ist eine eigenständige, schillernde Persönlichkeit und vereint viele machtvolle Eigenschaften in sich. Genau wie du. Das ist das Geheimnis der wahren Schwesternschaft.

Egal wie viele Sommer und Winter du schon erlebt hast, es lebt ein kleines Mädchen in dir, aber auch eine verantwortungsvolle, kraftvolle Frau und gleichzeitig eine weise Großmutter. Denn obwohl du inzwischen eine erwachsene Frau bist, zeigt sich manchmal das kleine Mädchen, das du einmal warst. Dann bist du albern, verspielt und vergisst die Zeit, wenn du etwas tust, das dein Herz erfüllt. Deine kleine Tochter ist noch jung. Aber sie stellt sich auf ein Blatt Papier, das mit Herzen bedruckt ist, legt die Hände auf ihr Herz und schließt die Augen. Wenn du sie fragst, was sie tut, antwortet dir eine uralte Heilerin, die genau weiß, was sie tut: „Ich sende Liebe und Frieden zu den Menschen auf der Welt. Und zu den Monstern, um sie nett zu machen."

> *Als ich mit meiner 84-jährigen Freundin bei IKEA war, warf sie plötzlich ihren Mantel und ihre Tasche in den Einkaufswagen und sprang lachend und vor Freude quietschend in den Bereich mit den großen bunten Bällen. „Diesen Spaß wollte ich schon immer mal erleben!", sagte sie mir später mit leuchtenden Kinderaugen.*

Du und ich haben viele unterschiedliche Facetten in uns. Wir können ganz unterschiedliche Rollen spielen, und wir lernen gerade, dass wir auch andere Frauen glänzen lassen können. Viele handeln vorausschauend, und so kommen wir gemeinsam weiter. Zusammen stellen wir das Wohl der Menschen in den Vordergrund und nicht die Wirtschaftlichkeit. Dafür ist die Stadtplanung von Kopenhagen ein gutes Beispiel. In der Innenstadt gibt es wenig Autos, aber breite Fahrradwege und viele kreative Räder, mit denen Eltern ihre Kinder und Einkäufe leicht transportieren können. Außerdem gibt es viele Parks und autofreie Zonen für Fußgänger. Wenn Frauen planen oder mit Teams zusammenarbeiten, streben sie eher praktische und langfristige Erfolge an und vertrauen weniger auf explosionsartige Ergebnisse. Grundsätzlich legt die Schwesternschaft mehr Wert auf Qualität als auf Menge.

Aber es ist ganz natürlich, dass du für das wertgeschätzt wirst, was du leistest. Denn du weißt, dass dein Beitrag wichtig und kostbar ist – nicht nur für dich, sondern auch für viele andere. Also stehe ab jetzt zu deinen Erfolgen, deinem Können und lasse dein Wissen in Gespräche einfließen. Sei nicht zu schüchtern und engagiere dich, melde dich zu Wort und präsentiere Lösungen. Mache es wie die Göttin, die ihren Weg unbeirrt geht und unbedingte Kompetenz zeigt. Reihe dich nicht ein in die große Schar der Kritiker und Problemdenker, sondern sieh das ganze Bild. Nutze deinen Vorsprung als Frau und kreative Expertin, gehe unkonventionelle Wege und finde deine eigenen Lösungen.

Die Vogelgöttin nimmt immer viel Raum ein, denn sie steht da mit ausgebreiteten Armen. Diese gerade Haltung mit hocherhobenem Kopf, zurückgezogenen Schultern und aufrechtem Gang signalisiert Selbstbewusstsein und Würde. Nimm sie dir als Vorbild und nimm dir auch den Raum, den du brauchst und in dem du dich sicher bewegen kannst. Überbringe deine Botschaft unmissverständlich und klar und sage, was du willst. Das fällt uns Frauen oft schwer. Doch die Göttin macht da wenig Kompromisse. Sie liefert Fakten, schafft Tatsachen und übernimmt Verantwortung für ihre Worte und lässt Taten folgen. Ihre Handlungen sind prägnant und stark. So schafft sie Vertrauen und wird ernst genommen. Ohne diese Eigenschaften hätten wir die Göttin schon längst vergessen.

Als Frau hast du genau diese göttliche Stärke auch in dir. Darum stehe zu deinem Wort und sei für andere verbindlich. Wir können von der Göttin lernen, zu uns selbst zu stehen, klar zu sein und Grenzen zu ziehen. Wenn du Ja sagst, aber merkst, es fühlt sich nicht richtig an, merken es auch die anderen. Darum sage nur Ja, wenn du auch Ja meinst, und sage ganz freundlich und klar Nein, wenn du Nein meinst. Sonst wirst du nicht ernst genommen und für deine Gemeinschaft irgendwann selbstverständlich.

Darum setze dir Ziele und verliere sie nicht aus den Augen. Verteidige deine Prioritäten und sorge dafür, dass du sie erreichst. Vielleicht bist du dadurch für andere unbequem. Aber früher oder später erlangst du ihre Achtung.

So erging es Elisabeth Kübler-Ross. Als Ärztin und Klinikseelsorgerin beschäftigte sie sich mit einem großen Tabuthema. Denn sie begleitete unzählige Menschen auf ihrem allerletzten Weg. Dies geschah in einer Zeit, „in der man nicht in Hospitälern starb, die auf ihren Ruf bedacht waren“. Dr. Kübler-Ross wagte eine sehr humane Sicht, denn sie fragte nach den Gefühlen und Gedanken der todkranken Menschen und dokumentierte unterschiedliche Phasen des Sterbens.

Für diese Arbeit wurde sie in der Fachwelt zuerst kritisiert, dann lächerlich gemacht, und zuletzt wurde sogar ihre Kompetenz als Ärztin infrage gestellt. Doch irgendwann weckten ihre Bücher das Interesse vieler Menschen. Sie wurde für Vorträge gebucht, und die allgemeine Skepsis ihr gegenüber kippte. Nun wurde sie für ihre Pionierarbeit verehrt und ausgezeichnet. Sie erhielt 20 Ehrendoktortitel, 70 Auszeichnungen und wurde vom Time Magazine 1999 zu den „100 größten Wissenschaftlern und Denkern des 20. Jahrhunderts" gezählt.

Dr. Elisabeth Kübler-Ross zeigt uns, dass es egal ist, für welches Thema du brennst. Du kannst einen wertvollen Beitrag leisten und deinen individuellen Fußabdruck hinterlassen, indem du deiner Intuition folgst und das tust, was sich für dich richtig anfühlt. Dann hast du die göttliche Kraft hinter dir, und sie leitet dich, sodass du einer inneren Gewissheit folgst. Dieser Weg ist nicht ohne große Herausforderungen, aber genau so zeigt sich die machtvolle Energie der Göttin.

Die Göttin selbst ist im Grunde immer die Gleiche, egal wie sie sich gerade zeigt. Liebst du eine Göttin, liebst du in ihr alle Göttinnen. Du weißt: Es gibt eine unendliche Vielfalt von Frauen. Darum zeigt sich die Göttin nicht nur als eine einzige Göttin. Wir feiern, ehren und leben unsere eigene innere Weite, Fülle, Intuition und Vielfalt, wenn wir Göttinnen in unser Leben einladen. Frauen kannten sich immer sehr gut aus mit Magie und Heilkunde, Kunst, Kommunikation und Religion. Denn Mutterkraft entspricht der Macht des Lebens. In solch einer Kultur sind die innere und die äußere Welt nicht voneinander getrennt. Auch die Natur und das Selbst gehören dazu. Die Göttin ist immer sehr nah am alltäglichen Leben der Frauen und an den inneren weiblichen Rhythmen – im Gegensatz zu Gottvater, der im Himmel sitzt und von dort aus alles regelt und uns unser weibliches Potenzial vergessen lässt.

Wir brauchen jetzt mutige Pionierinnen der Liebe, der Vergebung, der Heilung und Leidenschaft, die selbst geheilt sind und anderen helfen, zu heilen. Denn wir sitzen alle in einem Boot, d. h., wir leben zusammen auf einem Planeten. Frauen auf der ganzen Welt, alle Altersgruppen, alle Nationen und Glaubensrichtungen sollten sich miteinander verbinden und die Göttin als Vorbild erinnern.

Jede Göttin macht uns Mut, inspiriert uns mit ihrer Leidenschaft und kann für uns ein Beispiel sein, wie wir Herausforderungen bewältigen, Barrieren überwinden und dem Herzen der Liebe folgen. Sie hilft uns, sich für Wunder im Leben eines jeden zu öffnen. Denn wir brauchen Wunder, um die weltweiten Probleme zu lösen, die heute existieren. Wer kann ein besseres Vorbild sein als die Göttin? Die Göttin ermutigt uns, das weibliche Genie zu leben, das in jeder von uns steckt und unserem Herzen immer mehr zu folgen. Wir sind auf diesem Planeten, um uns gegenseitig zu unterstützen. Wir feiern unsere Weiblichkeit und wachsen in unsere Stärke, um die Gemeinschaft zu inspirieren, gemeinsam zu heilen und zu wachsen. Die Göttin ruft die Schwesternschaft der Frauen, damit wir jetzt in unsere Göttinnenkraft tanzen.

Impuls: Hindernis überwinden

Wenn du eine Lösung für ein Problem brauchst, musst du ein Hindernis überwinden. Dazu gibt es eine kraftvolle innere Reise.

Ziehe dich zurück in einen Raum der Stille. Schließe die Augen. Lasse alles hinter dir, was war oder was kommt, und atme gleichmäßig ein und aus.

Nun stell dir vor, du verlässt innerlich diesen Raum und gehst in die Natur, über eine Wiese, eine Brücke, und dann bist du auf einem schönen Waldweg. Von Ferne erkennst du dein Ziel, die ideale Lösung für dein Problem. Doch der Weg dorthin ist dir versperrt von einem Hindernis: Vielleicht ist es eine undurchdringliche Dornenhecke, eine riesenhohe Mauer, ein Heer aus Kriegern oder wilden Tieren. Etwas Großes und Mächtiges versperrt den Weg. Eine Glaswand, eine Feuerwand, ein tosendes Meer. Folge deiner ersten Idee.

Da du dich in der Anderswelt befindest, besitzt du magische Kräfte und einen großen Koffer mit Werkzeugen.

Möglicherweise lässt du dir Flügel wachsen und überfliegst die Dornenhecke oder Mauer. Du sprühst Schlafpulver in die Luft, sodass die Krieger und wilden Tiere einschlafen. Im Koffer hast du einen Glasschneider, Hammer und eine Schaufel, so bewältigst du die Glaswand oder du baust dir ein Boot, um das Meer zu überqueren. Lasse deine Fantasie spielen und folge deinen ersten Ideen.

Nun bist du an deinem Ziel, der Lösung des Problems angekommen. Du genießt das Gefühl und kostest es aus, das erreicht zu haben, was dir vorher unmöglich erschien.

Mit diesem Siegergefühl im Herzen begibst du dich auf den Rückweg. Du gehst den Waldweg zurück, vorbei an dem früheren Hindernis. Du überquerst die Brücke, gelangst auf die Wiese und kommst zurück in diesen Raum. Lasse dir Zeit, bewege langsam Finger und Füße, bevor du dann die Augen öffnest.

Auf geistiger Ebene hast du dein Problem gelöst. Nun wird es sich auf der physischen Ebene auch klären.

„Vertraue deiner Intuition, Fantasie und inneren Führung. Das leise innere Flüstern kennt Wege, die dein Kopf nicht erdenken kann."

Breite deine göttlichen Flügel aus

Wie du deine Flügel ausbreitest und zur Göttin wirst, können dir Geschichtenerzähler und Geschichtenerzählerinnen zeigen. Immer wenn eine Frau oder ein Mann etwas tun will, dass die menschliche Kraft übersteigt, braucht sie für diese Aufgabe die Hilfe übermenschlicher Mächte.

Wie zum Beispiel die Frau, die sich in die Vogelgöttin verwandelte. Die Priesterin ging in die Stille, schloss die Augen, atmet tief ein und aus und rief die uralte Vogelgöttin.

Plötzlich richtete sie sich auf und wuchs. Sie fing an zu zittern, fühlte sich wie elektrisiert und von einer überwältigenden Freude durchdrungen. Sie spürte Wärme und Licht und ihre wahre Essenz. Sie war ohne Maske, ohne Schutz und spürte ihren Körper nicht mehr. Aber sie wusste mit absoluter Sicherheit, dass sie fliegen kann. Sie konnte unsichtbar werden, in die Zukunft reisen oder zurück in die Vergangenheit. Sie war frei wie ein Vogel, konnte von Horizont zu Horizont fliegen und spürte, wie alle Fesseln des Menschseins von ihr abfielen. Ihr waren große weite Vogelschwingen gewachsen, und sie machte sich auf die Reise.

Geschichtenerzählerinnen genossen bei den alten Völkern großes Ansehen. Es gab keine Schrift, darum waren sie das Gedächtnis des Stammes. Die Alten kannten viele Erzählungen und Heldensagen, die Einfluss darauf haben, wie wir unsere Umwelt wahrnehmen. Denn Geschichten und Bilder transportieren Sinn, Werte und Emotionen und setzen einzelne Erfahrungen und Elemente in einen größeren Zusammenhang. Sie bestimmen, wie du eine Tatsache beurteilst. Sie formen deine Wahrnehmung von Realität und damit auch die Welt, in der du lebst.

Wir alle brauchen inspirierende Heldengeschichten, Erzählungen von Menschen, die den Übergang von der alten in eine neue Welt selbst erlebt und gestaltet haben. Wie die Angestellte, die dem Burnout und der Depression nah ist, das dunkle Tal durchschreitet, nicht aufgibt und schließlich ihren Weg findet und nun frei, selbstbestimmt und intuitiv arbeitet. Oder ein schwer kranker Mensch, der nicht aufgibt, obwohl ihm die Ärzte nicht mehr lange zu leben geben. Er kreiert sich selbst einen gesunden Körper durch die Kraft seiner Vorstellung und wird später ein Heiler, der andere auf ihrem Weg in die Gesundheit begleitet. Oder die Lebensgeschichte von der spirituellen Coach und Entspannungstherapeutin, die sich entscheidet, aufzustehen und als mutige Politikerin für ihre Werte einzutreten. Sie findet deutliche Worte dafür, wie Geld und Macht das Leben des gesamten Volkes bestimmen, und wenn sie auf der Bühne steht, leuchtet sie von innen.

All diese Menschen finden auf mühsamen Wegen kostbare Edelsteine. Sie entdecken Methoden und treffen auf Menschen, mit denen sie den Herausforderungen in der neuen Welt begegnen. Diese Erzählungen können dich und mich dazu anregen, über den Sinn unseres Tuns nachzudenken und unser Leben entscheidend zu verändern. Kraftvolle Geschichten bewirken, dass wir umdenken, wenn wir von einer neuen Lebensperspektive inspiriert sind.

Um in einer unsicheren Zukunft zurechtzukommen, entwickeln wir uns gerade von der Kultur der Alles- und Besserwisser zu einer Kultur der gemeinsam Lernenden. Lernende sind offen für neue Ideen, neues Wissen, Inspirationen und alternative Sichtweisen. Wir entdecken, dass wir nicht viel reisen müssen, um in Verbindung zu bleiben. Wir prüfen ungewohnte Lebens- und Arbeitsformen. Wir kommen äußerlich zur Ruhe und wollen nun herausfinden, was wir „wirklich, wirklich" wollen. Schließlich wachsen wir über uns hinaus, denn wir wollen die Göttin in uns spüren.

Wenn du weißt, was dich antreibt und was deine Seelenaufgabe ist, wirst du dein Leben und deine Arbeit neugestalten und niemals arm sein, egal was auf deinem Gehaltszettel steht. Auch du hast eine kraftvolle Geschichte zu erzählen! Dein Traum ist es wert, dass du leuchtende Fußabdrücke auf der Erde hinterlässt. Das kann dann der Stoff sein, aus dem uralte Sagen gewebt sind. Darum lausche jetzt der Geschichte vom Leben einer ungewöhnlich mutigen Wikingerfrau. Die Isländer erzählen sich ihre Geschichte bis heute:

Die unglaublichen Reisen einer Wikingerfrau

Vor mehr als 1000 Jahren segelte eine Frau namens Gudrid mit ihrem Ehemann und einer kleinen Besatzung vom Rand der Karte und landete in Vinland, dem heutigen Kanada. Sie lebte drei Jahre in Neufundland und erforschte die Gegend. Sie gebar einen Sohn, bevor sie nach Island zurückkehrte. Letztendlich machte sie acht Überfahrten über den Nordatlantik und reiste weiter als jeder andere Wikinger von Nordamerika über Skandinavien nach Rom. So berichten die Wikingersagas.

In zwei Wikingersagas taucht Gudrid Thorbjarnardóttirs Name auf, in der Saga „Der Grönländer" und in der Saga von „Erik dem Roten", die zusammen als Vinland-Saga bekannt sind. Ihre Geschichten unterscheiden sich nur geringfügig, und in beiden Chroniken wird Gudrid im späten 10. Jahrhun-

dert in Island geboren. Mit 15 Jahren reist sie mit ihrem Vater Thorbjorn nach Grönland, wo sein Freund Erik eine neue Wikingersiedlung errichtet. Dort heiratet Gudrid Eriks jüngeren Sohn Thorstein, und sie machen sich gemeinsam auf die Reise nach Nordamerika. Doch sie schaffen es nicht bis nach Vinland, wörtlich Weinland. So ist der Name der Wikinger für die immergrünen Halbinseln. Sie kehrten zurück und erreichten Grönland kurz vor Beginn des Winters, der ganz besonders hart war. Viele Menschen starben, so auch ihr Mann Thorstein. Mit 17 Jahren war Gudrid schon verwitwet und kehrte in die Hauptsiedlung Grönlands zurück. Sie konnte sich entscheiden, ob sie wieder heiraten wollte. Beide Sagas berichten, dass sie den isländischen Kaufmann Thorfinn Karlsefni heiratete, dessen Spitzname „das Zeug zum Mann“ bedeutet.

Gemeinsam segelten sie in die Neue Welt, und dort wurde ihr Sohn Snorri geboren. Drei Jahre später segelten sie wieder nach Hause. Möglicherweise machten sie einen Abstecher nach Norwegen, doch letztendlich war Gudrid wieder in Island auf einer Farm namens Glaumbear. In der Grönlandsaga wird von Gudrid erst wieder berichtet, als sie zwischen 40 und 50 Jahre alt war und die ganze Strecke fast zu Fuß nach Rom pilgerte, bevor sie zu ihrer Farm zurückkehrte. In beiden Sagas wird Gudrid als vernünftige, würdevolle und schöne Frau vorgestellt, die eine schöne Singstimme, Zauber- und Heilkräfte besitzt und die sehr gut weiß, wie man sich unter Fremden verhält.

Doch können wir den Sagas über die wunderbare Gudrid vertrauen?

Historiker wissen, dass Sagen im Allgemeinen die Namen von echten Menschen enthalten. Sie erzählen von echten Kriegen, echten Siedlungen und von echten Städten. Sie präsentieren eine Art von Wahrheit. Die Historikerin Nancy Marie Brown weist darauf hin, dass „nicht gefragt wird, ob die Sagen wahr sind", sondern ob sie „plausibel" sind. Das ist ein weitaus besseres Barometer, um die Richtigkeit der Geschichten zu testen.

Die beiden Sagas wurden mehr als 200 Jahre lang mündlich weitergegeben, bis sie schließlich im 13. Jahrhundert aufgeschrieben wurden. Geschichtenerzähler wurden zusammengerufen, und gemeinsam überprüften sie die Geschichte von Gudrid auf Fakten. Heutzutage können Archäologen Ereignisse verifizieren, die in Geschichten erwähnt werden. In Gudrids Fall haben sie das Glaumbear-Rasenhaus ausgegraben, das als ihr letztes Zuhause beschrieben wurde. Es ist anders als die Häuser der Umgebung. Doch es ähnelt der Struktur der Häuser, die in einer amerikanischen Wikingersiedlung errichtet wurden. In genau der Siedlung, die Gudrid und ihr Ehemann an der Spitze einer windigen neufundländischen Halbinsel erbaut haben. Die einzige bekannte Wikingersiedlung in Nordamerika, L'Anse aux Meadows, liegt im nördlichsten Teil Neufundlands. Wahrscheinlich sollte sie als Stützpunkt für die Erkundung des Landes weiter südlich dienen. Archäologen entdeckten Rasenwohnungen, eine Schmiede und Werkstätten in L'Anse aux Meadows. Nägel und Holzspäne deuten darauf hin, dass hier vor Hunderten von Jahren Boote repariert wurden.

Brigitte Linderoth Wallace ist eine kanadische Archäologin mit skandinavischen Wurzeln. Sie gehörte zu dem Team, das die Siedlung L'Anse aux Meadows ausgrub. Beim Thema „Wikinger in Amerika" gilt sie als Koryphäe. 1995 fand sie Beweise dafür, dass hier vor fast 1000 Jahren eine Wikingerfrau lebte. Denn sie entdeckte einen authentischen Spinnwirtel aus der Wikingerzeit. Das Verspinnen von Wolle war nach allen Angaben aus der damaligen Zeit Frauenarbeit. Die Kohlenstoffdatierung hat sie um 1000 n. Chr. festgelegt, und so stimmt sie mit den Sagas überein.

Die beiden Sagas um Gudrid enthalten zweifellos Fabeln, Halbwahrheiten und Fantasie. So gesehen ist Gudrid eine mythologische Figur, eine Heldin, die als weibliches Vorbild gilt für Mut und Freigeist. Sie wird noch immer verehrt wie eine Göttin, denn ihre Geschichte ist sehr inspirierend und tief symbolisch. Sie nutzt Segel als Flügel, um neue Möglichkeiten zu erkunden, und zeigt, wer sie in dieser Welt ist: nämlich die, die allen Schicksalsschlägen zum Trotz ihre Heimat verlässt und neue Ufer erkundet.

Die Gudrid-Sagas zeigen, wie sich einzelne Göttinnen entwickelt haben könnten: Immer dann, wenn eine Frau etwas Erstaunliches tat oder hervorbrachte, das vorher für unmöglich angesehen wurde, eröffnete sie neue Horizonte. Auch wenn sie anfangs schwach war, erklomm sie den Berg ihrer Kraft und eröffnete ihrem Stamm neue Möglichkeiten. Vielleicht, indem sie mit ihrer bedingungslosen Liebe und ihrem Mitgefühl Herzen heilte oder indem sie mit ihrer klaren Sicht Orientierung und Licht in den Nebel der Geschichte brachte oder – wie Gudrid – indem sie mit unglaublichem Mut eine neue Welt entdeckte. Ihr Geschenk war so kostbar, dass ihr Name und ihre Taten in den Herzen ihres Volkes über Jahrhunderte und Jahrtausende weiterlebten.

Die Sagas um Gudrid sind plausibel, denn wenn wir alle Beweise zusammentragen, lebte vor 1000 Jahren wirklich eine abenteuerlustige und mutige Wikingerfrau namens Gudrid. Sie segelte in die Neue Welt und beflügelte ihre Zeitgenossen und nachfolgende Generationen so sehr, dass sie in Sagas verewigt wurde. Höchstwahrscheinlich war Gudrid bereits 500 Jahre vor Christoph Kolumbus dort und die erste europäische Frau, die vom Rand der bekannten Welt bis nach Amerika segelte.

Von Nancy Marie Brown erschien 2007 die Biografie von Gudrid mit dem Titel „The Far Traveller: Reisen einer Wikingerfrau“. Sie meint, dass „Wikinger-Frauen genauso abenteuerlustig und mutig waren wie Wikinger-Männer und dass das Leben einer Wikingerin weitaus weniger eingeschränkt war in jenen Zeiten, als wir vielleicht denken.“

Wie du eine strahlende Göttin wirst

Der amerikanische Mythenforscher Joseph Campell entdeckte, dass sich alle Naturvölker Geschichten erzählen, um voneinander zu lernen. Diese Sagen und Mythen sind Geschenke von älteren Menschen an jüngere. Denn sie zeigen, wer wir sein könnten, und geben lebenswichtige Orientierung. Campell erkannte eine universelle Zauberformel der magischen Geschichten. Sie ist einfach, jedoch nicht leicht, denn sie führt tief in das Geheimnis von Geschichten. Nach dieser Grundstruktur werden Märchen und Mythen erzählt, und es werden Filme gedreht, die uns sofort in ihren Bann ziehen. Der Herr der Ringe oder Harry Potter sind gute Beispiele für Heldenreisen. Diese Geschichten handeln von einer inneren Reise, die uns fesselt und zu Tränen rührt.

Eine Frau wie die Wikingerfrau Gudrid entfernt sich aus ihrer „normalen“ Welt und muss zahlreiche Hindernisse bewältigen. Diese Geschichte fasziniert dich und zieht dich in ihren Bann. Sie öffnet neue Horizonte und nährt deine Hoffnung, dass du persönlich wächst, indem du Herausforderungen meisterst. Es ist die Erfahrung, dass du stärker aus Schwierigkeiten herauskommst, als du in sie hineingeraten bist.

Campell hatte nicht die Mutter und den Beginn des Lebens oder Frauen im Blick. Doch er war davon überzeugt, dass jeder Mensch eine Bestimmung in sich trägt und automatisch seine Flügel ausbreitet und über sich hinauswächst, wenn er seiner inneren Stimme folgt und das tut, was ihn erfüllt. Darum untersuchte er Geschichten, die von menschlichem Wachstum handeln und davon, wie sich Bewusstsein entwickelt. Es werden tiefe Gefühlserfahrungen geschildert und einzelne Stationen aufgezeigt. Nach diesem Modell kannst du das eigene Wunderbare in dir und deinem Lebensweg entdecken. Dann empfindest du bei Veränderungen, Hindernissen und Problemen keine Verzweiflung und den Wunsch, aufzugeben. Von alten Geschichten kannst du lernen, wie du Veränderungsprozesse erfolgreich meistern kannst und an neuen Herausforderungen wächst. Es ist nützlich, wenn du einige Entwicklungsstufen kennst, denn dann kannst du sehen, wo du dich gerade befindest und mit welchen Hindernissen, Fallstricken und Herausforderungen du auf deinem Weg zu rechnen hast. Wenn du weißt, was auf dich zukommt, erkennst du den Sinn in deiner persönlichen Geschichte. So gewinnst du Selbstvertrauen, und damit steigt auch dein Durchhaltevermögen.

1. Die gewohnte Welt

Jede Frau ist auf einer Lebensreise, die sie normalerweise zu Hause beginnt. Hier kennst du alles in- und auswendig. Du hast deine Überzeugungen und Glaubensmuster, die dir Sicherheit geben. Aber deine gewohnte Welt ist auch ein Ort des Mangels, denn du spürst, dass etwas fehlt. Als Mädchen bist du vielleicht gut in der Schule, aber dir fehlt eine allerbeste Freundin. Als junge Frau hast du das Gefühl, dein Chef hält dich klein, und du hast zu wenig Zeit für dein Privatleben. Als Familienfrau hast du das Gefühl, du kannst deine Talente nicht leben und deiner Bestimmung folgen. Als Großmutter vermisst du deine Enkel ...

Das Gefühl des Mangels kann sich ganz unterschiedlich ausdrücken. Aber es ist unterschwellig einfach da. Und das ist ein gutes Zeichen! Denn es zeigt, dass dir mehr möglich ist und dass du es erreichen kannst. In dieser Phase schleichen sich unangenehme Nebel und unbekannte Gefühle in dein Bewusstsein. Du bist plötzlich unsicher, ängstlich und orientierungslos, spürst Ablehnung und Sinnlosigkeit. Dich beschäftigen Grübeleien darüber, was nicht gut gelaufen ist. Die Frage, warum dich bestimmte Menschen enttäuscht haben und was du besser oder anders hättest machen können. All diese Gedanken werden begleitet von Frust und Ärger. Schließlich erkennst du, dass es dich nicht weiterbringt, mit Wut zurückzublicken und dich ständig mit den gleichen Fragen im Kreis zu drehen. Der Weg führt dich weiter, und du änderst die Blickrichtung. Du lässt das Vergangene vergangen sein und blickst nach vorne.

2. Der Ruf zum Abenteuer

Irgendetwas geschieht, was deine Normalität stört. Das geschieht gerade weltweit durch die Pandemie. Sie löst eine Krise für uns alle aus. Vielleicht erhältst du jetzt eine Kündigung. Oder du wirfst den ersten Blick auf einen positiven Schwangerschaftstest oder du erwischst deinen Partner in flagranti. Bei manchen macht sich ein schleichendes Gefühl der Langeweile, Ernüchterung oder Ratlosigkeit breit. Der Ruf, neue Wege zu gehen, kann aber auch eine inspirierende Begegnung sein oder eine Reise. Du wolltest schon immer malen, dir fällt eine Anzeige auf, und du meldest dich bei einem Malkurs an. Oder du merkst, dass du ständig etwas für andere tust. Doch wenn du jemanden brauchst, der auf deine Kinder oder auf den Hund aufpasst, hat niemand Zeit. Wenn du das erkennst, kann das dein Ruf sein.

In dieser Phase bist du möglicherweise verunsichert, konfus, ungeduldig, zweifelnd und erschöpft. Je nachdem, wie du mit der Veränderung umgehst, kommt es zu starken Belastungen, weil vieles fremd und ungewohnt ist. Diese Zeit ist wie eine Brücke zwischen dem Alten und dem Neuen. Aber es ist eine wackelige Hängebrücke, die über eine tiefe Schlucht führt. Es ist klar, dass dich diese Situation überfordern kann. Du zweifelst. Angst und Krankheit können zu einem absoluten Tiefpunkt führen. Wie gelähmt verharrst du in einer Situation, weißt nicht, ob du aufgeben und umkehren oder weitergehen sollst.

Doch irgendwann kommt ein sonniger Tag, an dem du entscheidest, nicht umzukehren, sondern dich der Situation zu stellen. Diese Entscheidung wird belohnt. Schon nach einigen Stunden fühlst du dich besser, kreativer, mutiger, motivierter und nicht mehr so verängstigt. Die Lust am Leben kehrt zurück, und mit neuem Elan beginnst du, dich auf dein Ziel zu konzentrieren. Du hast die richtige Wahl getroffen und bist auf dem Weg ins Glück! Du arbeitest wie wild, verausgabst dich und achtest nicht auf dich. Das geht so lange, bis es dich wieder wie eine Keule trifft. Und nun bist du wirklich erschöpft! Du schläfst wie ein Faultier: morgens, mittags und abends. Das dauert so lange, bis du entscheidest, dass du Zeit für dich selbst brauchst zum Auftanken. Vielleicht in der Natur, am Meer oder im Garten in der Hängematte.

Nun nimmst du dein Nichtstun aber ganz anders wahr als vorher. Denn du zweifelst nicht an dir oder deinem Plan. Langsam erholst du dich und beginnst dich wohlzufühlen. Du hast den ersten unverstellten Blick auf das, was sein könnte. Deine innere Stimme sagt: „Ich muss es ausprobieren. Ich will wissen, ob ich es kann. Ich will so leben, wie ich es will. Ich mache es jetzt!“ Wichtig ist, dass du Ja sagst zu deinem Weg.

Sonst hörst du den Ruf immer wieder. Auf jeden Fall erlebst du eine Herausforderung und das Ende deiner alten

Welt. Nichts ist mehr so wie vorher. Und dir ist klar, dass du dich aus deiner Komfortzone herausbewegen musst. Doch das heißt nicht, dass du deinem Ruf folgst!

3. Verweigerung des Rufs

Es liegt in der Natur des Menschen, dass wir den Ruf zur Veränderung zunächst verweigern. Denn die Natur hat uns gelehrt, Risiken zu vermeiden. Außerdem ist das Alte extrem mächtig. Wie mit starken Gummibändern zieht es dich zurück in die bekannte, sichere Zone. Du findest Ausreden, Entschuldigungen und Ausflüchte. Gleichzeitig beginnt ein innerer kräftezehrender Kampf, weil du Angst vor Trennung hast. Diese Angst ist berechtigt, denn du weißt, dein Leben wird sich total verändern, wenn du dem Ruf folgst. Du wirst wachsen und dich verändern. Zum Beispiel wenn du mit 16 ein Baby bekommst oder wenn du in eine fremde Stadt ziehst oder wenn du ein Café eröffnest ...

Wenn du ganz sicher bist, den Weg klar vor dir siehst, jeden Schritt schon kennst – dann kann es nicht dein Weg sein! Denn der zeigt sich nur Schritt für Schritt, während du gehst. Die Seele findet ständig neue Möglichkeiten, dich zu rufen und sich bemerkbar zu machen. Sie erinnert dich daran, dass tief in dir ein Wunsch, ein Traum, eine Bestimmung ruht, die lange unterdrückt wurde. Es ist der Traum, der dein Leben vollständig macht. Wir alle haben diese göttliche Zelle in uns. Den goldenen Samen, den wir entweder unbeachtet im Trocknen liegen lassen oder versorgen, indem wir ihn gießen. Jeder trägt einen anderen Samen in sich. Doch jeder Samen weiß, ob er eine Sonnenblume, ein Grashalm oder ein Baum wird.

Die Welt braucht deinen Traum, denn er macht dich glücklich und gibt deinem Leben einen Sinn. Dieses Glück ist ansteckend. Du trägst deinen Traum nicht zufällig in dir. Aus deinen Samen wird etwas wachsen, das die Welt braucht. Die Blüten werden Schönheit bringen, und die Früchte sind eine bessere Welt für alle Menschen und Lebewesen. Darum wollen wir unsere Träume leben.

Jetzt ist es wichtig, dass du die Herausforderung annimmst, dich deinem persönlichen Wachstum und der Realisierung deiner Träume stellst und bewusst damit umgehst. Tief in dir weißt du, dass jeder in irgendetwas gut ist. Darum lasse dir von niemandem einreden, du seist zu gewöhnlich, um etwas Unmögliches zu leisten! Die Göttin sagt: „Wenn du einen Traum hast, musst du ihn beschützen." Viele, die dich ausbremsen, haben Angst, dass du sie überholst und hinter dir lässt. Darum umgib dich unbedingt mit den Menschen, die dich unterstützen und die an dich glauben.

4. Der erste Versuch

Du folgst dem Ruf der Göttin in dir, nimmst die Herausforderung an und läufst los. Du triffst eine bewusste Entscheidung, deinem Ideal zu folgen, und begibst dich auf den Weg zum neuen Ich. Dies ist oft keine große Sache: eine Anmeldung für einen Kurs, eine Reise oder ein Gespräch mit Freunden über deine Pläne und Träume. Du sammelst Informationen, und all dies fühlt sich richtig gut an. Bewahre dir diese schönen Gefühle! Sie sind dein seelischer Schutzschild, dein kostbarer Schatz, der dich an deine Träume erinnert.

Wenn du dich auf deinen authentischen Weg machst, erhältst du auf magische Weise Unterstützung durch neue Kräfte. Oft erscheint ein hilfreicher Mentor, eine Lehrerin oder ältere Frau, die dir mit ihrem Wissen zur Seite steht. In dieser Phase entdeckst du eine Quelle der Weisheit. Das ist jemand, der den Weg schon kennt und dir hilft, dich auf deine

Berufung und nicht auf deine Angst zu konzentrieren. Dieses Wesen kennt sowohl die alte als auch die neue Welt und die Brücke, die beide miteinander verbindet. Für Frauen war dies über Jahrtausende die wunderbare Vogelgöttin. Sie begleitete Mädchen, Mütter und weise Alte in allen Lebensphasen. Die Göttin gab Frauen Sicherheit und hielt schützend ihre Flügel über sie. Sie verlieh ihnen Selbstbewusstsein, Stärke, Mut und Durchhaltevermögen. Das tut sie auch heute noch.

Die Große Göttin bringt dir bei, dich über die Angst zu erheben und fliegen zu lernen. Sie spielt keine Spielchen. Aber sie zieht dich in die richtige Richtung. Wenn du jeden Widerstand aufgibst, ist die Antwort plötzlich da. Du kennst die Richtung und den Weg, wie du den Konflikt lösen kannst. Dies ist der berühmte Aha-Moment, in dem du weißt: „Das will ich machen! Das ist mein Weg. Ich kündige und mache mich selbstständig." So schenkt die Göttliche Mutter Inspiration und Weisheit. Sie gibt aus ihrer unerschöpflichen Quelle. Sie gibt gern und erwartet keine Gegenleistung. Du fühlst dich großartig, wenn du mit ihr zusammen bist. Denn sie sieht dich, nimmt dich an und liebt dich bedingungslos. Sie erfüllt deine tiefste Sehnsucht. Diese Erfahrung fühlt sich an wie eine Welle der Sympathie, die dich hochhebt und in den Himmel trägt.

Natürlich gibt es Menschen, die so tun, als wären sie dein Mentor. Diejenigen erkennst du daran, dass sie wollen, dass du ihnen etwas schuldest. Sie machen dich klein, um sich selbst groß zu fühlen. Sie tun so, als sei ihr Wissen riesig, und wollen, dass du für sie arbeitest – am besten umsonst.

Doch wirklich großartige Menschen geben dir das Gefühl, dass auch du großartig sein kannst! Diese Phase deiner Lebensreise ist voller Freude und Erkenntnis. Die Welt wird größer, weiter, bunter und offener. Du siehst klar und begreifst die Situation als Ganzes. Das ist wunderbar, und nun geht es an die Umsetzung.

5. Überschreiten der ersten Schwelle

Du tust etwas, was sich nicht ungeschehen machen lässt. Du denkst nicht länger darüber nach, sondern machst einen aktiven Schritt Richtung Talent, Traum und Berufung. Du handelst. Beispielsweise kündigst du, reichst die Scheidung ein, mietest eine neue Wohnung, ziehst um, beginnst eine neue Karriere. Du sagst, was du denkst, und fasst etwas in Worte, das du vorher nur gedacht hast. Du stehst auf, zeigst dich, erhebst deine Stimme, machst dich verletzlich und bist mutig.

Doch sobald du etwas Neues wagst, kommt mit Sicherheit von irgendwoher Gegenwind. Das können innere Gegenspieler sein, die dich erkennen lassen, welche Hindernisse deiner Veränderung im Weg stehen. Es können aber auch andere Menschen sein, die sich durch dich bedroht oder verärgert fühlen. Denn du bist nun nicht mehr die alte. Es kann schwer sein, die junge frische Einsicht mit den alten Haltungen in Harmonie zu bringen. Oft taucht die Frage auf: „Was denken die anderen?“ Diese inneren und äußeren Widerstände können dazu führen, dass dein Leben durcheinanderwirbelt. Das geschieht oft, wenn Veränderung stattfindet. Du brauchst dann Geduld, Durchhaltevermögen, Ehrlichkeit und Mut. Dann kommt auch die Klarheit, und die Nebel lichten sich.

6. Experimentieren mit der ersten Veränderung

Ab jetzt teilt sich die Welt in Gut und Böse. Viele neue Menschen kommen in dein Leben. Für einige bist du eine Bedrohung. Denn du bist die Neue und willst einen Platz in der neuen Welt einnehmen. Mit der Zeit findest du heraus, wer dein Freund und wer dein Feind ist. Das geschieht allerdings nur, wenn du das Unaussprechliche in Worte fasst. Dies ist notwendig, damit du nicht von deinem Weg abkommst. Manchmal ist jemand erst gegen dich, dann für dich und umgekehrt. Du musst dich erst orientieren in der neuen Welt. Dies kann die neue Schule oder Uni sein, eine WG, ein Geburtsvorbereitungskurs oder ein neuer Geschäftspartner. Wer zunächst als geeignete Verbündete erscheint, kann ganz andere Werte und Vorstellungen haben, die nicht mit deinen zusammenpassen. So wird eine Freundin schnell zur Enttäuschung. Aber für andere bist auch du ein unkalkulierbares Risiko, weil du mit deiner Rolle experimentierst und die Regeln der neuen Welt gerade erst lernst.

7. Vordringen in die dunkle Höhle

In der Höhle ist es so dunkel, dass du dich auf deine anderen Sinne verlassen musst. Nun „fällt es dir wie Schuppen von den Augen“, denn plötzlich erkennst du die gesamte Situation glasklar: wer an deinem Stuhl sägt, wer dich betrügt, warum du dein Examen nicht bestehen kannst oder einen Rechtsstreit nicht gewinnen kannst. Du verstehst die Situation als Ganzes, und erkennst: Dein Gegenüber ist alles, was du nicht bist. Es ist dein Schatten, die Umkehrung all deiner guten Eigenschaften, Hoffnungen und Träume. Es steht dir genau gegenüber. Gleichzeitig erkennst du deinen inneren Feind. Das kann deine Trägheit sein, deine Unerfahrenheit oder deine Rechthaberei. Oder der Wunsch, es jedem recht zu machen oder nicht Nein sagen zu können und Grenzen zu setzen, wenn sich jemand aus deinem Blumengarten bedient.

Hier in der dunklen Höhle stehst du Auge in Auge mit allem, was du fürchtest. Im Moment schläft der gefährliche

Drache noch, und du kannst alle Informationen sammeln, die dir nachher helfen, den großen Kampf zu gewinnen. Es geht um nichts weniger als um deine (seelische) Gesundheit, um dein Glück und um dein (Über-)Leben.

Darum lerne zu denken wie dein Feind! Umgib dich mit Menschen, die wie Krieger für dich kämpfen und dich bei deinem härtesten Kampf unterstützen. Du wirst in die tiefe dunkle Höhle vordringen und eine neue Welt betreten. Dort hütet der Säbelzahntiger oder der Drache den Schatz, nach dem du suchst. Nur bei ihm wirst du neue Kraft und Energie entdecken, mit der du die Herausforderungen deines Lebens meistern kannst.

8. Der Drachenkampf

Das ist der Wendepunkt. Es gibt nur Ja oder Nein. Leben oder Tod, Schwarz oder Weiß. Nur wenn sich die Situation extrem zugespitzt hat, wird deine Verwandlung enorm sein. Nachdem du eine Badewanne voller Tränen geweint hast, voller Zweifel und Angst warst, unglaublich ungerecht und unfair behandelt wurdest, kommt nun der blutige Drachenkampf, die schlimmste Folter. Du streitest dich bis aufs Blut. Du schreist und weinst, denn alles steht für dich auf dem Spiel.

Das ist der Moment, vor dem du am meisten Angst hast, weil du spürst, dass er dich am meisten verändern wird. Du schaust dem Tod ins Auge. Es ist der Tod deines alten Glaubens und all deiner Werte. Oder du begegnest dem realen Tod auf irgendeine Weise. Auf jeden Fall ist es eine Situation, vor der du dein ganzes Leben Angst hattest. Jetzt begegnest du deinem dämonisierten Schatten, deiner dunklen Schwester.

Genau daran erkennt man einen Entscheidungskampf. Danach ist nichts mehr so wie vorher. Zehn Mitarbeiter kündigen. Du sagst deine Hochzeit im letzten Moment ab.

Du outest dich als homosexuell. Du begleitest deine Mutter auf ihrem letzten Weg. Du brichst das Medizinstudium ab. Das Gericht spricht dir dein Kind zu. Du lässt dich scheiden. Es geschehen unvorhergesehene Ereignisse, Rivalitäten, Absagen oder schwierige Beziehungen und langjährige Freundschaften zerbrechen.

Es gibt Menschen, die reden viel, doch sie handeln nicht und wollen dich zurückhalten. Nun brauchst du wieder Geduld mit dir selbst. Die Aufgabe besteht darin, Selbstliebe zu entwickeln. Das fällt am leichtesten, wenn du dir klarmachst, dass die Veränderung für dich selbst gut ist und dich weiterbringt. Darum hast du jetzt die Chance zu erkennen, welche Beziehungen dir guttun. Wirkliche Freunde werden dich auf deinem Weg ermutigen und sich für dich einsetzen. Grundsätzlich ändert sich jetzt etwas, ohne die Möglichkeit, dass du es wieder rückgängig machst und die alte Ordnung wiederherstellst. Danach kann alles anders sein. Dein Verhalten, dein Selbstbild, deine Gefühle.

9. Belohnung

Du bist gestorben und wurdest wiedergeboren. Es gibt dich immer noch! Das ist dein Sieg. Du atmest, hast überlebt und gewonnen. Große Freude, ganz viel Stolz, und nun bekommst du die Belohnung. Du fühlst dich frei, energiegeladen, wild und möchtest gleich loslegen. Du nimmst deinen Schatz an dich und freust dich daran. Du fühlst dich so komplett, wie lange nicht mehr und weißt: Jetzt beginnt die Reise zu deinem wahren Selbst. Du legst fest, was du von nun an tun möchtest. Wer du sein möchtest und welches Leben du führen möchtest. Du hast deinen Platz im Leben gefunden. Die neu gewonnenen Erkenntnisse schenken dir eine große Vitalität, und wenn du darüber nachdenkst, weißt du gar nicht, wie du das geschafft hast. Du fühlst dich wunderbar, so als würdest du eine Krone tragen. Dein Selbstbewusstsein ist enorm gewachsen.

10. Der Rückweg

Nun wendest du dich den praktischen Veränderungen zu und musst Ängste und Zweifel hinter dir lassen, um dich wieder dem Abenteuer zuzuwenden. Es ist so, als würdest du nach vielen Jahren eine Stadt besuchen, in der du lange gelebt hast und die dir sehr vertraut ist. Dann fragst du dich, ob du hier noch leben könntest – so wie früher.

11. Die große Veränderung

Dein Selbstbild hat sich völlig verändert. Du weißt, dass du etwas wert bist, und verhältst dich auch so. Dies drückst du auch durch deine Körperhaltung aus, und andere Menschen spüren es. Du lebst die besten Seiten deines alten Selbst, zum Beispiel indem du dir deinen Traum bewahrst oder trotz aller Enttäuschungen an einen guten Kern in jedem Menschen glaubst. Gleichzeitig verinnerlichst du alle Lektionen, die du auf deiner Reise gelernt hast.

In dieser Situation sind ältere Paare, deren Kinder aus dem Haus sind und die Wege finden, mit dem Partner wieder so zu leben wie vor der Familiengründung. Viele schaffen es, einander liebevoll zugewandt zu sein, aber mit viel tieferen Erfahrungen als vorher. Sie haben eine tiefe seelische Reinigung und wirkliche Versöhnung vollzogen. Ihr gemeinsames Lachen zeigt, dass alles, was vorher gestört war, verflogen ist. Sie sind einfach dankbar für die gemeinsame Zeit und gestalten sie so schön, dass es beiden gut geht.

In dieser Phase steht nicht nur deine geistige und körperliche Gesundheit auf dem Spiel. Jetzt geht es um deinen

Wertewandel und um das Wohlergehen aller. Es ist der Sieg von Gut über Böse.

12. Deine Rückkehr mit einem Geschenk, mit deiner Medizin

Du inspirierst andere durch dein Leben und wirst ihr Vorbild, indem du dein neues Wissen anwendest. Mit all deinen Erkenntnissen kannst du andere unterstützen, sich auch für ihre Persönlichkeitsentwicklung auf den Weg zu machen. Du kennst die Medizin, die dich über die Hängebrücke in die neue Welt gebracht hat. In deinem Medizinbeutel trägst du all deine Erfahrungen und deinen Mut, mit dem du neue Wege gegangen bist. Davon, dass du deinen Horizont erweitert hast, profitieren viele andere Menschen. Es ist so, als würdest du einen Stein ins Wasser werfen. Du kannst zusehen, wie kleine Wellen entstehen, die immer weitere Kreise ziehen. Du schaffst es jetzt, den höchsten Nutzen aus allem Gelernten zu ziehen und in dein Leben zu integrieren. Dadurch wird dein Leben viel besser.

Es ist so wie in dem Film Erin Brockovich. Julia Roberts ist eine alleinerziehende Mutter mit drei kleinen Kindern. Sie ist immer knapp bei Kasse. Ihre Gabe und Medizin ist eine neue soziale Wertigkeit, die sie durch großen Mut, Engagement und Durchhaltevermögen erlangt. Sie deckt einen Chemieskandal auf und sorgt dafür, dass die Menschen entschädigt werden. Dafür erhält sie überall herzliche Anerkennung. Sie akzeptiert einfach keine gesellschaftlichen Grenzen und lebt nach dem Motto:

„Alle sagen, es geht nicht. Bis eine kam, die wusste es nicht und hat es einfach getan."

Hier schließt sich der Kreis. Du hast viel gelernt und deinen Lebenssinn erkannt. Du hast das Unmögliche wahrgemacht!

Diese uralten archaischen Geschichten schenken dir neue Hoffnung, und deine Träume scheinen plötzlich viel greifbarer. Dein Vertrauen in dich selbst steigt und auch in das, was du der Welt zu geben hast. Je besser du deine Stärken und Talente kennst, desto sicherer kannst du sie für deinen Erfolg einsetzen.

Nun kennst du die unterschiedlichen Etappen deiner Seelenreise. Dieses Wissen hilft dir, denn nun kannst du erkennen, an welchem Punkt du dich aktuell befindest. Gerade wenn dir deine Situation besonders chaotisch oder aussichtslos erscheint, dann weißt du: Es sind diese Momente des Widerstandes und des Zweifels, die dein Leben erst großartig machen. Sie zeigen deinen Weg von der Frau zur wunderbaren Göttin.

Es gibt ungezählte Wege und Lebensgeschichten. Jeder Mensch ist einmalig und reagiert psychisch und physisch unterschiedlich auf Herausforderungen, Hindernisse, Prüfungen und spirituelle Hinweise. Doch jede wird ihren persönlichen Sinn entdecken, um sich zu einer unabhängigen, selbstbewussten Frau zu entwickeln. In jeder ruht eine weibliche Urweisheit und Göttin. Denn wer kann besser wissen als du selbst, was du wann benötigst? Darum höre auf deine Intuition, das Flüstern der Göttin und folge deinem intuitiven Körperwegweiser.

Es ist wie beim Essen. Zur Ernährung gibt es unzählige Empfehlungen von Experten, und viele wissen nicht mehr, was richtig und was falsch ist. Doch der gesunde Menschenverstand sagt dir, dass Essen gut schmecken und satt machen sollte. Was gesund ist, kannst du für dich selbst entscheiden.

So ist es auch mit geistiger und seelischer Nahrung. Du weißt, welche Gedanken dir guttun und welche Geschichten dich glücklich machen.

Die Reise der Heldin und des Helden sind die ältesten Geschichten der Welt. Sie sind eine Parabel für den Lebensweg jedes Menschen und handeln davon, wie sich eine ganz normale Frau aufmacht und ein großes Werk vollbringt. Das bist du, denn du hast einen Traum. Du willst den unerreichbaren Stern erreichen. Darum wirst du alle inneren und äußeren Grenzen überwinden und deine schöpferische Macht nutzen, sodass dir Flügel wachsen. Dann bist du der Göttin ganz nah. Die Vogelgöttin breitet ihre Flügel aus und nimmt dich unter ihre Fittiche. Dein Flug ist genau der Moment, in dem du alles vergisst, was war. Denn alles ergibt sich aus der Situation und fühlt sich stimmig an. Die Harmonie ist gleichzeitig in deinem Herzen, im Kopf und in all deinen Sinnen. Du weißt, dass du weißt. Es ist ein Wissen mit jedem Sinn, mit jeder deiner Zellen. Es ist eine innere Gewissheit ohne Gedanken und ohne jeden Zweifel. Alles um dich herum befindet sich in der gleichen Schwingung. Du spürst, dass da etwas Magisches ist, etwas Größeres, Wunderbares. Du hast den optimalen Klang gefunden und bist mit der Göttin verbunden. Von deinem Seelenflug kehrst du mit wunderbaren Geschenken und Segnungen zurück in deine Gemeinschaft.

Teil 6

Die Energie und Magie der Göttin

Magie – die alte Kunst der weisen Frauen

Früher haben die Menschen an Magie geglaubt. Sie erlebten magische Momente in der Natur, mit den Elementen und fühlten sie beim Blick in die Milchstraße. Schon immer glaubten Menschen daran, dass das Unmögliche möglich sein kann, denn sonst wären wir sicher schon ausgestorben. Das harmonische Zusammenwirken von Körper, Geist und Seele ist magisch und auch das Erfahren der unsichtbaren und der sichtbaren Welt. Ich glaube, dass jeder eine einzigartige Reise hat, dass wir aber gemeinsam heilen und zusammen in eine neue Zeit wachsen, in der es darauf ankommt, die eigene Magie zu entdecken.

Als Archäologen in einem Gartenhaus in der antiken römischen Stadt Pompeji gruben, entdeckten sie die Scharniere einer längst verrotteten Holzkiste. Der Inhalt des Kästchens ist durch die Asche konserviert worden. So schuf der Ausbruch des Vesuvs im Jahr 79 n. Chr. eine Zeitkapsel vom Leben einer Frau, die vor 2000 Jahren lebte. In der Kiste waren 100 kleine Gegenstände: Knöpfe aus Knochen, geschnitzte Skarabäen, Kristalle, winzige Schädel, Miniaturpenisse, Spiegel, Edelsteine, Metallringe, Anhänger, Pendel, runde Plättchen, die ein Loch in der Mitte haben, und winzige Figuren.

Es wird vermutet, dass die Gegenstände einer Zauberin gehörten, einer Wahrsagerin oder Seherin. „Sie sind Gegenstände der weiblichen Welt und außergewöhnlich, weil sie Mikrogeschichten erzählen, Biografien der Einwohner der

Stadt, die versuchten, der Eruption zu entkommen“, sagt Massimo Osanna, Generaldirektor des Archäologieparks.

Da sich weder Gold noch Kostbarkeiten in dem Kästchen befanden, gehörte es sicher nicht der Hausherrin, sondern eher einer Frau, die sich mit Magie auskannte. Das vermuten auch die Archäologen. Vielleicht waren die Gegenstände Teil von rituellem Schmuck. „Es könnten Halsketten gewesen sein, die bei Ritualen getragen werden, anstatt elegant auszusehen“, führt Osanna aus.

Eine Zauberin kennt unzählige Rituale. Doch immer sind ihre Ausrüstung und Kleidung wichtig. Sie fesselt ihre Zuhörer mit Geschichten, die Teil der Ablenkung von ihren Handlungen sind. Möglicherweise sind ihre Worte das eigentliche Kunststück ihrer Zeremonien. Sie fordert die Anwesenden auf, genau hinzusehen, was geschieht. Denn wenn wir uns auf unsere Augen verlassen, sind wir leicht zu täuschen. Zaubern ist ein Handwerk, das oft der Heilung des Geistes dient. Gleichzeitig ist es eine gekonnte Täuschung und trägt zur Unterhaltung bei.

Beim Zaubern und Täuschen ist es wichtig, dass die Hände kontrolliert werden, bis in die kleinste Bewegung. Darum muss eine Zauberin wissen, was die Zuschauer sehen. Sie sammelt alle Informationen, die sie bekommen kann, und lernt von ihrer Lehrerin, indem sie sie kopiert. Doch sie stiehlt nicht deren Kunststücke, sondern kreiert aus den Tricks etwas Eigenes, Neues. Grundsätzlich findet jeder Zaubertrick in drei Akten statt. Die Magierin führt in ein Thema ein, schafft eine bestimmte Atmosphäre der Erwartung und zeigt etwas. Dann lässt sie es verschwinden, und wenn die Dinge wieder auftauchen, ist der Trick gelungen. Der dritte Akt ist der schwierigste, denn er kann scheitern. Erst am

Ende erfährt sie, ob der Anfang gelungen ist. Erst dann ist der Zauberkreis geschlossen. Das, was verschwindet, muss wieder auftauchen – oft in verwandelter Form.

Wer außer einer Zauberin kann dafür sorgen, dass Geschichten, Erinnerungen, Ereignisse und Wissen von längst verschwundenen Menschen nicht verloren gehen?

Das Publikum wird dahin sehen, wohin die Zauberin schaut. Der Blick der Magierin wird der Blick des Publikums. Und so kann jeder bezeugen, dass nachher nichts mehr so ist wie vorher. Denn die Magie und neue Sichtweise des Altbekannten verändern alles. Zauberinnen erinnern uns an Wunder und unsere ungeahnten Möglichkeiten, die Realität zu verändern. Sie wissen, dass es die Zeit eigentlich nicht gibt und dass wir Kinder des Gestern, Kinder des Heute und Kinder des Morgen sind. Alles geschieht gleichzeitig. Zauberinnen schenken uns kostbare Träume, Visionen und die Hoffnung, dass auch uns Unmögliches möglich ist.

Bei Magie geht es um eine klare Wahrnehmung. Alle Sinne müssen gut miteinander arbeiten, dann funktioniert magisches „helles Sehen“, mit wachen Ohren und mit einem guten „Riecher“. Doch unser Verstand lenkt uns zu oft ab und sorgt dafür, dass wir Dinge und Menschen nur aus einem Blickwinkel betrachten und beurteilen. Wenn wir Magie üben, bedeutet es eigentlich nur, dass wir eingefahrene Bahnen verlassen, die Fähigkeiten unserer Sinne voll nutzen und grundsätzlich alles für möglich halten. Das, in Kombination mit unserem Urwissen, das wir erahnen, also von unseren Ahninnen abrufen können, und unseren Körperwahrnehmungen, unserem Bauchgefühl, ist eine gute Basis für Magie.

Um Magie zu lernen, hilft alles, was dich aus dem Alltagstrott herausholt, sodass du offen wirst für Neues. Das geschieht in jeder Meditation, du kannst aber auch bewusst im Alltag Dinge anders machen als üblich. Putze dir mit der linken Hand die Zähne, nimm einen anderen Weg nach Hause, koche und würze dein Essen ganz anders, probiere einen neuen Kleidungsstil. Mache Dinge, die du noch nie oder lange nicht gemacht hast: tanze, singe, stampfe, fahre in die Natur und geh allein spazieren, mache einen Kopfstand, verhalte und bewege dich wie dein Lieblingstier, schlafe unter dem Sternenhimmel, hüte, beobachte und nähre ein Feuer, sprich Fremde an und bitte sie um einen Gefallen, geh rückwärts usw.

Erweitere deinen Erfahrungsschatz und Handlungsspielraum und dein Bewusstsein, um einen magischen Raum zu erschaffen.

Du wirst erkennen, dass viel mehr möglich ist, als du dir jetzt denken kannst. Ganz wichtige „Techniken des magischen Handwerks“ sind Rituale und Zeremonien. Rituale sind immer wiederkehrende Handlungen oder Feste, während Zeremonien besondere Handlungen sind, die zu einem speziellen Anlass stattfinden. Beide fallen aus dem Alltag heraus. Bei einem magischen Ritual oder einer heiligen Zeremonie kannst du außergewöhnliche Dinge wahrnehmen. Mit Zeremonien und Ritualen kommen wir ganz im Hier und Jetzt an und können gleichzeitig auch in die Ewigkeit rutschen. Sie öffnen Schlupflöcher in andere Wahrnehmungsräume und bereichern unser Leben. Rituale verbinden uns mit uns selbst, unserem Körper, dem Geist und der Seele. Wir sind verbunden mit uns selbst, mit anderen und der Natur. Rituale sind besonders kraftvoll, wenn wir Symbole oder Bilder nutzen. Die kann unser Geist gut verstehen. Wenn du dich zum Beispiel von etwas trennen möchtest, ist es viel wirkungsvoller, symbolisch etwas zu trennen, zum Beispiel ein Band zu zerschneiden, als es nur in Gedanken zu tun. Wenn du Energie verwandeln möchtest, nimm ein Holzstück, blase ihm deine Angst, deinen Ärger und deine Wut ein und verbrenne es anschließend. Beobachte, wie es zu Licht und Asche wird. Oder wenn du große Last spürst, packe dir Steine in einen alten Rucksack, stelle ihn in den Flur und nimm jeden Tag einen Stein mit, wenn du nach draußen gehst. Gib dem Stein einen Namen und verabschiede ihn, indem du ihn ins Wasser wirfst oder ins Gras legst. Beobachte, wie dein Rucksack schnell leer wird und du dich leichter fühlst.

Das ist Magie – und eine wunderbar praktische Unterstützung im Alltag. Dein Leben kann durch Magie leicht, spielerisch, gesund und selbstbestimmt eine gute Richtung finden.

Einem Ritual sollte eine klare Absicht zugrunde liegen. Es ist am wirksamsten, wenn es einen deutlichen Anfang und einen klaren Schluss hat. Weitere Aspekte sind ein spezieller Ort, besondere Kleidung oder Utensilien. Sie unterstützen unser Unterbewusstsein dabei, die außergewöhnliche Situation zu verstehen.

Es ist an der Zeit, dass wir uns wieder an die großen Zyklen des Lebens erinnern. Denn wenn wir das Ende eines Lebensabschnitts feiern, können wir Altes verabschieden, und das Neue kann kommen. Dies geschieht, wenn wir Übergänge feiern und sie uns bewusst machen. Dazu gehören Geburtstagsfeiern, Familienfeste, Weihnachten, gemeinsamer Urlaub, Treffen mit Freunden, tägliche Mahlzeiten im Kreis der Familie, Gute-Nacht-Geschichten für Kinder. All diese Rituale sind verlässliche Ankerpunkte im Leben.

Frühere Generationen hatten zahlreiche Zeremonien und Rituale, die bei lebenswichtigen Übergängen gefeiert wurden. Einige sind bis heute erhalten. Schulkinder bekommen eine Schultüte, Konfirmanden einen neuen Anzug, und es wird ein Familienfest gefeiert. Früher gehörten sie nun zu den Erwachsenen. Konfirmandinnen steckten sich die Haare hoch und durften ab da nur noch lange Röcke tragen. Es gibt Verlobungs- und Hochzeitsfeste, Taufen und Geburtstage, dazu gehört immer ein Kuchen mit Kerzen. Es gab zahlreiche Jahreszeitenfeste und natürlich auch Beerdigungen. Diese Abschiedsrituale beinhalteten die Totenwache und das Trauerjahr, in denen Schwarz getragen wurde oder zumindest eine schwarze Armbinde. So konnte jeder erkennen, dass der andere emotional durch eine schwere Zeit des Abschieds geht. Sie ist erst zu Ende, wenn der Hinterbliebene ein Jahr lang alles das erste Mal allein erlebt hat. Diese Rituale waren verlässlich, und sie verbanden die Gemeinschaft miteinander. Jeder wurde gesehen, niemand wurde allein gelassen mit seiner Freude oder mit seinem Leid. Rituale verbinden jeden Menschen auch mehr mit der eigenen Mitte, denn er kennt seine Rolle, seinen Platz, und das gibt ihm ein Gefühl für sich selbst. Er kennt seinen Selbstwert und kann ihn weiter ausbauen, je mehr Vertrauen er in seine eigenen Fähigkeiten und Talente legt.

In unserer Zeit wurden Rituale über Bord geworfen. Dies betrifft fast alle Lebensbereiche und erzeugt bei vielen ein frei schwebendes Gefühl – sie fühlen sich wie ein Blatt im Wind, ohne Bodenhaftung. Der Grund, dass uns Rituale abhandengekommen sind, ist die einseitige Fokussierung auf den analytischen Verstand, für den Informationen, Fakten, Wissen, Daten, Werte, Statistiken und die Materie zählen. Da bleibt keine Zeit für Rituale. Doch das verunsichert und entmachtet uns. Der Verlust der Rituale beginnt schon ganz früh im Leben: in der Schwangerschaft. Das ungeborene Kind wird mit Ultraschall gescannt und ausgemessen. Der Mutterpass wird ausgestellt, und die Geburt findet im Operationssaal statt. Später in der Schule erhält das Kind laufend Bewertungen statt Ermutigung. Fehler werden rot hervorgehoben, und mit elf Jahren sind die Flügel der Kinder gebrochen: Neugier und Lebensfreude sind dem Leistungsdruck gewichen.

Der Fixpunkt für den Übergang ins Erwachsenenleben ist häufig mit 18 Jahren der Führerschein. In naturverbunden lebenden Völkern war dies der Zeitpunkt für eine Prüfung. Junge Männer mussten allein eine Zeit lang in der Wildnis leben, und junge Mädchen gingen in die Lehre bei einer Hebamme oder Heilerin. So bekamen die jungen Erwachsenen ein Maß für ihre eigenen Fähigkeiten. Gleichzeitig lernten sie ihre Grenzen kennen, die andere, ältere und erfahrenere Menschen leicht meisterten. Junge Erwachsene mussten sich seelischen Herausforderungen stellen, und dadurch wuchs ihr Selbstbewusstsein. Sie lernten auf natürliche Weise Demut und wurden durch Rituale stark.

Rituale haben einen tiefen Sinn, denn sie helfen, die Zyklen des Lebens bewusst zu erleben und sich eingebettet zu fühlen in etwas, das größer ist als unser persönliches Leben. So können wir innerlich leichter Ja sagen zu Geburt und Tod, zum Leben und Sterben. Den Tod zu akzeptieren ist nicht einfach. Doch das Leben bereitet uns darauf durch viele kleine Abschiede vor. Diese Erfahrungen und Veränderungen gehören zu jedem Leben.

Solange wir jedoch in Angst vor Veränderung leben, verpassen wir das Leben. Der Zauber dieses Moments verfliegt, ohne dass wir ihn bemerkt haben. Der Schmetterling ist da – und schon wieder weg.

Erst wenn wir die Angst, dass etwas Schlimmes passiert oder dass wir etwas verlieren könnten, hinter uns lassen, beginnen wir, dem Leben zu vertrauen, und vieles wird leichter. Erst dann leben wir wirklich. Genau dazu will uns unsere Seele bringen. Sie ist unsere treueste Verbündete. Sie ist immer bei uns und sendet uns hilfreiche Botschaften, die uns den Weg weisen. Manchmal ist es eine kleine Feder, die vor uns im Wind tanzt und ein Lächeln auf unsere Lippen zaubert. Das ist die Erinnerung daran, das Leben leichtzunehmen, es sich selbst zu überlassen und zu entspannen.

Mit Magie kannst du etwas verändern, was sich für dich nicht passend oder stimmig anfühlt. Natürlich bist du selbst immer ein Teil der Veränderung, denn du gibst den Impuls zu deinem Wunschzustand. Es wird nicht geschehen, dass sich um dich herum alles ändert, während du gleich bleibst. Mit der Magie beginnst du also bei dir selbst, etwas zu verändern. So gesehen ist ein magischer Fluch für andere nicht sinnvoll, denn danach geht es mir nicht besser. Was jedoch Sinn ergibt, ist ein magisches Heilungsritual, mit dem du in deine Kraft und Selbstbestimmung gelangst, oder eine magische Trennung von Dingen, Situationen oder Menschen.

Göttinnen werden magische Fähigkeiten zugesprochen, die sie an Frauen weitergeben.

Eine der vielschichtigsten Göttinnen ist die griechische Artemis. Sie stellt das Weibliche in allen Aspekten dar und repräsentiert den wilden, ungezähmten, unabhängigen Teil. Sie zeigt die Unbeherrschbarkeit von Mutter Natur, und darin liegt ihre Magie. Sie regiert über die Zyklen. Wenn du also eng mit der Göttin in dir verbunden bist, hast du ein starkes Gefühl für den richtigen Zeitpunkt. Du weißt, wann etwas getan oder gelassen werden soll, wann etwas reif ist, wann Neues gesät, gepflegt, geerntet und wann es Zeiten der Ruhe geben muss.

Baba Yaga, die russisch-slawische Urgöttin, reitet entweder auf einem eisernen Ofen, der auf Hühnerbeinen läuft, oder fliegt auf einem Mörser, den sie mit einem Mörserstößel lenkt. Ihre Spuren verwischt sie mit einem Besen, damit niemand weiß, woher sie kommt und wohin sie geht. Das ist eine zutiefst magische Handlung. Doch ihre wahre Magie liegt in ihren guten Ratschlägen und kostbaren Geschenken. Doch vorher stellt sie Mädchen und Frauen vor schier unlösbare Aufgaben, wie beispielsweise mit einem Topf ohne Boden Wasser zu schöpfen. Wenn du diese Aufgaben mutig löst, erhältst du Geschenke, die zunächst wertlos erscheinen, aber gerade das Schlichte, Schlechte und scheinbar Wertlose bringt das größte Glück. Du darfst dich nicht einschüchtern und verwirren lassen, sondern musst neu denken und bei den Geschenken ganz genau hinschauen. Darin liegt die große Magie dieser Göttin.

Cerridwen ist eine mächtige keltische Muttergöttin, die einen großen Kessel besitzt. Sie rührt die Ursuppe, aus der Leben, Tod, Wiedergeburt, Transformation und Inspiration entstehen. Ihr Kessel bringt aber auch Nahrung für Körper, Geist und Seele hervor, wenn du den nur der Göttin bekannten Zauberspruch aufsagst. Ihre Zaubersprüche und Weissagungen sind die mächtigste Magie, denn es gibt keine Fähigkeit, die nicht in ihrem Kessel gefunden wird. Die Magie der Cerridwen ist die richtige Mischung und der richtige Zeitpunkt, wann eine Zutat dem Ganzen zugefügt werden soll. Sie kennt die Zeit, wie lange etwas braucht, um gar zu werden und die Stärke der Hitze. Diese Magie besteht oft darin, geduldig zu sein und etwas auf kleiner Flamme köcheln zu lassen.

Auch die nordische Göttin Freya besitzt einen heiligen Kessel und die Magie der Verwandlung. Sie hat ein Schwanenkleid und einen Mantel aus Falkenfedern. Mit beiden Gewändern kann sie fliegen und sich in die entsprechenden Vögel verwandeln. Alle Magie soll ursprünglich von ihr stammen. Sie ist auch die Göttin des magischen Heilens. Sie befreit von Seelenstörungen und lehrt Frauen, aus dem eigenen Körper zu treten und mit der Nacht zu verschmelzen.

Hekate, die griechische Göttin, besitzt die Magie der Worte, die „Hekau", die „mütterlichen Worte der Kraft". Sie steht an Weggabelungen und hält drei gleichwertige Wege bereit. Ihre Magie entstammt der Intuition. In Krisen, bei Entscheidungen und dem Sprung ins Neue helfen nicht die Logik und der Verstand weiter oder das Erklärbare und Materielle. Um den richtigen Weg einzuschlagen, folge deinem „Bauchgefühl". Die Göttin Hekate ist bei dir, wenn du im Alltag mit deiner Intuition und Innenschau eng verbunden bist. Mit ihrer Hilfe kannst du dein Leben sinnvoll gestalten. Sie hilft dir, von innen her zu handeln und zu entscheiden. Mit ihrer Art von Magie kannst du Dinge hinter dir lassen, Altes abschließen und Neues beginnen.

Die ägyptische Selket heilte die Bisse und Stiche giftiger Tiere, speziell der Skorpione. Sie ist die Schutzgöttin der Heilkundigen, Zauberer und Hexen. Sie wird als große Magierin und Heilerin angesehen.

Du kannst die Magie der Göttin nutzen.

Die Grundvoraussetzungen für Magie sind Erkennen, Wahrnehmen, Benennen und Imaginieren.

Mit Magie willst du etwas verändern. Du möchtest Freude, Entwicklung, Gesundheit, Kraft, Freiheit, Liebe und Selbstbestimmung erleben. Wenn du feine Sinne hast, kannst du Magie wahrnehmen und weißt, dass es mehr gibt als die sichtbare Welt. Darum ist es wichtig, dass du den Grundzustand kennst, den du wandeln möchtest. Übe dich darin, Nuancen, Zwischentöne und feine Schwingungen wahrzunehmen, und vermeide gleichzeitig Urteile, feste Strukturen und Interpretationen. So erweiterst du deinen Handlungsspielraum. Je unterschiedlicher du wahrnehmen kannst, desto magischer ist dein Leben. Oft braucht es nur das, und andere magische Werkzeuge erübrigen sich.

Das, was du wandeln möchtest, sollte einen Namen bekommen. Sprich klar aus, was Sache ist. Gut ist es, dabei auch deinen Namen zu nennen. Also: „Ich, Beate, bin unzufrieden mit meinem Job. Ich wünsche mir …“ So erkennt dein Unterbewusstsein, dass Handlungsbedarf besteht. Das In-Worte-Fassen und Benennen ist wichtig, denn es zeigt, dass du die ernste Absicht hast, etwas zu ändern. Missstände auszusprechen besitzt oft schon eine unglaubliche Kraft. Nutze jedoch nur positive Worte, wenn du magisch arbeitest. Denn unser Unterbewusstsein versteht kein „Nicht“. Es klammert die Verneinung einfach aus. „Ich will nicht länger in diesem Job bleiben“ wird zu dem inneren Signal: „Ich will länger in dem Job bleiben.“ Dann hättest du es wirklich schwer, dein Ziel zu erreichen!

Machtvolle Frauen halten mit dem, was sie wahrnehmen, nicht hinterm Berg. Sie sprechen ihr Unbehagen, ihre Sorgen, ihren Kummer und Schmerz aus. Dadurch setzen sie anderen Grenzen und zeigen Zivilcourage. Du weißt, was du willst, und stellst dir die gewünschte Situation vor. Doch oft machst du dich noch klein und gibst dich mit der zweiten Wahl zufrieden.

Ab jetzt nutzt du deine Visionskraft, erweiterst den Raum um dich und lädst die Fülle und Intuition in dein Leben. Dann kann das Undenkbare, das Wunderbare, Platz bei dir bekommen. In der schamanischen Tradition nennt man diese wichtige Phase „Traumzeit“. Du umkreist dein herbeigesehntes, wunderbares Leben mit all den neuen Möglichkeiten und betrachtest es aus allen Richtungen. Du malst es dir in den schillerndsten Farben aus. Es ist wirklich hilfreich, wenn du dir eine Collage bastelst und sie so aufhängst, dass du sie oft siehst, sie jedoch vor fremden Blicken geschützt ist. (Das ist in Coronazeiten nicht schwer!) Achte jetzt besonders auf deine Träume. Fülle die Mitte deines Lebens mit Gesundheit, Wohlbefinden, Liebe, Freundschaft und kostbaren Gaben. Beginne zu fantasieren, spinne Seiden- und Gedankenfäden und denke in großen Zusammenhängen.

Du kennst tägliche Magie. Wenn du lächelnd und dankbar durch den Tag gehst und das tust, was dir ein gutes Gefühl gibt, achte einmal darauf, was dir begegnet. Nun denke an den letzten Tag, an dem du grummelig und missmutig warst. War das nicht genau der Tag, an dem du einen wichtigen Termin verpasst hast, an dem das Auto nicht ansprang und an dem du deinen Schlüssel verloren hast? Es war ein richtig mistiger Tag, an dem alles ohne dein Zutun schieflief.

Das sind Hinweise. Die moderne Psychologie nennt es das „Spiegelgesetz“. Das besagt, dass alles, was in deinem Leben auftaucht, ein Spiegel deines Bewusstseins ist. Das Äußere spiegelt dein Inneres. Oder anders ausgedrückt: All die Umstände, Begegnungen, Situationen zeigen dir, wie deine Magie funktioniert, damit du dein Potenzial entwickelst, deine

Macht erkennst und dein wahres Wesen verwirklichst. Weise Frauen und Göttinnen wissen, dass es nicht um die äußeren Dinge geht, sondern immer um ein Spüren in mir selbst.

Und ganz wichtig: Es geht nie um Schuld! Die können wir in den Wind schießen. Es geht darum, Erkenntnisse zu gewinnen.

Dazu gibt es einen magischen Satz:

„Wenn ich es hätte besser machen können, dann hätte ich es besser gemacht."

In dir ist eine leuchtende, strahlende göttliche Essenz. Darum machst du niemals etwas bewusst schlechter, als du es kannst. Das, was du tust, ist dir gerade möglich. Wir sind Menschen und lernen. Das zeigen uns kleine Kinder, wenn sie laufen lernen. Wie oft fallen sie hin, stoßen sich, und wie unfassbar glücklich sind sie über ihre ersten selbstständigen Schritte! Lernen geht über Üben und Sichentwickeln. Wir üben gemeinsam, bis wir zur Heldin und Meisterin werden und die Göttin in uns entdecken!

Magie bedeutet, dass du wach und offen bist und die Energie der Umgebung nutzt. Wenn du zum Beispiel heute ein magisches Ritual machen möchtest, und es fängt plötzlich an zu regnen oder du stellst fest, dass du all deine wichtigen Unterlagen verlegt hast: Sind das Gründe, auf dein Vorhaben zu verzichten? Eher nicht! Du kannst sie einfach als Hinweise sehen, als Aufforderung, dass du kreativ werden sollst und improvisieren kannst. Dann beziehst du den Regen mit ein und vielleicht auch die Menschen, die gerade da sind.

> *Als ich einen Medizinrad-Workshop in einem Naturschutzgebiet anbot und wir an dem ausgesuchten Ort ankamen, trainierte dort eine Hundeschule. Doch wir*

fanden schnell einen gut geschützten, schöneren Platz. Als ich indianische Musik abspielen wollte, klappte die Technik nicht, denn jemand hatte unbemerkt die Batterien aus dem Gerät genommen. Wir machten stattdessen eine schamanische Reise, und es wurde ein wunderbarer, inspirierender Tag. Denn ich ließ alle Konzepte hinter mir und ging ins Fühlen. Ich spürte, was das Thema des Tages war und was die Teilnehmerinnen brauchten. Das hat uns alle einander nähergebracht und gemeinsam beflügelt.

Das zeigt: Magie ist immer eng verbunden mit der jeweiligen Situation. Was heute stimmt, kann morgen schon wieder ganz anders sein, weil sich ständig etwas verändert und Zyklen unterworfen ist. Es gibt also keine absolute Wahrheit, keine „perfekte" Lösung oder den „einzig richtigen Weg".

Wenn dir jemand sagt,
dass es auf eine Frage
nur eine einzig richtige Antwort gibt,

wenn ein Ritual nur wirkt,
wenn du es so
und nicht anders durchführst,

wenn strikte Regeln einzuhalten sind,

wenn du gegen,
anstatt mit dem Uhrzeigersinn
getanzt hast,

wenn du
statt eines magischen Gegenstandes
deine Lieblingstasse genommen hast,

wenn du die magische Zauberformel
vergessen hast
und stattdessen deine Worte benutzt,

wenn du dich in Abhängigkeit begeben
musst zu Menschen,
die angeblich „weiter“ sind als du:

Dann nutze
deinen gesunden Menschenverstand
und folge deinem inneren Gefühl!

Was du für Magie wirklich brauchst, ist die Erde unter deinen Füßen. Deine Hände, um in den Himmel zu greifen, der übrigens genau über dem Erdboden beginnt. Du brauchst vielleicht etwas Spucke, denn sie enthält alle Informationen deines ganzen Wesens. Außerdem brauchst du eine klare Absicht und offene wache Sinne. Mehr ist nicht notwendig, um die Not zu wenden.

Bei Magie und im täglichen Leben geht es darum, in die eigene Verantwortung zu steigen, Ruhe zu bewahren und den Mut zu haben, um auf die veränderten Umstände angemessen zu reagieren. Es geht darum, alle Sinne offen zu halten, den Tatsachen ins Auge zu blicken, Fantasie zu entwickeln, auf Unerwartetes gefasst zu sein, weise und entschlossen zu handeln und sich in Hingabe, Flexibilität und Demut zu üben, wenn die magischen Ergebnisse anders ausfallen, als du erwartet hast.

Impuls:

Stell dir vor, du kämst gerade aus dem All auf unsere Erde, und du hättest ein ganz anderes Gesicht. Wie würde dein Sternengesicht aussehen?

Unser Gehirn kann mit Bildern und Symbolen sehr viel anfangen. Du kannst das nutzen, was die Kraft in sich trägt, die du gerade brauchst. Möglicherweise denkst du an eine Göttin, die ein bestimmtes Kraftfeld besitzt durch die vielen Gedanken, Gefühle und Eigenschaften, die ihr zugesprochen werden.

Wenn du Wasserfarben nutzt, bringen sie vieles ins Fließen. Die Himmelsrichtungen drücken bestimmte Eigenschaften aus – der Osten: heller Sonnenaufgang, Süden: üppiges Grün und bunte Blumenwiesen, Westen: Fülle und Erntezeit, Norden: Ruhe, Kälte, Erneuerung. Ein Krafttier kann dir besondere Eigenschaften und magische Fähigkeiten beibringen. Rufe es in dein Leben und sieh, wie es Probleme löst.

Bastele dir eine Maske aus dicker Pappe, die du mit vielem beklebst, was du hast oder schön findest. Sei eine Göttin, der alles möglich ist. Zeige dein wunderbares, kraftvolles, wahres Gesicht!

Wie fühlst du dich?

Du fragst dich:
„Was ist, wenn ich Angst habe, weil ich nicht weiß, was sich zeigt?“

Die Göttin antwortet:
„Erinnere dich:
Angst ist ein Gefühl, dass dich vor Gefahren warnt, wenn du neue Wege wagst.
Die Angst sagt: Kehre um, du könntest dich verlaufen.
[...]
Wenn du aber deinen Blick hebst und auf den Horizont schaust,
flüstert deine Seele: Sei mutig, du könntest lernen zu fliegen. [...]“

Die magische Energie der Gemeinschaft

Wildgänse zeigen uns die Kraft der Gemeinschaft. Sie repräsentieren das geballte Erfahrungswissen der Ahnen, wenn sie zu Tausenden übers Dach fliegen. Sie finden ständig eine neue Ordnung und fliegen doch immer in Pfeilformation.

Die Geburt eines Kindes ist bedeutend, nicht nur für die betreffende Frau, die ihren Körper zur Verfügung stellt und neun Monate ihre urweibliche Schöpfungskraft spürt, bis sie an die Schwelle tritt und einem Kind das Leben schenkt. Eine Geburt ist auch immer bedeutsam für eine Familie und Gemeinschaft, deren Fortbestand durch jedes neue Leben gesichert war. Das Thema ist so alt wie die Menschheit. Jahrtausende lang wurde Frauenwissen um alle Lebensphasen eines Mädchens und einer Frau, um Fruchtbarkeit, Schwangerschaft und Geburt von einer Generation zur nächsten weitergegeben. Von Müttern an ihre Töchter, von erfahrenen Hebammen an junge geburtskundige Frauen, von weisen Alten an die Jungen. Frauen, die schon geboren hatten, unterstützten Erstgebärende. Junge Mädchen nahmen an Ritualen teil, hatten bestimmte Aufgaben bei der Geburt und wurden so in das uralte Wissen eingeweiht. Ganz praktisch erfuhren sie an vielen Beispielen von den Vorgängen und den überwältigenden Eindrücken einer Geburt für eine Frau. Sie erlebten, dass das Weitertragen des Lebens zu bewältigen ist und unglaublich viel Frauenkraft birgt.

Gerade für Völker, die mit der Natur und deren Zyklen leben, war die Verbindung zu Mutter- und Schöpfungsgöttinnen ganz selbstverständlich. Sie verstanden sich als Teil der

Natur, und es entsprach ihrem ganzheitlichen Weltbild, dass die gesamte Schöpfung aus einem weiblichen Schoß entstanden ist. So wie jedes Kind aus dem Schoß seiner Mutter seine Lebensreise antritt und am Ende dieser Reise zurückkehrt in den Schoß der großen Erdmutter. Diese Gedanken haben etwas sehr Tröstliches und Sinnstiftendes. Zehntausende Jahre haben Menschen so gelebt und in ihren Ritualen die ursprüngliche Mutter gefeiert und geehrt.

Jede Frau, die schon einmal an der Schwelle stand, indem sie Leben schenkte, selbst dem Tod nah war oder Sterbende begleitet hat, weiß um den wunderbaren Zauber des Lebens. Du kennst Momente der Zeitlosigkeit und des tiefen Friedens. Du erlebst, wie das Leben eingebunden ist in etwas viel Größeres. Eine Gebärende ist persönlich tief bewegt durch die Wellen der Wehen und die Geburtserfahrung. Indem sie ihren Körper zur Verfügung stellt, ist sie gleichzeitig ganz tief verbunden mit all den Frauen und Ahninnen, die seit Jahrmillionen das Leben weitergegeben haben. Das physische Erlebnis einer Geburt verändert jede Frau grundlegend. Einerseits fühlst du deine unglaubliche Stärke – und anderseits bist du erfüllt von Demut vor dem Mysterium, Leben geschenkt zu haben. Schaust du dein Neugeborenes an, erkennst du, dass dieser kleine Mensch viel mehr ist als nur ein Körper. Das Baby atmet, bewegt sich und schaut dich mit wissenden Augen an. Intuitiv weißt du: Mein Neugeborenes hat eine Seele, vom ersten Atemzug an. Sein magischer Seelenvogel ist gelandet.

Das Leben mit dem neuen Menschen, der gerade auf die Welt gekommen ist, wird anders sein als das Leben zuvor. Das Baby beeinflusst das Leben jedes Einzelnen in der Familie stark, genauso wie es der Tod eines geliebten Menschen tut. Im Sterbezimmer ist eine ganz besondere Atmosphäre.

Der Mensch auf dem Bett atmet mühsam, kann nicht mehr sprechen oder die Augen öffnen. Er ist kaum mehr in seinem Körper anwesend. Gleichzeitig ist im Raum etwas Magisches, überaus Friedvolles, etwas Körperloses. Diese stille, dennoch kraftvolle Präsenz strahlt große Macht aus. Sie ist bedingungslos liebend, zeitlos, unendlich geduldig. Vielleicht ist ein Engel da, wenn der sterbende Mensch bereit ist, dieses Leben loszulassen und mit ihm zu kommen. Möglicherweise ist es die unsterbliche Seele, die auf Reisen geht. Nach altem Brauch öffnen die Hinterbliebenen das Fenster, damit der Seelenvogel in die Freiheit fliegen kann.

Sobald wir unsere Eltern in den Tod begleitet haben und sie zurückgekehrt sind in den Schoß der Mutter Erde, wissen wir um unseren Seelenvogel. Der Schmerz über den Verlust der Sicherheit und Geborgenheit unserer Ursprungsfamilie bringt uns ganz nah an unsere tiefsten Gefühle. Der Tod erinnert uns daran, wie kostbar unsere eigene Lebenszeit ist. Deshalb sollten wir nicht zu bequem sein, sondern unsere verborgenen Werte hervorlocken und leben.

Unsere moderne Gesellschaft besteht aus isolierten Einzelwesen. Das ist uns besonders in der Pandemie bewusst. Es gibt Tausende in jeder Stadt, die allein leben. Sie sind zwar oft beschäftigt, doch viele sind einsam. Sie sitzen vor ihrem Computer und sprechen mit Menschen auf der anderen Seite der Erde, doch sie kennen ihre Nachbarn nicht. Ganz besonders schwer ist es für die alten Menschen, die fern von ihren Enkeln leben und ihnen nichts erzählen können.

Jeder von uns ist ein einmaliges, unverwechselbares Einzelwesen, und zugleich gehörst du zu anderen Menschen. Du lebst mit anderen zusammen, wir bilden Familien, Gemeinschaften, Staaten. Du und ich gehören der Menschheit an, und wir alle müssen ein Gleichgewicht finden, um uns gegenseitig zu stärken und zu fördern, um Entscheidungen zu treffen und gemeinsam zu handeln. Die alten Völker sprechen dann von dem Segen des Kreises und davon, dass Gemeinschaft nur im Kreis entsteht. Keiner sitzt vorne, keiner hinten, im Kreis kann jeder dem anderen in die Augen sehen. Niemand schaut auf den Rücken seines Vordermannes. Niemand kann dir in den Rücken fallen oder hinter deinem Rücken schlecht über dich sprechen. Du kannst auch nicht hinterrücks handeln oder hinter jemandes Rücken über andere herziehen. Im Kreis ist niemand allein, alle sind miteinander verbunden. Im Kreis wirst du wertgeschätzt und geachtet. Der Kreis hebt deinen Geist. Er ist eine Zeremonie in sich selbst, denn hier wird Gemeinschaft Wirklichkeit. Im Kreis ist jeder mit jedem verbunden. Er hat weder Anfang noch Ende.

Durch den Verlust der Kreise gehen wichtige Rituale verloren, die Menschen ein Gefühl der Verbundenheit geben. Sie wurden ersetzt durch gerade Linien und das Rechteck. Früher waren Rituale in der Familie selbstverständlich, denn sie bestimmten den Lebensrhythmus jedes Einzelnen. Dazu gehörten beispielsweise täglich gemeinsam eingenommene Mahlzeiten, Treffen mit Freunden, Jahreszeitenfeste, Vorleserituale, gemeinsamer Urlaub, Geburtstagskuchen und Geschenke, das Bauen eines Kaninchenstalls, Zelten in der Natur. All diese Rituale bauen Inseln der Zusammengehörigkeit und Geborgenheit. Denn sie sorgen dafür, dass jeder gesehen und gehört wird und wichtig ist. Ganz von selbst entwickeln sich gegenseitige Achtung, Dankbarkeit und Wertschätzung für das, was der andere in die Gemeinschaft einbringt. Einer kann gut Teiche und Hochbeete im Garten anlegen und ist Fischexperte. Der andere kennt sich gut aus mit Politik, Geschichte und Kampfsportarten. Eine kann von ihren Abenteuerreisen in ferne Länder und von besonderen Begegnungen erzählen und ist Marketingspezialistin. Eine andere singt, macht Musik und richtet Wohnungen völlig unkonventionell und schön ein. Einer kennt sich mit IT und Meditation aus und weiß von uralten Pilgerwegen. Eine lebt im Ausland und berichtet von ganz fremden Denk- und Verhaltensweisen. Diese einmalige Mischung trifft sich in einer einzigen Familie und lässt komplexe Zusammenhänge entstehen. Sie bereichert das Leben jedes einzelnen Mitglieds, aber auch deren Freunde. Dieses kleine Familienuniversum zieht Kreise. Wie ein Stein, der in einen See geworfen wird.

Wie viel kann dann eine große Gruppe von Menschen gemeinsam bewirken!

Wir können Teamgespräche im Kreis anregen, in Meeting-Räumen können sich die Manager im Kreis begegnen, und wir können unsere Kinder im Kreis unterrichten und ihre wichtigen Fragen beantworten. Das würde dazu führen, dass sich alle in die Augen sehen und mit geradem Blick aufeinander zugehen, anstatt Gegner zu suchen und sich gegenseitig in den Rücken zu fallen. Dies kann geschehen, wenn jeder sein Misstrauen aufgibt und den anderen als Teil seines Kreises sieht.

Seit Tausenden von Jahren haben naturverbunden lebende Völker so gehandelt und großes Wissen über die Weisheit der Kreise angesammelt. Meine indianischen Lehrer sprechen von uraltem Medizinradwissen. Es wird Zeit, dies wieder zu beleben, damit wir uns von Seele zu Seele begegnen und gemeinsam gute Entscheidungen treffen.

Es gibt Praktiken und Rituale, die sich im Laufe der Zeit bewährt haben und darum in allen großen Religionen zu finden sind. Sie sind aus dem tiefen menschlichen Bedürfnis entstanden, Kontakt zur unsichtbaren Welt und zur eigenen Seele zu haben. Auch wenn in unserer Gesellschaft Spiritualität und Wissenschaft als Gegensätze gesehen werden, zeigen Studien, was genau passiert. Es zeigt sich zum Beispiel, dass dankbare Menschen besonders glücklich sind. Dass sich in der Meditation das vegetative Nervensystem entspannt. Dass sich Menschen in der Natur erholen und ihren eigenen Rhythmus wiederfinden. Die Wissenschaft bestätigt auch immer häufiger die Wirksamkeit von Pflanzenmedizin und alten Heilweisen. Auch gemeinsames Singen und Beten erhöht die Schwingungsfrequenz. Denn wenn sich der Verstand auf etwas Positives konzentriert, geht es uns besser. Schon immer waren Rituale wichtig für Menschen. Der Zauber von Ritualen besteht darin, dass Menschen lange Zeiträume überbrücken und sich mit den Menschen verbinden, die diese Handlungen auf gleiche Weise früher ausgeübt haben. So verstärken sich die Absichten des Einzelnen und schaffen einen Gleichklang und eine besondere Atmosphäre. So wie in Kirchen auch eine bestimmte Stimmung entsteht durch die Gebete von vielen tausend Menschen über lange Zeiträume.

All diese Wege zeigen wertvolle Spuren unserer Ahnen, die für uns zu einer Lichtschnur in die Zukunft sein können. Die Zeit, sich zu verstecken, ist vorbei! Es ist Zeit, wir selbst zu sein und uns so anzunehmen, wie wir sind. Wir können uns erlauben, uns mit unserer Einzigartigkeit zu zeigen. Die Kraft von uns allen wird benötigt, um uns zu heilen und damit den ganzen Planeten zurück in die Balance zu bringen. Das können wir nur gemeinsam erreichen. Die Dinge beschleunigen sich, sodass vieles möglich wird: Gesundheit, Frieden und Fülle sind möglich und ansteckend. Dies geschieht, wenn wir uns zusammentun, gemeinsam ein Ziel anstreben und unsere Fähigkeiten verbinden, sodass sie sich ergänzen. Oder indem wir gemeinsame Zeremonien durchführen. Dann kann sich sehr vieles ändern und können grundlegende Transformation stattfinden.

In einer Gruppe kann jeder viel leichter Schmerzen, Wunden, Blockaden und Probleme transformieren. Das haben unsere Vorfahren gewusst. In allen Kulturen gab es Heilkreise und Feuerzeremonien, in denen der Clan seine Energie sammelte und die gemeinsam erzeugte Kraft für Heilung einsetzte. Alle Jäger, Sammler, Geschichtenerzähler, Schamanen und Gruppen versammelten sich im Kreis um das Feuer, um gemeinsam zu essen, sich auszutauschen, zu tanzen, zu singen, zu feiern, um Rat zu halten und zu heilen.

Wenn sich Menschen treffen, erzeugen sie alle zusammen eine viel größere Kraft als jeder für sich allein.

Sanfte Magie der neuen Zeit

Heilsames Seelengeflüster vor dem Spiegel

Ich bin deine Freundin auf dieser Reise, und ich möchte dich daran erinnern, wie mächtig deine Worte sind. Sie haben die Kraft, dass die, die am Boden liegen, wieder tief atmen, die Augen öffnen, neuen Mut fassen und aufstehen. Deine Worte haben die Kraft, Klarheit zu schaffen, Sichtweisen zu ändern, neue Möglichkeiten zu eröffnen und Herzschmerz zu heilen. Das ist die eine Seite. Doch jede hat auch schon einmal die Erfahrung gemacht, dass Worte auch wie Schwerter sein können, die trennen, Beziehungen zerschneiden und das Licht verdunkeln.

Die liebevolle Göttin zeigt dir Wege, wie du die Person werden kannst, die ihr ganz nah ist. Sie bittet dich darum, dass du deine Wahrheit sprichst, dass du offen und mit Mitgefühl zuhörst und, wenn du dich im Gespräch angegriffen fühlst, eher auf das hörst, was dein Gegenüber braucht und nicht auf seine Worte reagierst.

Vielleicht merkst du schon, dass du jetzt einen Teil von dir kennenlernst, den du bisher noch nicht kanntest. Wachstum ist immer ein bisschen oder sehr unangenehm. Du musst einfach Ja sagen zu dir selbst, damit du weiter in dein weibliches göttliches Bewusstsein wächst. Dazu ist es notwendig, dass du fest verwurzelt bist in deinen Überzeugungen und in der Bereitschaft, deinen inneren Widerstand zu überwinden. Denn es geht darum, dass du authentisch bist. Damit ist nicht nur Ehrlichkeit gemeint, sondern Präsenz! Ich meine damit deine nackte Wahrheit. So wie du bist, wenn niemand in der Nähe ist, und so wie du bist unter Leuten. Wenn dazwischen kein Unterschied besteht, bist du authentisch. Einfach du.

Um authentisch zu sein, müssen wir all die Schichten ablegen, die unsere tiefste Wahrheit verdecken.

Wir müssen all die alten verstaubten Muster, die sagen, du musst etwas beschützen, verbergen, verteidigen, beweisen oder verstecken, hinter uns lassen. Sie liegen in vielen Schichten um deine Essenz und verdecken das Licht der strahlenden Göttin.

Ich habe viele Jahre damit zugebracht, um die „Ich-bin-nicht-wichtig-Schicht“ abzutragen. Ich war unglaublich lange schüchtern und musste die Schicht, die lautet „ich darf anderen nicht ihre Zeit stehlen“, hinter mir lassen. Neige ich dazu, etwas zu beschützen? Meine Themen sind ganz sicher das Wohl von Kindern und Frauen. Ich kann sie inspirieren und Verantwortung übernehmen, wenn es sinnvoll ist. Ich muss nichts beweisen!

Denn es gibt nichts an mir, das in seiner Unvollkommenheit nicht perfekt und schön wäre. Sobald ich meine Unvollkommenheit akzeptieren kann, ist sie es, die mich perfekt macht. Wir beide und viele mit uns sind auf dem Weg, die beste Version von uns selbst zu leben und der Göttin immer näher zu kommen. Und das erfordert großen Mut! Denn wir zeigen uns transparent, mit unserer Unvollkommenheit und mit unserer Großartigkeit. Wir alle tragen helle und dunkle Anteile in uns. Sobald wir dazu stehen, sind wir frei. Wir sind verwundbar, haben Probleme und Ängste, machen dumme Fehler, aber wir kennen auch große Freude, Glück, Freundschaft, Schönheit und Liebe. Wir haben nun keine Angst mehr, uns in unserem Zusammenbruch und in unserer Erhabenheit zu zeigen. Wir alle sind Menschen. An anderen interessiert uns weniger, wie toll und erfolgreich sie sind. Viel interessanter ist das persönliche Unperfekte, Ungeschminkte, das Scheitern. Und der Weg, wie sie aus ihrem persönlichen Tal in die Freiheit und Kraft gefunden haben. Meine Geschichte gehört zu mir, deine gehört zu dir, und sie macht dich ganz und vollständig.

Und hier kommt das wunderbare Geschenk:

Wenn du dich mir authentisch und präsent zeigst, bricht etwas in mir auf, denn du zeigst dich in deiner Zartheit und Verletzlichkeit. Und ich kann dich erkennen. Es entsteht eine Verbindung zwischen deinem und meinem Herzen. Nun möchte ich dir etwas von mir geben, das Schönste und Seltenste. So beginnt eine Aufwärtsspirale für uns beide. Du gibst etwas, ich gebe etwas mehr. Du gibst etwas mehr, als ich gab. So geht es weiter. Du kennst es von Verliebten. Sie erforschen und beglücken sich und schweben im siebten Himmel, solange sie sich wirklich füreinander öffnen und das Risiko eingehen, sich verletzlich zu zeigen. Wir gewinnen beide an Energie und Möglichkeiten.

Der Weg dahin erfordert von dir, dass du bereit bist, all die Schichten abzutragen von der Person, die du warst, und dir laut zu vergeben. Das verlangt, dass du das perfekte Kleid von „Alles ist in Ordnung“ ausziehst und aufhörst vorzutäuschen, dass du von all dem, was dich zu Boden geworfen hat, nicht zutiefst betroffen bist. Es kostet dich mit Sicherheit Überwindung, dieses Risiko einzugehen und ganz authentisch zu sein. In der folgenden Übung bist du einfach du selbst und sprichst deine Wahrheit. Schaffe dir einen sicheren Raum dafür. Schließe das Bad ab und lasse das Wasser laufen, sodass dich niemand hört. Dieses heilige Ritual gehört nur dir. Es wird dich völlig verändern, und du wirst spüren, wie dir die Göttin vertrauter wird und näher in dein Leben kommt. Dein Tiefpunkt, an dem du auf dem Boden lagst und dich nur kriechend vorwärtsbewegen konntest, wird zum Gehen, dann beginnst du zu laufen, zu rennen, und dann hebst du ab.

Das Ritual: Frauengeflüster vor dem Spiegel

Ich möchte, dass du in den Spiegel schaust und drei Sätze vervollständigst, mit sieben unterschiedlichen Satzendungen. Diese Übung solltest du 30 Tage lang machen. Dann sind sie in deinem Unterbewusstsein verankert. Du kannst sie natürlich auch über einen längeren Zeitraum üben und sie zu deiner täglichen Routine machen. Beginne jeden Satz mit deinem Namen und sprich ihn liebevoll aus, so als würdest du mit deiner besten Freundin sprechen, und schau dir in die Augen!

1. Sag deinen Namen: ..., ich bin stolz auf dich, dass du ...

Schau dir im Spiegel in die Augen, und vielleicht hast du sofort Tränen in den Augen, weil es so unglaublich lange her ist, dass du bei dir warst. Du hast dich auf die Bedürfnisse anderer konzentriert, aber du warst nicht in dieser tiefen Weise bei dir. Sag also deinen Namen und all das, auf das du stolz bist. Für so vieles hast du dich nicht gelobt und gefeiert und Anerkennung gegeben. Aber ganz sicher hast du vieles richtig gut gemacht! Als ich diese Übung das erste Mal machte, kamen ganz alte Sachen hoch. „Jutta, ich bin stolz, dass du oft in der Schule Klassensprecherin warst." Dann sagte ich Dinge wie: „Jutta, ich bin stolz, dass du heute in den Spiegel schaust." „Jutta, ich bin stolz, dass du immer bereit bist, Neues zu lernen." „Jutta, ich bin stolz, dass du täglich daran arbeitest, eine gute Mutter zu sein." „Jutta, ich bin stolz, dass du bereit bist, um Hilfe zu bitten."

Worauf bist du stolz?
Der zweite Satz könnte dich in die Knie zwingen. Vielleicht kannst du ihn anfangs nur flüstern, aber nach Tagen und Wochen wird es leichter. Du kannst ihn klar und laut aussprechen. Es ist unwichtig, wie du beginnst. Wichtig ist, dass du weitermachst!

2. Sag deinen Namen: ..., ich vergebe dir, dass du ...

Nutze wieder sieben unterschiedliche Satzendungen und sage Dinge, von denen du dachtest, du würdest sie nie aussprechen und mit ins Grab nehmen.

„Jutta, ich vergebe dir, dass du in einer Beziehung geblieben bist, als du längst wusstest, dass es Zeit war zu gehen." „Jutta, ich vergebe dir, dass du Ja statt Nein gesagt hast, nur damit dich die Leute mögen." ... Vergib dir sieben Dinge!

3. Sag deinen Namen: ..., ich verspreche dir, dass ...

„Jutta, ich verspreche dir, dass ich nur Ja sagen werde, wenn ich Ja meine, und ich werde Nein sagen, wenn ich Nein meine." „Jutta, ich verspreche dir, dass ich meiner Intuition folgen werde." „Jutta, ich verspreche dir, dass ich deine beste Freundin sein werde."

Du kannst gerne die Sätze verwenden, die ich irgendwann einmal gesagt habe. Du kannst jeden Tag dieselben Sätze nehmen oder andere. Aber es müssen sieben unterschiedliche Endungen sein. Es ergibt Sinn, dass du morgens vor dem Spiegel übst, bevor du in den Tag startest. Beobachte, wie dich diese kraftvolle Übung öffnet und klärt. Sie bewirkt einen inneren Hausputz. Du reinigst deinen Tempel, sodass du die Göttin in Würde empfangen und eintreten lassen kannst.

Notiere in deinem Tagebuch drei Dinge, die dir während der Spiegelübung bewusst geworden sind, die dich getroffen haben. Dadurch behältst du deine Authentizität im Auge. Diese Übung wühlt auf, fordert heraus und lockt deine Transparenz und Wahrheit hervor. Du spürst all dies im Solarplexus und Schoßraum, in dem sich dein neues Ich formt, um geboren zu werden. Nimm deine dunklen sowie deine hellen Seiten an, voller Sicherheit, Authentizität und Kraft. So kannst du andere dazu inspirieren, ihre eigene Wahrheit zu leben.

Ich bin stolz auf dich, dass du zu dir selbst und deiner schönsten, göttlichen Vision Ja sagst. Sie ruht tief in deinem Herzen. Ich bin stolz auf dich, dass du durchhältst und diese Aufgabe machst. Ich bin stolz auf dich, dass du mir erlaubst, mit deiner Wahrheit und inneren Göttin in Kontakt zu treten.

Impuls: Der schönste Klang

Mutter Erde wurde früher nur unter Frauen – wenn sie unter sich waren – Gaia genannt. Dies hatte mit einem Kult zu tun. Denn Namen sind magische Formeln der Macht. Diesen Namen der Göttin kannten nur eingeweihte Frauen.

Der schönste Klang für dich ist dein Name. Es ist die Schwingung, die zu dir passt. Dein Name gehört zu dir. Wenn du ihn hörst, weißt du, dass du gemeint bist. Du wirst gesehen, du wirst wahrgenommen, du gehörst dazu und bist wichtig. All das macht dich glücklich, denn es gibt dir Geborgenheit und drückt Wertschätzung aus. Darum ist dein

Name der schönste Klang für dich.

In Seminaren rege ich deshalb in der Vorstellungsrunde häufig an, dass wir dreimal den Namen jeder einzelnen Teilnehmerin laut aussprechen. So kann sich jede im Kreis der Gemeinschaft willkommen und sicher fühlen und sich entspannen. Dies zeigen die leuchtenden Augen. Oft ist dies ein magischer Moment. Da es ungewohnt ist, den eigenen Namen so wertschätzend zu hören, ruft dieses Ritual zuerst manchmal Scheu hervor, aber dann wird es mit zunehmender Freude in die Länge gezogen.

„Geliebte Tochter, wenn ich dich sehe, freue ich mich wie am allerersten Tag, als ich dich geboren habe und in den Armen hielt! Du bist so schön! Du riechst so gut. Du strahlst das göttliche Licht aus und bist vollkommen. Du bist ein Lichtwesen und besitzt jetzt einen Körper, meine geliebte Tochter. Ich umarme dich und hülle dich in einen Mantel aus Liebe. Du bist gesegnet, mein Sternenkind, denn ich bin immer bei dir. Ich bin die Göttin, die Große Mutter."

Die tägliche Lichtdusche

Du brauchst dazu nichts weiter als eine Dusche oder eine Zeit für dich allein, in der du ungestört bist und dir vorstellst, du würdest unter einer Dusche stehen. Oder du machst allein einen Spaziergang im Regen.

Inzwischen weißt du, dass kostbares Wissen geschenkt wird und oft erstaunlich einfach ist. Du kannst dieses Ritual also real unter der Dusche machen und dir vorstellen, dass das Wasser warmes, weiches Licht ist. Oder wenn du gern kalt duschst, ist es der erfrischende Wasserregen eines klaren, reinen Wasserfalls. Dieses Licht, das auf dich herabregnet, besteht aus purer Heilenergie, die wie goldener Honig an deinem Körper herabperlt. Sie tut dir unglaublich gut und reinigt dich nicht nur, sondern nimmt auch alle Verspannungen von dir. Genieße dieses wunderbar geborgene Gefühl!

Das heilsame Licht ist aber auch so fein und zart, dass es durch deine Haut in deinen Körper fließt. Du fühlst dich von dieser göttlichen Energie mütterlich umarmt und gesegnet. Die reine Heilenergie durchleuchtet dein Gehirn und erinnert all deine Zellen an ihre ursprüngliche Schwingung. Das goldene Licht fließt in deine Stirn, hinter deine Augen, in deinen Kiefer, den Hals hinab, in deine Schultern, und du entspannst dich jede Sekunde mehr. Auf seinem Weg löst das Wunderlicht alle dunklen Flecken, Verspannungen und Stresspunkte auf. Es fließt nun weiter in dein Herz, öffnet deine Herzenstüren und füllt deinen gesamten Herzraum mit reiner, bedingungsloser Liebe. Das ist so unendlich befreiend und wunderbar! Die Heilenergie füllt deine Arme und Hände. Sie erreicht deinen Bauch und füllt deinen Solarplexus mit reinem goldenem Licht. Es strömt in deinen Schoßraum und nimmt dort alles mit, was du leicht loslassen kannst. Manchmal sind es uralte Energien, die sich dort festgesetzt hatten und die sich jetzt ganz einfach auflösen. Das Licht fließt deine Beine hinab in deine Füße und sammelt sich dort. Was du nicht aufnehmen kannst, schenkst du Mutter Erde. Sie verwandelt alles. Für sie ist es ein Geschenk aus reiner Energie.

Mit dieser täglichen Zeremonie kannst du dich wunderbar selbst heilen und die Göttin in dein Leben rufen. Deine körperlichen Symptome, deinen Ärger und deine Wut gibst du verwandelt zurück zur Großen Mutter. Letztendlich sind deine Gefühle einfach nur Energie. Diese Energie kehrt nach dem Ritual verwandelt und gereinigt zu dir zurück. Du hast das, was du der Heilkraft geschenkt hast, nicht verloren! Es gehört noch immer dir, doch diese Kraft zeigt sich jetzt vielleicht als Dankbarkeit oder mehr Lebensfreude. Mit dieser neuen Energie kannst du Samen der Hoffnung säen.

Unser Gehirn kann immer nur ein Gefühl gleichzeitig verarbeiten. Das bedeutet, wir können immer nur eine Emotion empfinden. Wenn Angst da ist, kannst du keine Liebe fühlen. Die weise Göttin und Große Mutter verwandelt mit diesem Ritual deinen Ärger, deine Wut oder Langeweile. Sie hilft dir, deine dunklen Gefühle wunderbar und schnell mit Licht zu verwandeln. Mit ihrer Liebe und ihrer Weisheit erhöhst du deine Schwingung und wirst immer mehr zu dem Lichtwesen, das du in Wahrheit bist.

Die Göttin erinnert dich daran, dass deine Träume unsere Welt verändern.

Wenn du drei bis fünf Dinge am Morgen und am Abend sagst, für die du dankbar bist, hilft dir das ungemein beim Glücklichsein!

Dann heilt deine Urweiblichkeit, und die Göttin in dir ist lebendig! Du fühlst dich wohl in deinem Licht, das mit jedem Tag wächst. Was bleibt, sind pure Dankbarkeit, Fülle und reine Liebe, denn Überfluss und Reichtum sind deine innere Wahrheit.

Heilung mit spirituellem Licht

Die Göttin gab dir eine Aufgabe, und du bist die Hebamme für deine Vision. Sie wird zu deinem Geschenk, zu deinem Atem, zu deiner Nahrung, zu deinem Sauerstoff, wenn du trotz deines Unbehagens, trotz der Ablehnung anderer, trotz der Einsamkeit und Ächtung in deine Großartigkeit hineinwächst. Höre auf, dir auf den Wegen anderer die Füße wund zu laufen oder dich von anderen Meinungen, die deiner Intuition widersprechen, überschatten zu lassen. In dieser besonderen Zeit wachsen viele in ihre wahre Berufung und Kraft. Du bist nicht allein! Das war vor 50 Jahren noch ganz anders, da war ich eine Außenseiterin, weil ich Vegetarierin war und meditiert habe. Doch die weibliche Kraft wird jetzt alle kleinhaltenden Systeme der Welt verändern und die Menschen inspirieren.

Du wurdest geboren mit einem heiligen Traum in deinem Herzen. Wahrscheinlich hast du dich schon einmal verliebt und dem Mann gern deine Kraft geschenkt. Du hast alles für ihn getan und schließlich die Verantwortung für ihn übernommen, so als wäre er ein Kind. Das ist ein langsamer und schleichender Prozess, und du kannst ganz sicher sein: Es ist nicht nur dir so ergangen. Denn schon unsere Urgroßmütter wurden dazu erzogen, sich so zu verhalten.

In unserer herausfordernden Zeit ist es notwendig, dass du dich wieder an die erste Stelle in deinem Leben stellst. Erinnere dich an deinen Traum. Behalte ab jetzt deine Kraft für dich, um deine Weiblichkeit zu heilen.

Der Mann, der die Zeichen der Zeit verstanden hat, wird sich eine Frau suchen, die in ihrer Kraft lebt. Aber natürlich sollte jeder Mann auch selbst seine weibliche Seite heilen. Versorgt eine Frau ihren Mann über einen langen Zeitraum mit ihrer eigenen Kraft, wendet er sich erfahrungsgemäß irgendwann von ihr ab. Denn das Ergebnis ihrer Beziehung ist, dass sich beide verlieren. Die Frau fühlt sich nicht mehr als Frau gesehen, denn ihr Beitrag bleibt unerwähnt. Sie erhält nichts Gleichwertiges zurück. Geben und Nehmen sind in der Beziehung nicht im Gleichgewicht. Sie fühlt sich ausgebrannt, und er fühlt sich nicht mehr als Mann. Beide werden schwach, weil keiner die Verantwortung für sich selbst übernimmt. Im Grunde genommen sehnt sich der Mann nach der „weißen Büffelfrau", nach Lilith, nach der vielseitigen, wilden Göttin, der Sternengeborenen oder der Erdfrau, von der er lernen kann.

Darum erinnere dich jetzt an deine besondere Medizinkraft, an die unendliche Göttinnenkraft in dir und überlasse nicht länger den Traumdieben das Terrain! Du weißt heute noch nicht, für wen dein Tun, deine Botschaft und dein Vermächtnis ein Segen ist. Du kannst nicht sehen, was du in fünf oder zehn Jahren tun wirst. Mache ab heute einfach kleine Schritte, jeden Tag ein, zwei oder drei Schritte, und finde Gleichgesinnte!

Gemeinsam können wir den Planeten heilen, wenn wir unsere wahre Essenz erkennen. Wir wissen, dass unsere Persönlichkeit vergänglich ist. Doch wenn wir uns immer mehr mit Licht füllen, sodass jede Zelle wie ein Stern strahlt, bestehen wir aus reinem spirituellem Licht. Deine und meine wahre Identität sind reines Licht! Du bist eigentlich ein wandelnder Stern oder eine strahlende Sonne. Vielleicht bist du auch eine Mondin, die Zyklen und Frieden bringt. Sie lässt uns durch zeremonielle Arbeit etwas über Reinigung erfahren und führt uns immer mehr in unsere spirituelle Essenz. Diese Erinnerung, wer wir in Wahrheit sind, geschieht durch das Weibliche, die Göttin.

Frauen strahlen wie Lichtwesen, und alles um uns herum spiegelt uns das Licht. Dies kann sogar wissenschaftlich belegt werden! Sandra Ingermann ist Meeresbiologin und eine sehr bekannte Schamanin. Ihre Versuche belegen, dass Folgendes geschieht, wenn wir in unserem vollen Licht stehen, wenn wir uns also ganz mit der Göttin in uns und ihrem unbegrenzten Potenzial verbunden haben.

Hier lernst du drei Möglichkeiten kennen, um mit spirituellem Licht zu heilen:

1. Du kannst dem Ort oder Menschen, der Heilung benötigt, Licht und Liebe schicken.
2. Doch es gibt noch eine um vieles wirkungsvollere Methode, die darin besteht, dass du dein Gegenüber auch als vollkommen gesund und in seiner Lichtgestalt siehst.

Das Gleiche funktioniert mit einem Tier, mit einem Ort, mit einer Pflanze, den Meeren, Flüssen, Bächen und der Luft. Wenn du in einer Gruppe von Frauen bist, gibt es sicher eine, die Heilung benötigt. Wenn alle sagen, sie sei krank, dann verfestigt sich die Krankheit. Wirklich hilfreich für sie ist es, sie gesund zu sehen.

Lasst sie sich in die Mitte legen. Bildet einen Kreis und trommelt, singt und erschafft einen sicheren, heiligen Raum. Vielleicht verbindet ihr euch mit Mutter Erde und Vater Himmel, ruft die Kräfte der vier Windrichtungen, eure spirituellen Helfer, eure Krafttiere, Ahninnen und Lehrerinnen. Besinnt euch, geht in die Stille und füllt euch mit eurem Seelenlicht.

Mit euren spirituellen Augen schaut ihr auf eure Schwester in der Mitte und seht sie in ihrer vollkommenen Gesundheit.

Auf diese Weise erschaffen wir große leuchtende Energiefelder, in denen wunderbare Veränderungen geschehen. Du kannst die Luft als vollkommen gesund ansehen und dir verschmutztes Wasser als flüssiges Licht vorstellen, das so rein ist wie Quellwasser. Ein gutes Beispiel ist der Ganges. Wissenschaftler beweisen, dass der Fluss unglaublich verschmutzt ist. Doch unzählige Pilger und die Bevölkerung baden darin und werden nicht krank! Im Gegenteil, sie fühlen sich gesegnet und geheilt von der Göttin Ganga.

3. Denke einfach an deinen Lieblingsstern oder an die Sonne. Hol sie in deiner Vorstellung in deinen Bauch, den Solarplexus. Lasse die Sonne dort ankommen und strahlen.

Sie füllt jede Zelle mit Licht und wird immer größer. Du genießt dieses Licht in dir und nimmst es auf, wie eine vertrocknete Pflanze den lang ersehnten Regen. Während das Licht weiter in all deine Zellen ausstrahlt, fokussiere dich auf dein drittes Auge, in der Mitte deiner Stirn. Du siehst das Licht und erinnerst dich an die Magie der Liebe, die alles heilt.

- Denke nun an einen Menschen, den du liebst, und sieh ihn in seiner göttlichen Kraft und Schönheit.
- Lege eine Hand auf dein Herz und denke an die Erde. Sie ist immer für uns da, und wir lieben sie so sehr.
- Denke an das Wasser, das wir zum Leben brauchen und das so unendlich kostbar ist.
- Denke an den Wind, unseren Atem, der uns das Leben schenkt und danke ihm.
- Stell dir deinen Solarplexus vor, wie er zur Sonne wird und immer weiterwächst, jede deiner Zellen mit Licht erfüllt.

Nimm das Licht auf, atme es ein, lasse dich heilen, lasse es zu, dass es sich in dir einfädelt, in deinen Körper und in deine Seele. Du bist dieses Licht. Es ist deine spirituelle Identität.

Jetzt lasse das Licht aus deinem Körper strahlen zu dem Ort oder zu dem Menschen, an den du vorher gedacht hast. Spüre den Ort, den Menschen in seinem göttlichen Licht. Sieh, wie das Licht in die Erde herabfließt und jede Seele berührt. Bleibe bei diesem Licht. Du bist ein Lichtwesen voller Liebe, und während du dieses Licht ausstrahlst, heilt der Planet. Sieh dieses magische Licht und alles, was deine Augen streift, in seiner ursprünglichen Vollkommenheit.

Spüre dich, deinen Körper und bewege langsam deine Hände und Füße. Nun komme zurück in deinen Alltag.

Der Erde geht es gut. Doch wir Menschen müssen unseren nächsten Entwicklungsschritt machen, uns mit Licht füllen und es abstrahlen. Dann bist du eine Göttin, die in ihrem ganzen Licht steht und das Beste tut für unsere großartige Erde. Du bringst sie in Harmonie. Unsere Ahninnen lehren uns seit vielen tausend Jahren, dass wir mit Licht heilen können, indem wir das Licht aufnehmen, das uns vollkommen heilt und auch unseren Planeten wieder in Harmonie bringen kann.

Teil 7

Der Rat der Göttinnen

Wenn du dich kraftlos fühlst oder ein schwieriges Problem zu lösen hast, rufe den Rat der Göttinnen.

Verbinde dich mit der Erde, indem du dir vorstellst, aus deinen Füßen würden tiefe Wurzeln wachsen, die dich mit allem Notwendigen versorgen und dir Halt geben. Rufe Mutter Erde und bitte sie, dich zu unterstützen.

Breite deine Arme weit aus, wende dein Gesicht der Sonne zu, fülle dich mit ihrem Licht und ihrer Wärme und bitte die Himmelskönigin, bei dir zu sein.

Du kannst andere Göttinnen mit ihrem Namen rufen oder einfach darum bitten, dass diejenigen kommen, die sich von deinem Ruf angesprochen fühlen. Bitte sie, einen Licht- und Energiekreis um dich zu bilden und dich zu unterstützen, damit du dich an deine Lichtheimat erinnerst und deinen spirituellen Lichtkörper wieder wahrnimmst. Stelle dir vor, sie würden einen heiligen Kreis um dich bilden.

Dann danke ihnen für ihr Kommen und formuliere ganz klar in einem Satz, wofür du eine Lösung brauchst. Du musst nichts erklären, denn es sind Göttinnen, die um die Situation wissen. Bitte sie, ihre gesammelte Weisheit mit dir zu teilen, und frage in die Runde, was die beste Lösung sei, die niemandem schade und alle bereichere.

Nimm dir Zeit, nach innen zu lauschen. Achte darauf, was du fühlst, welche Gedanken oder Bilder kommen. Ganz sicher zeigt dir deine Intuition etwas. Vertraue deiner Wahrnehmung und hinterfrage sie nicht jetzt. Ihr Sinn offenbart sich oft erst zu einem späteren Zeitpunkt.

Wenn du gerade nichts empfängst, bitte darum, dir die Botschaft in deinen Träumen zu schicken, sodass du nach dem Schlafen aufwachst und weißt, was zu tun ist.

Wenn du das Gefühl hast, die Sitzung sei beendet, danke den Göttinnen, lasse ein Geschenk zurück und verabschiede dich, bevor du den Kreis verlässt.

Nimm dir alle Zeit, die du brauchst, bevor du zurückkommst in deinen Alltag. Gestalte den Übergang sanft und mache dir ein paar Notizen, die dir helfen, die Botschaft klarer zu verstehen.

Natürlich kannst du statt des Göttinnenrats auch deine vertrauten Freundinnen oder die Schwesternschaft zusammentrommeln. Du solltest dir allerdings ganz sicher sein, dass sie dein Bestes wollen und dass deine Sorgen, Pläne und ganz persönlichen Gedanken gut aufgehoben sind. Das gelingt nicht immer, doch sehr oft, wenn ihr vorher für euren Kreis einen sicheren Raum schafft. Aus eurem Treffen wird nichts herausgetragen, und es werden keine Urteile gefällt. Nach maximal zwei Kritikpunkten muss ein Lob folgen. So kann sich jede geborgen und sicher fühlen. Ein vertrauensvoller sicherer Raum ist wunderbar und eine Grundvoraussetzung für eine gesunde Gemeinschaft.

Die Göttin zeigt, was alles möglich ist, wenn du dich innerlich befreist. Dann bist du frei für deine Talente, frei für dein Potenzial, frei für dein sinnvolles Leben. Sie liebt wie du Rituale, magische Übungen, Gebete und Dank. Sie weiß, wie wichtig Geschichten für die emotionale Gesundheit sind. Die Göttin rät dir, dass du deinen Schatten umarmst, um frei zu werden von Glaubenssätzen und um Hindernisse zu überwinden. Sie erinnert uns daran, wie früher Entscheidungen getroffen und Konflikte gelöst wurden, und lehrt uns wunderbare und kraftvolle Rituale.

Trancehaltung der Vogelgöttin, um einen heiligen Raum um dich herum zu erschaffen

Sorge dafür, dass du ungestört bist und dich an einem Ort aufhältst, an dem du dich wohlfühlst. Stell dich wie die Vogelgöttin mit hocherhobenen Armen in den Raum.

Über deinem Kopf, auf der Höhe deiner Hände, befindet sich dein achtes Chakra. Das ist der Bereich, der wie eine goldene Sonne strahlt und von Künstlern als Heiligenschein dargestellt wird. Es ist die Quelle des zeitlosen Heiligen, dein Spirit, höheres Selbst oder unendliches göttliches Selbst.

Greife beim Einatmen in das Licht deiner Sonne und ziehe es mit beiden Händen zu deinem Kopf, deinen Körper bis hinab zu den Füßen. Nun stehst du in deinem goldenen „Energie-Ei". Es ist so weit ausgedehnt wie deine beiden Arme, die du jetzt weit von dir gestreckt hast, so als seien es Flügel. Fülle deinen Energiekörper mit wunderbarer, goldener Heilkraft und dehne deine Energie so weit aus, wie es sich gut anfühlt: bis du die Wände des Raumes ausfüllst, bis du das Haus ausfüllst. Weite deine Energie aus, bis du die ganze Stadt mit Licht erfüllst, das Land, die ganze Erde. Dir sind keine Grenzen gesetzt, denn es ist die göttliche Energie, die die gesamte Schöpfung ins Leben gerufen hat. Das Erweitern deines Energiekörpers geschieht ganz leicht, wenn du Licht einatmest und mit jedem Ausatmen deine Grenzen erweiterst. Es entsteht dann ein „Energie-Ei" um dich herum, das immer größer wird. Dabei rutschen alle dunklen Verschmutzungen von der Schale ab, und du bist ganz in deiner ursprünglichen duftenden Energie, mit der du hier auf die Welt kamst. Sie gehört dir und ist deine Verbindung zur Göttin.

Halte nun die Hände vor dein Herz und atme bewusst ein und aus, während der Verstand absolut still ist. Dies ist deine heilige Zeit, die sich außerhalb der Zeit befindet. Hier fließt die Vergangenheit in die Zukunft. Beides existiert gleichzeitig. Im heiligen Raum sind alle Erinnerungen gespeichert und alle Weisheit versammelt.

Darum kannst du in deinem heiligen Raum Wunderbares vollbringen, wenn du mutig bist.

Zum Beispiel kannst du deine Beziehungen heilen. Im heiligen Raum kannst du dir selbst vergeben, dass du anderen weh getan hast und sie verletzt hast. Vergib dir, dass du nicht da warst, als du gebraucht wurdest, dass du nicht ehrlich warst oder unachtsam. Spüre, welche Last von dir abfällt.

Dann kannst du anderen vergeben. Du bist verraten, verletzt und nicht geachtet worden. Du wurdest verschleppt, verletzt, gequält und ermordet. All dies hast du erlitten und auch anderen zugefügt. Vergib dir und ihnen. Damit die Vergangenheit keine Macht mehr über dich hat und du frei bist.

Du kannst um eine Vision bitten oder um Gesundheit. Du kannst um Frieden, Schönheit, Freiheit und Weisheit bitten für dich und andere.

Die hocherhobenen Arme der Vogelgöttin bilden über ihrem Kopf ein Ei. Es enthält neues Leben. Genauso kannst du etwas Neues ins Leben träumen mit der Haltung der Göttin.

Nun bring mit deinen Händen die Energie zurück über deinen Kopf, danke für deine Erfahrung und komm zurück in deinen Alltag.

So inkarniert sich die Göttin in dir.

Du kannst – wie die Große Göttin – Kraftplätze einrichten, Stroh zu Gold verspinnen, vorausschauend handeln und unerschrockene Entscheidungen treffen. Die Göttin lehrt dich, wie du weit über dich hinauswächst und raunt dir zu:

Göttin, breite deine Flügel aus!

Wie in alten Zeiten trifft sich die Schwesternschaft immer wieder, um die lebendige Kraft der Göttin zu spüren und heilige Zeremonien abzuhalten. Wir sind alle miteinander verbunden durch Raum, Zeit und Liebe. Schon immer fanden wir Wege, um uns zu treffen. Denn die Gemeinschaft ist eine unserer größten Kraftquellen.

Die weibliche Kraft kehrt zurück, und jede, die sich dem Kreis der Schwesternschaft zugehörig fühlt, wird den nächsten Ruf vernehmen.

Ich danke dir, dass du heute in die Spirale gewandert bist. Du hast den Weg nach innen und nach außen kennengelernt. Gemeinsam sind wir in die tiefsten Tiefen hinabgestiegen. Wir haben unsere uralten Wurzeln ausgegraben, um das Wissen unserer Ahninnen zu erinnern. Gemeinsam sind wir über spitze Steine und große Hindernisse geklettert. Wir hatten Angst und fühlten uns machtlos. Wir sind durch das Medizinrad der Frauen gewandert und haben viele Facetten unseres eigenen Wesens neu zusammengefügt. Wir haben Prüfungen bestanden und unsere weibliche Kreativität wiederentdeckt. Auf all unseren Wegen hat uns die Göttin beschützt. Unser Geist ist nun in unserem Körper, tief verwurzelt mit den Elementen und mit Mutter Erde. Wir lieben das Leben und sind verwandelt aus dem magischen Kreis zurückgekehrt, denn wir haben unser kostbares Erbe empfangen und heilige Kreise in Kreisen entdeckt. So hat uns die

Göttin zu Hüterinnen des Lebens ausgebildet. Und wieder schließt sich ein magischer Kreis.

Damit sich ein neuer öffnet. In deinem Alltag kannst du dich immer mit der Quelle deiner Macht verbinden, der Göttin in dir. Du wirst strahlen und das in die Welt bringen, was dein Geschenk ist. Du erinnerst dich nun, weshalb du hier auf der Erde bist. Du bist ein Wunderwesen, meine schöne Schwester! Sei gesegnet auf deinem Weg!

Warte, geh noch nicht! Die Göttin hat noch eine Botschaft für dich …

Ich bin die Große Göttin

Ich bin die Mutter deiner Großmütter
und die Mutter all deiner Ahninnen.
Meine Liebe fließt durch sie alle hindurch zu dir.

Geliebte Tochter. Ich sehe dich!
Ich segne dich und bin allezeit bei dir.

Ich bin die Große Urmutter,
die machtvolle Schöpfungsgöttin,
und du, meine Tochter,
ruhst immer noch geborgen in mir.

Gleichzeitig
wohnt ein goldener Seelenvogel in deinem Herzen.
Denn du bist ich, und ich bin du.
Wir leben in einer magischen Welt.

Ich bin die Uralte,
die mächtige Vogelgöttin.
Ich habe die Schöpfung erträumt
und ins Leben getanzt.

So teilte ich mich auf
in unzählige Seelenvögel und Wunderwesen.
Und doch bleibe ich immer ich.
Ebenso wie du, du selbst geblieben bist.

Auch du gebierst tausend schöne Ideen,
und du kannst Kinder bekommen.
So wächst du immer mehr
in deine weibliche Kraft und Intuition.

In deiner Essenz bleibst du immer du.
Die Fülle und unendliche Vielfalt in dir
wird größer, je mehr Schönheit
und Liebe du ausstrahlst.

Du wirst immer mehr zu der, die du bist,
und zeigst dein pures, wahres Wesen.
Denn du verschenkst dich an das Leben
und bringst Heilung.

Du bist ein Wunder
mit unendlichen Ausdrucksmöglichkeiten
und erkennst,
dass durch dich Wunder geschehen können.

Du ruhst geborgen in mir,
denn ich bin die Mutter von allem, was ist.
Gleichzeitig lebe ich als Göttin in dir
und wecke dich nun auf.

Ich erhebe mich
in deinem goldenen Herzen.
So, dass du erstrahlst und dich
an deine eigene Großartigkeit erinnerst.

Du und ich sind göttliche Wesen.
Sobald du mich in dir erkennst,
findest du mich in allem, was ist.

Du bist die wunderbare Göttin,
die gerade erwacht.
Du bist so viel,
und das ist mehr als genug.

Meine geliebte Tochter, erinnere dich.
Breite deine Flügel aus
und segne das Leben!

Göttin, breite deine Flügel aus!

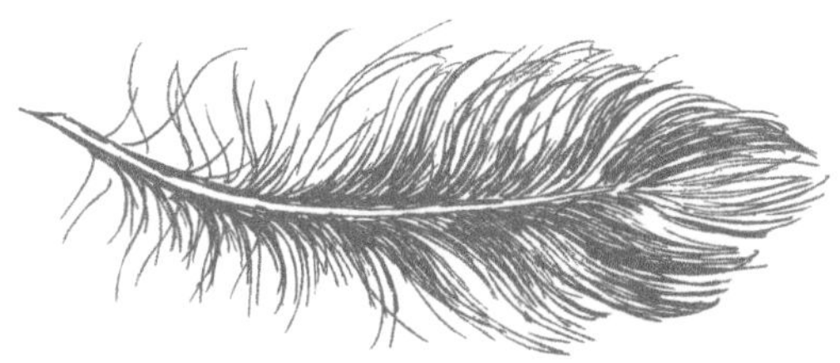

Es gibt zahlreiche Frauen, die ihren Traum leben. Sie schaffen individuelle, originelle und einzigartige Dinge, die unser Leben verschönern.

Wir möchten unsere Schwestern und ihre kreative Arbeit wertschätzen. Denn sie schaffen Werte und wahre Schätze, die es zu hüten gilt.

Wir haben eine Landingpage eingerichtet, die wir „Marktplatz der kreativen Frauen“ nennen, und freuen uns, wenn wir dich hier begrüßen und inspirieren können.

https://lebensgut-verlag.de/goettinnen-marktplatz

Literatur

Adler, Laure/Lécosse, Élisa: Dangerous Women. The Perils of Muses and Femmes Fatales, Flammarion Verlag, 2009.

Aliti, Angelika: Macht und Magie, Frauenoffensive, 2001.

Andrews, Lynn: Die Weisheit der Frauen, Goldmann, 1990.

Ausstellungskatalog, Bd. 12; Prähistorische Staatssammlung München: Idole, Verlag Philip von Zabern, 1985.

Billinghurst, Jane: Bad Girls, Gerstenberg Verlag, 2004.

Boeing, Niels/Lebert, Andreas: Wie können wir unsere kranke Beziehung zur Natur heilen?
Ein Gespräch mit Robin Wall Kimmerer, Botanikprofessorin und Angehörige des Volkes der Potawatomi. ZEIT Online vom 10. Oktober 2021. https://www.zeit.de/zeit-wissen/2021/05/indigene-kulturen-natur-umwelt-wissenschaft

Buhrow Rogers, Emily/Smith, Carolyn: How Indigenous Ecological Knowledge Offers Solutions to California's Wildfires. Smithsonian Magazine vom 31. Juli 2021. https://www.smithsonianmag.com/blogs/smithsonian-center-folklife-cultural-heritage/2021/07/27/indigenous-ecological-knowledge-california-wildfires/

Carey, Ken: Die Rückkehr der Vogelstämme, Ch. Falk-Verlag, 1989.

Cogan, Priscilla: Der Pfad der Medizinfrau, Knaur Verlag, 2002.

Criado-Perez, Caroline: Unsichtbare Frauen, btb Verlag, 2020.

Daley, Jason: A Sorceress' Kit Was Discovered in the Ashes of Pompeii. Smithsonian Magazine vom 14. August 2019. https://www.smithsonianmag.com/smart-news/sorceresss-kit-was-discovered-ashes-pompeii-180972907/

Davis, Elisabeth/Leonhard, Carol: Im Kreis des Lebens, Arun Verlag, 2010.

Dechant, Andrea: Das Wissen der weisen Frauen, artedea.

Durn, Sarah: Did a Viking Woman Named Gudrid Really Travel to North America in 1000 A.D.? Smithsonian Magazine vom 3. März 2021. https://www.smithsonianmag.com/history/did-viking-woman-named-gudrid-really-travel-north-america-1000-years-ago-180977126/

Francia, Luisa: Die Göttin im Federkleid, Heyne Verlag, 2012.

Forscher rekonstruieren 13.000 Jahre altes Gesicht. Göttinger Tageblatt vom 23. Februar 2018. https://www.goettinger-tageblatt.de/Nachrichten/Wissen/Forscher-rekonstruieren-13.000-Jahre-altes-Gesicht

Gimbutas, Marija: Die Zivilisation der Göttin, Verlag Zweitausendeins, 1991.

Gimbutas, Marija: Die Sprache der Göttin, Verlag Zweitausendeins, 1996.

Gold der Skyten, Katalog zur Ausstellung in Hamburg, 1993.

Illgen, Ursa: Das Machtwort. Der Rat der Großmütter. http://www.ratdergrossmuetter.org/site/dasmachtwort.html

Kramper, Gernot: Ende eines patriarchalen Mythos – Frauen gingen in der Steinzeit auf die Jagd. Stern.de vom 6. Dezember 2020.

Marashinsky, Amy Sophia/Janto, Htana: Göttinnen Geflüster, Schirner Verlag, 1997.

Mayer, K.: Der Urknall der Kunst. Focus.de vom 14. Dezember 2019. https://www.focus.de/magazin/archiv/wissen-der-urknall-der-kunst_id_11456597.html

Mosko, Aleksey/Faisulin, Ruslan/Kantorowa, Ilaria: Russisches Handwerk: Matrjoschka, die Puppe in der Puppe (VIDEO). Russia Beyond vom 10. Januar 2017. https://de.rbth.com/multimedia/video/2017/01/10/russisches-handwerk-matrjoschka-die-puppe-in-der-puppe_678006

Ochmann, Frank: Das Geheimnis von Point Rosee. Stern.de vom 17. April 2016. https://www.stern.de/panorama/wissen/natur/wikinger--das-geheimnis-von-point-rosee-6795444.html

Oinkola Estés, Clarissa: Der Tanz der Großen Mutter, Heyne Verlag, 2012.

Onken, Julia: Herrin im eigenen Haus, Bertelsmann, 2000.

Oya: Matriarchale Perspektiven, Ausgabe 61 von Dezember 2020 bis Februar 2021.

Oya: Matriarchale Fährten, Ausgabe 62 von März bis April 2021.

Paloma Elsesser. La Paloma, ZEITMAGAZIN, Nr. 6 vom 4. Februar 2021.

Sanyal, Mithu: Vaginale Korona: Der Mythos. EMMA vom 6. September 2010.

Schwerdt, Wolfgang: Die Mumien aus dem Altai. GeschiMag. Online-Magazin für Geschichte. https://geschimagazin.wordpress.com/2010/12/18/die-mumien-aus-dem-altai-2432/

Skadé, Cambra Maria: Verwurzelt Fliegen, Arun Verlag, 2004.

van den Bos, Katharina: Göttinnenseifen. Website. https://www.goettinnenseifen.de/

Villoldo, Alberto: Die vier Einsichten, Goldmann Verlag, 2008.

White Eagle: Medizinrad, Bauer Verlag, 1998.

Wissenschaft.de: Einbalsamiert und mit 12 Pferden begraben – Permafrost konserviert Prinzessin 2.500 Jahre lang im Altai. https://www.wissenschaft.de/geschichte-archaeologie/einbalsamiert-und-mit-12-pferden-begraben-permafrost-konserviert-prinzessin-2-500-jahre-lang-im-altai/

Witzleben, Gabriela von: Das triadische Prinzip, Carl-Auer Verlag, 2019.

Worrall, Simon: Amazonen rauchten Gras, tätowierten sich und kämpften wie Männer. National Geographic vom 12. Januar 2021. https://www.nationalgeographic.de/geschichte-und-kultur/2021/01/amazonen-rauchten-gras-taetowierten-sich-und-kaempften-wie-maenner

Yalom, Marilyn/Donovan Brown, Theresa: Freundinnen. Eine Kulturgeschichte, btb Verlag, 2019.

Danke

Mein tiefempfundener Dank gilt den alten Lehren, in denen sich Menschen eingebunden wussten in die Natur und ihre Gesetze. Sie wurden oft unter Lebensgefahr für unsere Zeit bewahrt, denn sie stehen im Widerspruch zu den Gesetzen von Macht und Profitgier. Vielen Dank sage ich Mami, meinen Großmüttern, Tanten und Ahninnen. Sie und ungezählte Vorfahren sind nicht hier und doch bei uns. Unzählige Frauen und Männer haben dazu beigetragen, dass wir die alte Weisheit erinnern, wiederbeleben und nach außen tragen. Dieses alte Wissen gibt Antwort auf Fragen zum Zustand unserer Welt und kennt Wege in eine schöne Zukunft. Unsere Ahninnen tragen die gewachsenen Erfahrungen in sich, wie Nachhaltigkeit gelebt und Beziehungen gestärkt werden können.

Danke an all meine langjährigen wunderbaren Freundinnen, zahlreichen Klientinnen, Wegbegleiterinnen und Schwestern. Ich danke meiner ungezähmten Einhorn-Tochter Nina. Und meiner weisen, abenteuerlustigen Tochter Laura. Ihr habt die Entstehung des Buches liebevoll begleitet. Ich danke auch meinen Nichten Lena, Greta, Deele und Sinje. Jede Frau in der großen bunten Schwesternschaft hat auf ihre Weise dazu beigetragen, dass dieses Buch entstehen konnte. Jede hat andere Facetten ihres Wesens belebt und gezeigt. Gemeinsam haben wir ein Netz gewebt, das uns alle miteinander verbindet.

Auch den Männern in meinem Leben danke ich. Besonders meinem Mann Hartwig, der mich mit großer Geduld und ganz viel Liebe begleitet und mir großzügig den Freiraum gibt, den ich für mich und meine Arbeit brauche. Ich danke meinen Söhnen Sebastian, Matthias und Frederik, die bei technischen Fragen meine Schutzengel sind. Danke auch an meine langjährigen Freunde, die mich mit Musik, schönen Gesprächen und ihrer Weltsicht inspirieren und unterstützen.

Ein Buch ist etwas, das in Gemeinschaftsarbeit entsteht. Herzlichen Dank an Walentina Sommer, dass sie so eine verständnisvolle und mutige Verlegerin ist. Sie ist eine Förderin und inspirierende Verbündete, wie ich mir keine bessere wünschen kann. In ihrem LebensGut Verlag versammelt sie Pionierinnen der neuen Zeit. Danke auch an Isabelle Romann, meine wunderbare Lektorin. Sie war mit viel Sorgfalt dem Fehlerteufel auf der Spur und hat mit fachkundigem und liebevollem Rat maßgeblich zur Struktur und Entstehung des Buches beigetragen. Danke an Miriam Hase, meine unterstützende Grafikdesignerin. Kreativ und geduldig hat sie auch dieses Buch wieder wunderschön gestaltet. Jede dieser drei Profi-Frauen ist ein Geschenk des Himmels. Gemeinsam bilden wir die vier Richtungen eines Medizinrades. Jede hat mit ihrem Können, Verständnis und Engagement das Beste aus dem Manuskript herausgeholt und in den Kreis gebracht. Die Hilfe und Unterstützung, die ich von euch erhalten habe, kann ich nicht hoch genug wertschätzen. Gemeinsam haben wir erfahren, dass der Kreis ein magischer Raum ist, in dem Neues entstehen kann. In unserer Kreismitte liegt nun ein fertiges Buch. Ein Buch über die Rückkehr der weiblichen Kraft.

Dies ist schon das zweite Buch, das wir gemeinsam in die Welt bringen. Nach den sehr berührenden und begeisterten

Rückmeldungen auf „Die weibliche Kraft kehrt zurück. Das vergessene Wissen der weisen Frauen“ freuen wir uns, nun die Fortsetzung mit dem Titel „Die weibliche Kraft kehrt zurück. Die Magie des Kreises“ in deine Hände zu legen.

Danke an alle, die mich bis hierher begleitet haben, die an mich geglaubt und mich unterstützt haben. Dieses Buch ist für mich so viel mehr als Buchstaben auf Papier. Danke an dich, dass du diese Zeilen gelesen hast. Glaube an deine schönste Version von dir und hole deine Träume auf die Erde.

Jutta Westphalen

Vita

Jutta Westphalen ist Diplom-Pädagogin, anerkannte Heilerin, systemische Familienaufstellerin, Coach und Autorin. Über 25 Jahre hat sie in eigener Praxis Einzelberatungen und Frauenworkshops durchgeführt zu den Themen Meditation, Selbsterfahrung, Intuitionsschulung, Finden der weiblichen Kraftquellen, Medizinradwissen und schamanische Reisen. Aufgrund ihres Erfahrungsschatzes ist es ihr eine Herzensangelegenheit, dass wir alle für nachfolgende Generationen gesunde Lebensgrundlagen hinterlassen.

Jutta Westphalen ist verheiratet, Mutter von fünf erwachsenen Kindern und Großmutter. Sie lebt unter dem weiten Himmel in Norddeutschland.

Mehr auf www.jutta-westphalen.de

Ihre bisherigen Veröffentlichungen:

„Die weibliche Kraft kehrt zurück. Das vergessene Wissen der weisen Frauen“, LebensGut Verlag, 2021.
„Das Kind in dir kennt deinen Seelenweg“, Artha Verlag, 2020.
„Die Urkraft der Weiblichkeit“, Via Nova Verlag, 2016.
„Hilfe zur Selbsthilfe“, Via Nova Verlag, 2014.
„Der Flug der Falkenfrau“, Artha Verlag, 2012.
„Engel“, Karten-Set, Irdana Verlag, 2010.
„Das Haus der wunderbaren Schätze“, Eigenverlag, 2008.
„Seelenvogel-Geflüster“, Karten-Set, Chr. Falk Verlag, 2006.
„Das Lied deines Seelenvogels“, Chr. Falk Verlag, 2005.

Die weibliche Kraft kehrt zurück

Das vergessene Wissen der weisen Frauen

von Jutta Westphalen

In Zeiten des Wandels zeigt sich, dass Frauen ihre eigene Art haben, mit Krisen umzugehen. Sie folgen ihren Gefühlen, spenden Trost und handeln praktisch – genauso wie Menschen in vorgeschichtlichen weiblichen Hochkulturen.

Autorin Jutta Westphalen macht uns unsere männlich orientierte Kultur bewusst und erinnert daran, dass es uralte Frauenkulturen gab, in denen die Menschen über Jahrtausende hinweg friedlich zusammenlebten. Dieses wiederbelebte Wissen der weisen Frauen ist unser kostbares Erbe. Es zeigt Wege, wie wir uns wieder mit der weiblichen Urkraft verbinden können. Die Autorin stärkt die Stellung der heutigen Frauen und verbindet sie mit ihren archaischen Wurzeln. Denn es geschieht Wundervolles, wenn Frauen sich wieder selbst vertrauen und ihr Frausein lieben. Sie fühlen sich lebendig, grenzen sich angemessen ab, erkennen ihre Talente, heilen ihre Beziehungen und wählen einen authentischen Lebensweg. Sie lassen ihr inneres Licht strahlen und erleben Freude, Liebe und Glück. Das fast vergessene Wissen der weisen Frauen zeigt praktische Wege auf und hält Lösungen bereit für unsere weltweiten Probleme.

Rote Wirecard vom Universum

von Andrea Erhard

In der tiefsten Krise, die sie bis dahin erlebt hat, entdeckt Andrea Erhard die heilende Kraft des Schreibens. Offen erzählt sie in diesem Buch, wie kurz nach ihrem hoffnungsvollen Neuanfang in Italien die Pandemie das Alltagsleben zum Stillstand bringt. Doch die wahre Prüfung steht noch aus: Durch eine Fehlinvestition in Aktien verliert die Autorin 75.000 Euro. Sie stellt sich ihrer eigenen Verantwortung für den Verlust, die weit über finanzielle Fragen hinausgeht, und findet überraschende Antworten. Ihr Sinn für Humor und ihre tiefe Verbundenheit mit der Natur begleiten sie auf ihrer persönlichen Heldenreise zu einem bewussten, spirituellen Leben.

Der Weg hinter die Spiegel

von Clara Fink
und Cornelia Fink

Sophia kann es nicht begreifen. Ist sie wirklich tot? Getrieben von dem Wunsch, ihre Familie wiederzusehen, ist sie bereit, „die Welt hinter den Spiegeln“ zu betreten. Eine rätselhafte Botschaft mit dem Auftrag, sich ihre verdrängten Seelenteile zurückzuholen, schickt sie auf eine magische Reise durch Raum und Zeit, in parallele Dimensionen ihrer Existenz. Verfolgt von alten Mustern und mysteriösen Erinnerungen, durchschreitet sie Tür um Tür die Illusionen ihres bisherigen Lebens. Zwischen Traum und Wirklichkeit gerät sie dabei in einen inneren und äußeren Strudel von Ereignissen, die ihr Denken über Liebe, Schuld und Wirklichkeit völlig auf den Kopf stellen.

Am anderen Ende der Zeiten macht sich im selben Moment eine junge Frau auf, sich ihrer größten Angst zu stellen.

Ohne voneinander zu wissen, verbindet die beiden Frauen ein gut gehütetes Geheimnis.

Der Weg hinter die Spiegel ist ein spannendes Abenteuer um Selbstfindung, persönliches Wachstum und Befreiung. Die Vision einer neuen Wahrnehmung des eigenen Lebens. Was wir für Realität halten, ist durch Zeit, Raum und Verstand begrenzt. Dieses Buch ist es nicht.

Die Rückkehr des weiblichen Prinzips

von Inaqiawa

Merlina forscht als „Hüterin des alten und neuen Wissens" in den seit Jahrhunderten verschlossenen Archiven der Menschheit und bringt Unglaubliches ans Licht. Sie erkennt, wo die Menschheit in die falsche Richtung abbog und weshalb Frauen jahrhundertelang solch schlechte Karten hatten. Der Zusammenbruch der damals herrschenden Strukturen war wohl unvermeidbar.

Doch in der Folge schufen die Frauen eine neue Welt. Ein Miteinander, in dem jeder Mensch dieselben Chancen hat, gleichberechtigt ist und Verantwortung übernimmt. Die Frauen setzten menschlichem Leid und dem Raubbau an der Natur ein Ende. Ein neues spirituelles Bewusstsein führte zurück zum Wesentlichen: Die Menschen dienen heute ihrer Erde.

Nachhaltigkeit und ein respektvoller Umgang mit der Umwelt und den Mitmenschen sind für Merlina und ihre Generation selbstverständlich. Alle lieben, was sie tun, und stehen dafür ein. Herzensenergie und das weibliche Prinzip bestimmen das Zusammenleben. Denn das weibliche Prinzip ist nährend, bewahrend und empfangend. Es ist auf natürliche Weise verbunden mit allem.